« On m'a demandé de vous calmer »

DU MÊME AUTEUR

Jusque-là... tout allait bien !, *Canal Plus, 2005*
Guillon aggrave son cas, *Canal Plus, 2006*

Stéphane Guillon

« On m'a demandé de vous calmer »

Stock

Les vers reproduits en pages 54, 55 et 166 sont extraits des chansons suivantes :
Déranger les pierres (auteur : Carla Bruni / compositeur :
   Julien Clerc)
© 2007, Teorema / Si on chantait.
Tu es ma came (auteur/compositeur : Carla Bruni)
© 2008, Teorema.
Ta tienne (auteur/compositeur : Carla Bruni)
© 2008, Teorema.

Le vers reproduit en page 256 est extrait de la chanson *Y a d'la joie*, paroles de Charles Trenet, musique de Charles Trenet et Michel Emer.
© Éditions Raoul Breton.

ISBN 978-2-234-06350-1

© Éditions Stock/France Inter, 2009

À mon père.

Le patron de Radio France me propose un thé vert.

Deux énormes théières trônent sur une table de réunion ovale. Je décline son offre. Franchement, un thé vert à huit heures du matin... Ma femme m'a toujours dit qu'elle n'aurait pas supporté de vivre avec un type qui ne boit pas un vrai café au petit déj'.

J'hésite à lui faire part de cette remarque. Visiblement, c'est pas le moment. Je lui apporte suffisamment de soucis pour ne pas critiquer en plus son breuvage...

La situation est tendue. Je l'ai compris un peu plus tôt lorsque l'hôtesse venait pour la quatrième fois de refermer la porte de la salle d'attente, joignant à son geste un sibyllin : « Vous serez plus tranquille comme ça ! »

Je ne souhaitais pas spécialement être tranquille et puis ça me distrayait d'observer les allers et venues du couloir, la tête des gens qui arrivent bosser, un brin amusés à l'idée que je sois convoqué par le patron. Justement, le problème est là. Personne ne doit être au courant : discrétion absolue.

Le président insiste : « Vraiment, vous ne voulez rien boire ? » Il parle à voix basse, très lentement. Il semble très affecté par la période de turbulences qu'il traverse. À moins que ce ne soit l'effet du thé vert ?

C'est un petit homme brun, tout froissé. Il me fait penser à E.T. J'ai l'impression qu'il va pointer son doigt vers moi et me dire : « Radio France, maison ! » Il aime cette maison et c'est l'enjeu de ce rendez-vous ; il veut garder son poste de président mais l'ensemble des médias répète à l'envi qu'il va le perdre à cause de moi. La discussion démarre. Mon papier sur DSK ou encore Martine Aubry comparée à un petit pot à tabac ont déplu en haut lieu. À lui aussi, ils ont déplu...

S'ensuit une longue digression sur l'humour, ses limites, ce qui est drôle, ce qui ne l'est pas... La liberté d'expression, la liberté des autres... Vraiment pas de thé ?

Sans façon...

Bizarrement ma tête bourdonne, je repense à mes débuts, mes galères, mes premiers pas sur scène, mes premières chroniques radio, avec toujours le même but : faire rire les autres... Et puis j'entends cette phrase étrangement menaçante : « On m'a demandé de vous calmer ».

Comme si quelqu'un venait de siffler la fin de la récré.

S. G.

Premier papier sur France Inter

21 janvier 2008

Je commence par un regret : hier, dans le sondage IFOP du *JDD*, Nicolas Sarkozy a perdu cinq points. J'aurais préféré qu'il les perde la semaine prochaine, qu'on puisse mesurer tout de suite l'impact de mon arrivée sur France Inter et m'en attribuer le bénéfice.

Aujourd'hui, on se détend, je commencerai vraiment demain, je ne vais pas cueillir l'auditeur à froid. Ce que je vous propose c'est de faire connaissance, comme chez le dentiste : on se dit bonjour, on fait une radio et on « dévitalisera » demain. Y a du boulot, j'ai lu la presse, il ne faut pas traîner !

En tout cas, je suis très content d'être là... Mais j'ai hésité à venir. D'abord, les horaires sont impossibles. On m'a dit : « Sois là vers 4 heures du mat', tu verras, c'est bien : on flaire l'actu, on renifle les tendances, on prend le pouls de la rédaction... » J'ai observé l'équipe... À mon avis, le seul pouls qu'il faut prendre, ici, et très vite, c'est celui de Nicolas Demorand.

Sur la pub qu'on voit dans tout Paris, ils ont réussi à lui redonner une apparence humaine, mais c'est pas brillant brillant.

Mais surtout, si j'ai hésité à venir, c'est à cause de vous, chers auditeurs : vous avez beaucoup trop de défauts.

D'abord : trop passionnés, surinformés...

Tenez, hier, dimanche, à 7 h 45, au Shopi de Ville-d'Avray, je pensais être seul à acheter la presse... Eh bien non, à mes côtés, une femme pimpante me dit : « On vous attend avec impatience demain, sur France Inter ! » Moi, le côté curieux, brillant, toujours sur la brèche, ça me fatigue !

Et puis vous êtes trop pointilleux. Je pense, notamment, à une catégorie très particulière d'entre vous qui n'écoute pas vraiment le contenu d'un papier, mais s'applique essentiellement à relever les fautes de liaison.

Enfin, vous êtes susceptibles : faut pas toucher aux Bretons, aux Corses, aux personnes âgées...

Donc, ce que je vous propose pour démarrer, c'est un électrochoc. Comme ça c'est fait, on part sur de bonnes bases.

« Les Bretons... » Attention, on touche aux Bretons, 10 000 personnes s'apprêtent à écrire... « Les Bretons ont une... » (Prononcé sans liaison.) Ça fait 5 000 personnes de plus. « Les Bretons ont une petite bite. » (Toujours sans liaison.) Insulte gratuite au peuple breton sans faire de liaison.

Ce qui nous donne un total de 50 000 personnes outrées, soit 300 sacs de courrier.

À demain 4 heures !

Les bons plans de Fadela Amara

22 janvier 2008

Aujourd'hui, Nicolas, vous recevez Fadela Amara, la secrétaire d'État au Logement, ex-présidente de « Ni putes ni soumises ». Une visite qui amuse tous ceux qui vous connaissent… car, quitte à recevoir quelqu'un, vous auriez préféré une pute soumise !

Donc, Fadela vient nous exposer les grandes lignes de son plan banlieue… Quelles sont-elles ?

Première mesure : la prévention. Cours de conduite obligatoire dès l'école primaire. Très jeune, l'enfant doit apprendre à éviter les voitures de police, car c'est ça qui déclenche les émeutes en banlieue : quand la police de proximité, de percussion si vous préférez, va au contact du scooter.

Deuxième mesure : le cadre de vie. Ne plus moderniser les prisons. Prenez un quartier comme Fleury-Mérogis, le seul bâtiment propret avec un espace vert et des tables de ping-pong, c'est la prison. Si pour le jeune, le bâtiment a l'attrait d'un hôtel Ibis : c'est foutu !

Troisième mesure : les activités. Installation de murs de varappe. Ça, c'est formidable ! Des lunettes, un bonnet, du fond de teint et l'enfant a la sensation des sports d'hiver. En revanche, ne pas installer les plots d'escalade sur le mur du HLM, ça pourrait permettre aux sans-papiers de se barrer lors des contrôles de police.

Quatrième mesure : la sécurité. Caméras de surveillance et rondes de nuit avec des maîtres-chiens. Alors c'est vrai, de temps en temps, un rottweiler peut échapper à la vigilance de son patron et bouffer un nourrisson. Mais quand on sait que l'espérance de vie d'une boîte aux lettres neuve à Villiers-le-Bel est de deux minutes trente, ça fait réfléchir !

Bon, il y a beaucoup d'autres mesures encore plus drôles, je ne vais pas voler la vedette à Fadela... De toute façon, elle n'est pas du genre à se laisser faire, elle n'est pas du tout... soumise.

(Une chose est sûre.) En tout cas, soyez rassurés, le gouvernement prend le problème à bras-le-corps, et je tiens à saluer l'énorme travail de com' entrepris par Nicolas Sarkozy pour redorer son image en banlieue. L'ex-ministre de l'Intérieur qui voulait nettoyer la racaille au Kärcher est devenu, en quelques mois, le rappeur bling-bling le plus populaire du 9.3 ! Rolex, Ray-Ban, jet privé, fréquentations mafieuses grâce à Kadhafi : toute la mythologie du rap est présente.

Seule fausse note : Carla Bruni. Surtout ne pas l'emmener dans le 9.3. Pour se faire chambrer, y a pas mieux : « Hé Carla, y a quelqu'un qui m'a dit que t'étais une bouffonne. Mets le son quand tu chantes, on dirait le mime Marceau ! »

L'anniversaire de Sarkozy

28 janvier 2008

Aujourd'hui, Nicolas Sarkozy fête ses cinquante-trois ans, et toute la rédaction du « 7-10 » se joint à moi pour entonner un joyeux anniversaire au Président... Deux, trois : « Joyeux anniversaire Nicolas, joyeux anniversaire Nicolas ! » Ici, vous l'entendez, l'ambiance est à son comble : Demorand a fait péter le champagne et les petits-fours. France Inter consacre *sa* journée à l'événement.

Stéphane Bern reçoit Carla Bruni qui interprétera un « *Happy Birthday to you mister President !* » C'est à 11 h 45 précises, augmentez le son de votre poste : vous étiez nombreux la dernière fois à ne pas l'entendre.

À 12 h 45, « Le jeu des 1 000 euros » se mettra à l'heure présidentielle, puisque le gagnant, en plus de son gain, repartira avec une Rolex.

Et enfin, à 16 h 05, dans l'émission « Carrefour de Lodéon », Marisa, la maman de Carla, interprétera une ballade au piano. Marisa, qui posait en culotte dans *Match* il y a quinze jours, sera, cette fois-ci, en guêpière. Rassurez-vous, c'est de la radio... Pas d'images.

La fête, bien sûr, ce n'est pas que sur Inter : ce soir, Carla organise un anniversaire surprise au Président.

J'espère qu'il ne m'écoute pas, je ne voudrais pas lui gâcher la surprise : l'info n'était que dans *L'Express*. Alors, comment ça va se passer ? Tous les copains du show-biz seront planqués derrière le rideau et, au signal donné par Jean Reno, ils surgiront ! Un signal qui doit être suffisamment sonore… Sinon, Gilbert Montagné va passer la soirée derrière le rideau.

Une soirée placée sous le signe de la discrétion et du bon goût : une parade de Mickey quittera l'ancien bureau du général de Gaulle pour rejoindre celui de Pompidou, Doc Gynéco apportera tout ce qui est plantes et vitamines… On attend aussi des professionnelles, c'est Patrick Balkany qui les emmène, à condition qu'il arrive à se débarrasser de sa femme.

Le clou de la soirée sera évidemment la pièce montée avec Carla à l'intérieur, dans sa nouvelle tenue officielle : nue, en cuissardes, la bague de Cécilia au doigt.

Seul grand absent : François Fillon qui préfère bosser à Matignon… Tout ça pour glaner trois malheureux points dans le sondage du *JDD*.

Franchement, tout le monde se met en quatre : la pièce montée, la parade, et l'autre rabat-joie, il fait du zèle dans son ministère !

Heureusement, ce soir, les vrais amis seront là.

Bon anniversaire encore, mister President.

Le mariage du Président

4 février 2008

Ce matin, je ne suis pas venu les mains vides, cher Nicolas Demorand. Comme je sais que tout ce qui touche à la présidence vous passionne et que j'étais à l'Élysée samedi matin, je vous ai rapporté un son.
C'est pour vous, c'est cadeau !

[Voix du maire :] Monsieur Nicolas, Paul, Stéphane Sarkozy, voulez-vous prendre pour épouse Mlle Carla Bruni Tedeschi, ici présente ?
[Sarkozy :] Oui, absolument, je la prends pour épouse, depuis le temps que j'attends ça, je ne vais pas me faire prier !
[Voix du maire :] Si vous pouviez retirer vos Ray-Ban, monsieur le Président, pour dire oui... Merci !
Mademoiselle Carla Bruni Tedeschi, voulez-vous prendre pour époux M. Nicolas, Paul, Stéphane Sarkozy, ici présent ?
[Carla, *à peine audible* :] Oui.
[Voix du maire :] Pardon ?
[Carla, *toujours aussi peu audible* :] Oui.

[Sarkozy :] Ma petite Carlita… Faut absolument que tu montes le volume de ta voix, sinon M. le maire pourra pas officialiser notre union ! Alors, oublie Vincent Delerm et toutes ces tafioles du Café de Flore, tu penses à Johnny ou à Chimène Badi et tu dis oui !

Voilà, c'était un son France Inter, une exclusivité pour le « 7-10 ».

Alors, ici, à la rédaction, désolés, nous avons été pris de court. Puisque notre invité du jour, c'est Pierre Moscovici qui vient nous parler de son projet de loi constitutionnelle modifiant le titre 15 de la Constitution… Mais demain, c'est promis, on se rattrape, nous recevrons la responsable boutique mariage des Galeries Lafayette !

Changement d'époque donc : Carla Bruni, qui l'eût cru, devient première dame de France ! David Douillet, qui s'est coltiné pendant douze ans Bernadette Chirac dans le TGV pièces jaunes, a arrosé l'événement toute la nuit !

Un mariage célébré en toute discrétion : au départ, c'était prévu au Stade de France, Benoît XVI célébrait l'office, Mireille Mathieu dirigeait la chorale et Jean-Marie Bigard adressait aux jeunes époux un compliment à sa façon sur le thème du « Lâcher de salopes ». Puis tout le cortège partait en klaxonnant direction Disneyland, comme au premier jour, hôtel Bambi, suite Pampan.

Seulement voilà, les sondages sont tombés. Machine arrière toute, le Président devient discret, sobre, transparent.

Un mariage expédié en dix minutes ! Vingt personnes pas plus, aucune photo officielle, pas de jet de riz, c'est vulgaire. Pour la bague, le bijoutier de Nicolas a encore fait des miracles, il a réussi à adapter l'alliance de Cécilia au doigt de Carla.

Voilà, une page se tourne. Il y a un an, Ségolène était encore en course pour la présidence et toujours mariée à François Hollande, les rieurs imaginaient déjà ce dernier en première dame de France… Aujourd'hui, c'est Carla qui décroche le job.

Au niveau de la silhouette et de l'élégance, c'est sûr qu'on y gagne : François Hollande nu et en cuissardes… Ça fait moins fantasmer.

Alors c'est vrai, la fête était un brin tristoune samedi. Mais que l'on se rassure, à mon avis, les festivités ne font que commencer… Pour le meilleur et pour le pire… En attendant : vive les mariés !

Le plan Alzheimer

5 février 2008

Ce matin, je voudrais revenir sur le « plan Alzheimer » proposé par Nicolas Sarkozy. En fait, je voulais déjà le faire hier et puis cette histoire de mariage surprise, ça m'a décalé !

Du coup, j'ai écrit, à l'avance, un papier sur le divorce présidentiel, au moins, je suis prêt.

Alzheimer est un sujet sensible à France Inter. Étant donné la moyenne d'âge de nos auditeurs, beaucoup en souffrent.

Bon, l'avantage, c'est que lorsqu'un papier leur déplaît, au moins ils n'écrivent pas, ils l'oublient instantanément !

Alors, première mesure du « plan Alzheimer » : création de 38 centres de dépistage. On vous propose des exercices d'évaluation très simples. Par exemple, tous ceux qui, ce matin, s'attendaient à une chronique de Guy Carlier (parti il y a six mois), vous êtes en « stade 1 », il faut consulter !

Tous ceux qui s'attendaient à une chronique de Pierre Desproges… Là, c'est beaucoup plus grave.

Stéphane Bern, qui officie en fin de matinée, me confiait qu'une partie de son public se plaignait régulièrement qu'Édith Piaf n'était jamais invitée au « Fou du Roi ».

Attention, toutefois, aux signes qui n'en sont pas. J'ai un auditeur, Maurice, qui m'écrit : « J'oublie tout le temps l'anniversaire de ma femme, suis-je atteint ? » Non, Maurice, vous êtes un garçon, c'est tout.

Ainsi, face à l'ampleur du fléau, 160 000 nouveaux cas par an, France Inter a pris certaines mesures. Par exemple, avant de poser une question, Nicolas Demorand redonne souvent son nom et le titre de l'émission... qui est aussi l'horaire, le « 7-10 », on simplifie au maximum. Pour l'auditeur qui a toute sa tête c'est assez rébarbatif, mais pensez aux malades !

Deuxième mesure phare du « plan Alzheimer » : une aide d'1,6 milliard d'euros. Souhaitons que cette enveloppe soit utilisée correctement. Rappelons que, en 2005, l'association France-Alzheimer fut épinglée par la Cour des comptes : 12 % des dons *seulement* allaient à la recherche. Le trésorier lui-même était malade : il ne se souvenait plus de certaines factures...

Ne voyons pas le mal partout, la visite du Président au centre Alzheimer de Nice s'est très bien passée : un accueil chaleureux, bon enfant, un patient a même fait une démonstration de tecktonik... à moins que ce ne soit une crise d'épilepsie.

Bref, aucune fausse note, excepté une banderole avec écrit : « Bienvenu Georges Pompidou ! » décrochée *in extremis*.

Un Président ému qui, un peu plus tard, déclara aux journalistes : « En regardant ces malades, je me disais : "Un jour, ça peut être moi !" » Alors, justement, monsieur le Président, sans vouloir vous offenser, par rapport à toutes vos promesses de campagne – le pouvoir d'achat, la justice sociale, les droits de l'homme... –, seriez-vous contre un petit test de dépistage ?

Votre épouse... – on a du mal à s'y faire... –, votre épouse, elle-même, est très concernée par cette maladie, puisqu'elle a écrit une chanson sur ce thème : l'histoire d'une femme qui répète en permanence : « Y a quelqu'un qui m'a dit, y a quelqu'un qui m'a dit... » Et elle ne se rappelle jamais qui ?

Bon, allez, à demain... Non, pas demain... Je reviens quand déjà ? Je ne me souviens plus !

« Casse-toi, pauv' con ! »

26 février 2008

Hier, j'étais très embêté parce que ma fille de cinq ans m'a demandé : « Papa, c'est qui le monsieur très mal élevé à la télé qu'a dit : "Casse-toi, pauvre con !" ? » Je ne pouvais pas lui répondre : « Ma chérie, c'est le président des Français, qui veut qu'en CM2 tu étudies l'instruction civique, morale et, euh… l'apprentissage de la politesse. » J'étais coincé, que dire à cette enfant ? Pourquoi, en effet, dans une ambiance si bucolique, si champêtre, au cul des vaches, avoir été si grossier ? La presse s'interroge : tension ? nervosité ? Le Président souffre-t-il ? Serait-ce encore Cécilia ? Si ça se trouve le « Casse-toi pauvre con ! », c'est la réponse qu'elle a faite à son SMS : « Si tu reviens, j'annule tout ! » Et depuis, chaque fois qu'il se sent agressé, ça part : « Casse-toi, pauvre con ! » C'est une hypothèse que m'a soufflée le grand psychanalyste Gérard Miller. Qu'est-ce qui cloche ? *Libération* parle de tics incessants, et de grimaces perpétuelles. À côté, Vincent Lindon passe pour un hémiplégique. Le Président bouge tellement que samedi, à son contact, certaines vaches esquissaient un mouvement de recul. On les comprend : dans une ferme, ce type de spasmes entraîne l'abattage du troupeau.

Pourtant, le Président devrait rayonner ! N'importe quel homme normalement constitué, qui viendrait d'épouser Carla Bruni aurait la banane toute la journée… à condition qu'elle ne chante pas à la maison, évidemment. C'est vrai que beaucoup de choses le stressent, notamment sa chute dans les sondages, perdre cinq points par semaine… Si ça continue ainsi, fin mars, pour la première fois, un Président sera sous la barre des zéros : moins 35 % d'opinions favorables.

Réagissons : on ne peut pas le laisser comme ça !

Nerveusement, on dirait Al Pacino dans *Scarface*. Toute la classe politique est inquiète. Balladur lui conseille d'en faire moins… Il sait de quoi il parle ! « Il faut le protéger », dit Raffarin : en novembre, il a voulu se battre avec un pêcheur, samedi, il insulte un vieux… Le « pauvre con » avait minimum soixante-dix ans ! Si on laisse faire, demain, il va frapper un handicapé, ou un myopathe qui ne l'aura pas applaudi ! « Monsieur le Président, il ne pouvait pas bouger ! » [Imitation Sarko] « Ça m'est complètement égal, c'est quand même le minimum, quand je fais un discours, de manifester sa joie ! » Que faire pour le calmer ? Lui offrir une thalasso, un prof de yoga, dire à Doc Gynéco qu'il passe lui apporter des vitamines ? Et pourquoi pas une semaine de « purification physique » dans une église de Scientologie ?

Sa directrice de cabinet affirme qu'il n'y a plus de problème.

Bon. À sa décharge, quand on vit vingt-quatre heures sur vingt-quatre collé au Président, tous les illuminés de la planète passent pour des gens normaux ! On va trouver une solution. En attendant, si le Président vous insulte, ne répondez pas ! Ça peut coûter quatre mois fermes. C'est le tarif qu'a pris un adolescent à Aubagne.

« Pourquoi ça ne marche que dans un sens, papa ? » Ah ! Cette fois, c'est ma fille de douze ans qui m'interroge. « Bon, écoute, tu sors de mon bureau et tu vas réviser ton instruction civique et tes règles de politesse... J'en ai ras le cul de vos questions à la con ! »

« Tu es grossier », me dit-elle. Pas du tout ma chérie, au contraire, c'est un extrait d'un discours présidentiel !

La droite a perdu, à qui la faute ?[1]

17 mars 2008

Ce matin, des gens sont sonnés par la défaite de la droite, alors que dans ce studio, Nicolas Demorand fait péter le champagne depuis 4 heures du mat'. Je tiens à leur dire qu'on pense très fort à eux. La droite a perdu, à qui la faute ? D'après Patrick Balkany, le grand responsable c'est Patrick Devedjian, accusé de ne pas avoir su fédérer les troupes de l'UMP. Ledit Devedjian répond : « Je n'ai aucune leçon de morale à recevoir d'un Balkany. » Faux ! Quand on fait faire son ménage par ses employés municipaux, quand on sait convaincre une femme de vous faire une gâterie avec un 357 Magnum collé sur la tempe, on peut enseigner aux autres les grands principes de la morale. Devedjian, dont le seul exploit d'élégance a été de traiter une femme politique de « salope », devrait beaucoup plus écouter Balkany.

La droite a perdu, à qui la faute ? Certainement pas à Rachida Dati, qui, cette semaine, dans *Match*, nous a

---

1. Cette chronique revient sur les élections municipales françaises de 2008.

montré intégralement sa cuisse droite. « Votez pour moi, vous verrez la gauche ! » Rachida, une vraie brune, ça tombe bien, les hommages aux poilus se succèdent.

La droite a perdu. Ce n'est pas non plus la faute à Carla Sarkozy qui s'exhibe dans *Match* cette semaine aussi. Un reportage qui pourrait s'appeler : « Barbie à l'Élysée ». Plusieurs tableaux : Barbie dans son bureau. Barbie prépare un dîner pour Shimon Peres. Barbie choisit des vins à plusieurs milliers d'euros la bouteille : Petrus 49. Un message fort destiné à nos amies caissières.

Problème de CP : partant du principe qu'une caissière obtient en trois semaines de grève 30 centimes d'euros supplémentaires par Ticket-Restaurant, combien de centaines d'années de grève lui faudrait-il pour s'offrir un verre de Petrus ?

Marie-Antoinette faisant découvrir au petit peuple de France les somptueuses caves de son mari. Il y a des têtes qui sont tombées pour moins que ça. Ce serait d'ailleurs une scène magnifique : Carla montant à l'échafaud place de la Concorde... sur une musique de Mireille Mathieu. Ça lui rappellerait les podiums. Suivrait Rachida Dati, de plus en plus mince, facile à décapiter. Et pour une fois habillée très sobrement : aucun créateur n'a voulu prêter de fringues, à cause des taches. Et puis, pour enflammer la foule, on finirait par les « Ceaucescu de Levallois-Perret », Isabelle et Patrick Balkany. Dans le rôle du bourreau, je vois bien Karl Lagerfeld : un look de croque-mort, un physique qui effraie les vautours... De plus, il connaît parfaitement l'encolure de Carla. Excusez-moi, la droite a perdu et je pense déjà à décapiter tout le monde, patientons un peu !

Et puis, rassurez-vous, tout ça n'arrivera pas, fini la présidence bling-bling, d'après *Aujourd'hui en France*, le Président veut prendre de la hauteur. Un souhait louable car, vu sa taille, ça lui réclame deux fois plus d'efforts. D'après ses conseillers, la métamorphose a déjà commencé. L'un d'eux affirme à l'AFP : « Depuis quelques semaines, Nicolas a ouvert une nouvelle séquence faite d'élégance et de discrétion. » C'est vrai que, hormis l'étalage de Petrus et Rachida Dati qui se croit au Moulin-Rouge, il y a un progrès.

À moins que ce ne soit une nouvelle directive du Président à ses troupes : « Les gars, soyez hyper-vulgaires, ça me rend plus classe ! » À ce propos, je me disais qu'une si belle cave doit être une aubaine pour Balkany lors d'un dîner à l'Élysée, pour obtenir les faveurs d'une femme, plus besoin d'un 357, un Petrus 49 suffit.

En attendant, champagne pour les uns, soupe à la grimace pour les autres.

François Bayrou

18 mars 2008

Depuis hier, les hommages à François Bayrou se succèdent, dans l'unanimité de la classe politique : « Bayrou ne sert à rien ! » Jean-Pierre Raffarin salue sa mémoire : « Le fait qu'il sorte du jeu politique, dit-il, nous donne une responsabilité nouvelle. »

Ses obsèques auront lieu demain en Basse-Pyrénées. François les organise lui-même : il ne veut ni fleurs ni couronnes... Enfin si, il veut bien des fleurs, mais pas de couronnes... Ou plutôt non, il veut des couronnes sans fleurs. Comme lui a dit sa femme : « T'es tellement casse-couilles, même à ton enterrement, personne ne viendra ! » François Bayrou : un MoDem à ne surtout pas suivre. Itinéraire d'une chute ou comment expliquer une telle dégringolade en si peu de temps. Imaginez un joueur de tennis, 3e à l'ATP, qui se ferait rétamer dix mois plus tard dans un tournoi amateur pour seniors !

François Bayrou est né en 51 à Bordères, il obtient son bac en 68, l'année où on l'a donné à tout le monde. C'est un enfant au physique particulier, mélange de Francis Perrin pour le bégaiement et de Philippe Gildas pour la taille des oreilles. Son seul camarade de classe s'appelle Vincent Lindon. Les deux enfants ont monté un duo épatant : « Quand-quand Fran-François bégayait, Vin-vin-cent l'accompagnait avec la tête ! »

Une enfance douloureuse, un bègue aux grandes oreilles, vous imaginez son calvaire. Surnommé « Spock » par ses camarades, François décide d'ignorer à jamais les deux paraboles qui entourent son visage : la droite et la gauche, et de rester centré.

Son credo : attendre, ne prendre aucune décision. À l'école, il change de camarades tous les jours. Au foot, il dénonce les alliances de joueurs. Dans son équipe, il met le goal en attaque et supprime les ailiers, plus personne à droite ni à gauche, que des passes au centre ! Le résultat est immédiat, il perd six-zéro. Ce jour-là naîtra son engagement politique. Et une certitude : en cas de défaite, c'est toujours la faute des autres !

François hésite en tout ! Son éveil à la sexualité est laborieux, homme ou femme, que choisir ? Dommage qu'il n'ait pas rencontré Amanda Lear ! Finalement, il se marie avec Élisabeth. Il veut des enfants, mais de quel sexe ? Comme ça ne va jamais, elle lui en donnera six ! Il les élève avec un principe simple : « Si tu fais les poches de quelqu'un, fais les deux, sinon c'est ma main sur la figure ! »

À la mort de son père, François reprend la ferme familiale. Dans l'agriculture, ce sont les saisons qui commandent. Mais c'est trop simple pour un homme qui préfère arroser quand il pleut, ou semer en période de fauche. En 82, il jette l'éponge et entre en politique. Une carrière très mitigée. Si François a réussi à endiguer son bégaiement, il continue malheureusement à bégayer en pensée. « Toi, tu t'associes à droite, toi à

gauche et moi au centre centre droite gauche ! »
Pourvu qu'on ne fabrique jamais un GPS « François
Bayrou ».

Pour la petite histoire, sachez que ses héros absolus
sont Gandhi et... Jacques Séguéla. Associer un grand
philosophe indien à un vieux publicitaire mondain et
cramé aux UV : du Bayrou pur jus !

Pour finir, je ne résiste pas au plaisir de vous citer sa
devise : « Le Béarnais est pauvre, mais il ne baisse
jamais la tête. » C'est vrai, François Bayrou nous a
quittés définitivement dimanche dernier à 20 h 30, la
tête haute !

Ah, pour son enterrement, ça y est, il s'est décidé :
ni fleurs ni couronnes, plutôt des couronnes en forme
de fleurs. Un truc très chiant à trouver, c'est ça qui lui
ferait plaisir.

François Fillon

1er avril 2008

Ambiance un peu spéciale, ce matin, sur France Inter puisque notre invité, c'est François Fillon... Non, ce n'est pas un poisson d'avril, il sera là, dans quelques minutes, en chair et en os. Lui, en revanche, adore faire des poissons d'avril : « Il n'y aura pas de période de récession. » Poisson d'avril !

Il est 7 h 55, le Premier ministre est en route. Avec un peu de chance, il m'écoute dans sa voiture, du coup, je vais faire son portrait, ça va le mettre à température... Ici, évidemment, nous sommes ravis, un gros poisson du gouvernement qui vient au « 7-10 », ça fait belle lurette que ça n'était pas arrivé. Il est vrai que la plupart ont la trouille des questions orientées du camarade Nicolas Vladimir Demorandoff !

Avant de commencer, j'aimerais souligner la grande simplicité de M. Fillon qui n'a formulé aucune exigence. Tout le contraire de Ségolène Royal qui, lors de son dernier passage chez nous, a souhaité être maquillée et coiffée... À la radio ! Qu'est-ce que ça doit être quand elle passe à la télé ! Évidemment, France Inter a cédé à ses caprices. Un budget cosmétique directement

32

ponctionné sur notre budget café-croissants. Bon, allons-y. François Fillon, sa vie, son œuvre.

Ah ! Juste une précision pour les étrangers qui nous écoutent… (La politique française est devenue complexe.) Contrairement aux apparences, François Fillon, l'homme mesuré, posé et distingué, c'est le Premier ministre. Et l'autre, le petit brun gouailleur sous Prozac, c'est le président de la République.

Au cinéma, ça s'appelle une erreur de casting… François Fillon, né au Mans en 54, enfance bucolique et heureuse, entre chez les scouts à dix-sept ans et au RPR à dix-huit… Pauvres parents, t'as des gosses qui ne t'épargnent rien.

Situation de famille : marié à une Galloise, cinq enfants ! Oui, une Galloise qui veut des enfants… Même si toi tu n'en veux pas (les amateurs de rugby me comprendront)… Impossible de lutter !

Profession : Premier ministre furtif, transparent, totalement indétectable… Les services secrets américains nous l'envient. Fillon est devenu très populaire en ne disant rien et en ne bougeant pas. Quand il fera son entrée au musée Grévin, on aura l'impression qu'il est au travail. Malheureusement, pour Fillon, ça ne va pas durer, Sarkozy a pigé son truc, lui aussi maintenant ne veut plus rien faire. Pour l'instant, c'est encore une vulgaire contrefaçon, n'est pas Fillon qui veut ! Ne plus bouger, ne plus rien dire, quand tu t'appelles Sarkozy… ton corps proteste ! On l'a vu chez la reine : il était secoué de spasmes, de tics, ses doigts pianotaient des SMS imaginaires, ses épaules bougeaient toutes seules, tel un manchot amateur de tecktonik.

De toute façon, ce gouvernement c'est comme le jeu 1, 2, 3 Soleil. Dès qu'on te voit bouger, tu recules. C'est pour ça que Rachida et Rama passent leur temps

33

à faire du shopping... Oui, de temps en temps, elles voyagent, il faut bien porter ce qu'elles achètent !

Le problème, aujourd'hui, c'est que Fillon doit bouger. Question de savoir-vivre, Sarkozy lui a piqué son rôle, ils ne vont pas être deux. Peut-être même que le Président va lui demander de devenir bling-bling ! Les Ray-Ban, ça va, ça s'achète, la Rolex aussi, mais se trouver un mannequin quand tu es Sarthois, père de cinq enfants et maqué à une Galloise... pas facile.

Ah, j'ai lu dans la biographie de François Fillon que, lorsqu'il était élève, il avait été exclu deux fois pour indiscipline, notamment pour le jet d'une ampoule lacrymogène en plein cours. Et si, un jour, il balançait une bombe lacrymo en plein Conseil des ministres, lessivé par de longs mois de soumission au bling-bling ? Ne rêvons pas, si un jour on vous donne cette info, ça ne peut-être qu'un... poisson d'avril !

La flamme traverse Paris

7 avril 2008

Attention, aujourd'hui, à Paris, 28 kilomètres sous très haute surveillance, 3 000 policiers mobilisés, 32 camions de CRS et 3 vedettes fluviales. C'est incroyable : on ne peut plus fumer nulle part et on bloque la capitale pour accueillir une flamme !

Des actions sont prévues un peu partout, le président de Reporters sans frontières invite les Parisiens à agiter des fanions représentant des menottes. Des menottes à toutes les fenêtres... Paris : capitale sado-maso. Terre d'asile pour Max Mosley !

Pour les partisans du boycott, le but du jeu, c'est de réussir à éteindre la flamme. La technique la plus simple, c'est de se jeter sur celui qui la porte. Juste, ne le faites pas quand c'est David Douillet. Quatre-vingts sportifs se relaient, à un moment, ils vont passer la flamme à un athlète handicapé, profitez-en !

Sinon, il y a toujours la bonne vieille technique du préservatif gorgé d'eau qu'on balance par la fenêtre. Un classique.

Pour porter la flamme, des grands noms du sport : Pauleta va courir sur la partie la plus risquée du circuit.

Normal : au PSG, ils ont l'habitude des projectiles et des insultes.

Il y aura aussi Stéphane Diagana, qui craint que la cérémonie soit gâchée : « Il ne faut pas, dit-il, que la France soit montrée du doigt ! » C'est vrai, ce serait dommage !

Après tout le mal qu'on s'est donné : Kadhafi à Paris, Idriss Déby, Omar Bongo… Redevenir le pays des droits de l'homme, ce serait rageant.

Le dernier relayeur, ce sera l'épéiste Laura Flessel. Une athlète avec un nom de fromage blanc, c'est important, on en vend énormément à la Chine.

Beaucoup de stars soutiennent Reporters sans frontières. Jane Birkin, Cali, Emmanuelle Béart. Béart, c'était peut-être pas la meilleure idée. Les Chinois sont très choqués qu'on fasse à nos actrices des bouches en canard. C'est vrai que, eux, ils torturent, mais pas à ce point-là.

Sinon, il y a d'autres initiatives : Bertrand Delanoë compte déployer une grande banderole sur l'Hôtel de Ville : « Paris défend les droits de l'homme partout dans le monde ! » C'est moins fort que : « Paris défend les droits de l'homme en Chine ! » Mais Bertrand, depuis qu'il a foiré Paris 2012, il flippe de passer pour un mauvais perdant.

Les Chinois, pour obtenir les Jeux, ils avaient dit : « Cela favorisera le développement des droits de l'homme. » Nous aussi, on aurait dû baratiner : « Y a aucune voiture à Paris, pas de pollution, les oiseaux gazouillent ! »

Heureusement, dans ce pays, il y a des gens courageux : le CIO et les athlètes français se sont mis d'accord pour envoyer à la Chine un message fort, sans concession. Dès aujourd'hui, ils porteront un badge avec écrit en petit : « La France pour un monde meilleur », et en très grand les anneaux de l'olympisme. Comme ça, les Chinois penseront que c'est un badge officiel... Faut surtout pas les blesser.

Ce n'est pas la première fois que le CIO fait preuve de courage. En 1936 déjà, ils avaient demandé qu'on ne fasse *rien* contre un certain... Adolf Hitler.

Pour finir sur une note plus légère... une étudiante pékinoise, interrogée par un journaliste sur l'agitation provoquée par la crise tibétaine, répondait ulcérée : « De toute façon, en Occident, vous ne comprenez rien ! »

C'est vrai, il y a un monde entre la culture chinoise et la culture française. Par exemple, les Chinois ne comprennent pas qu'un million de personnes se soient spontanément déplacées pour aller voir... *Disco*, avec Franck Dubosc. Ils pensent qu'on les a forcées.

Pas du tout, elles y sont allées de leur plein gré. Nous, on n'abrutit pas les masses. Elles le sont déjà !

Dernière minute : Paris est sous la neige, un look très guerre froide, Union soviétique de la grande époque... Sans doute pour rassurer un peu plus nos amis chinois... ?

À moins que le ciel, désolé par tant de compromissions ait mis du blanc pour tout effacer.

Bulletin de notes

14 avril 2008

Je suis tombé sur un article du *Figaro* intitulé : « L'évaluation des ministres se fait dans la discrétion ». Pourquoi la discrétion ? C'est normal que les citoyens aient accès aux bulletins de notes de leurs élus... Même si les notes sont mauvaises, et elles le sont. Il n'y a pas un ministre qui ait la moyenne, la promo 2008 est catastrophique !

Celui qui a noté les ministres, c'est M. Éric Besson. Un ancien socialiste passé à droite... Ce sont les pires, ils sont très sévères... Un peu comme un ancien fumeur... Un ayatollah.

Alors, en exclusivité pour nos auditeurs, j'ai obtenu des extraits du conseil de classe, je ne vais pas tous vous les lire, certains cas sont lourds. Je me suis concentré sur Mlle Rachida Dati...

« Dati Rachida : C'est un crève-cœur. C'est une élève dont on attendait énormément et la déception est à la hauteur ! » Comme elle est issue de l'immigration, c'était délicat de la critiquer : au départ, on a fermé les yeux... Mais là, ne pas dire qu'elle est nulle, ce serait du racisme à l'envers.

« C'est une élève qui a passé son année à changer de tenue. »

C'est écrit sur son bulletin : « Confond le ministère de la Justice avec un podium de haute couture. » C'est le même problème qu'avec Mlle Rama Yade : c'étaient des filles, au départ, charmantes, bosseuses, elles s'habillaient au Monoprix, parfois chez Zara, et dès qu'elles ont eu la carte Christian Dior, ç'a été la fin.

Regardez Mlle Amara Fadela... Une élève qui a son franc-parler, de gros problèmes de discipline : traiter Mme Boutin de grosse vache, même si c'est vrai, ça ne se dit pas... Mlle Amara s'habille depuis toujours à La Halle aux Vêtements, quand on lui a proposé la Carte Dior, elle nous a répondu, avec son langage à elle : « Vous pouvez vous la carrer où je pense ! »

Tout a été fait pour aider Mlle Dati. Certains ont même proposé de lui installer un bureau avenue Montaigne, qu'elle puisse, entre deux achats, consulter ses dossiers.

Elle est beaucoup trop dépensière : en trois mois, elle a claqué l'intégralité du budget réception de son ministère. On lui a fait une rallonge de 100 000 €... Ça fait quoi ? Deux robes Dior, pas plus, elle ne s'en sortira jamais !

Attention, on ne demande pas à Rachida Dati l'impossible, il ne s'agit pas d'imiter l'attitude de Nathalie Kosciusko-Morizet qui connaît ses sujets, maîtrise ses dossiers... Non !

Nathalie va être virée de toute façon, elle passe en conseil de discipline : en politique, quelqu'un qui tient ses promesses pour les autres, c'est humiliant.

Et puis, on ne traite pas MM. Borloo et Copé de lâches. Ils l'ont mal pris c'est normal, on ne dit pas ça à des gens… qui n'ont rien dans la culotte. Nathalie est une bonne élève, mais trop pour le coup !

Bon, la note de Rachida est mauvaise évidemment : 8,5. L'avis des professeurs est unanime : « Doit changer d'orientation. »

De fait, il y a un métier qui revient tout le temps : actrice. Elle possède toutes les qualités pour : coquette, dilettante, elle aime la lumière, les photographes… Ça ne peut que marcher ! En plus, ça lui évitera les fautes de goût…

En ce moment, elle visite des prisons comme on monte les marches du festival de Cannes. Même les matons sont gênés : toute la nuit, ils ont entendu des gars se faire violer, et là, tout d'un coup, les flashes crépitent, sourire Ultra brite, est-ce que ma mèche est bien mise ? On est à la Mostra de Venise.

Le cinéma, c'est ce qu'il lui faut. L'ambiance au ministère est irrespirable, ses collaborateurs valsent les uns après les autres… Le dernier lui a suggéré qu'un fourreau blanc Yves Saint Laurent pour visiter la cellule d'un ado qui s'était pendu la veille, c'était pas du meilleur goût. Il a pris la porte.

Bon, Rachida passe dans la classe supérieure… On espère une amélioration. Son premier geste politique fort quand elle a appris la nouvelle : demander le catalogue des collections Dior, printemps-été 2009.

À demain.

Un an déjà !

22 avril 2008

Il y a un an, Nicolas Sarkozy gagnait le premier tour de la présidentielle. Un anniversaire salué par tous nos quotidiens : « Sarkozy, un an déjà… », titre le *JDD*, « Sarkozy, encore quatre ans ! » rétorque *Libération*.

S'il se représentait, il y aurait une troisième version : « Sarkozy, encore neuf ans ! » Mais ça, pour l'instant, personne n'ose ! L'intéressé lui-même dit que peut-être il s'arrêtera là !

On l'a tous fait ça, pour retenir un être cher qui s'apprête à partir : « Allez, on essaie encore six mois et après, je te promets, si ça marche pas, j'arrête ! »

D'une certaine façon, c'est vrai, le temps est passé vite, il y a eu tellement de choses : une rupture, un divorce, une rencontre, un mariage… Il nous divertit, on n'a pas à se plaindre.

Pourtant, bizarrement, on a l'impression qu'il est là depuis des années, qu'il est arrivé juste après Mitter-rand, qu'il n'y a pas eu Chirac. Chirac qui s'est fait poser un stimulateur cardiaque. En observant Sarko, il s'est trouvé mou, amorphe et décérébré… C'est le syn-drome du lapin Duracell. Et puis tu cogites forcément, tu te dis : « Moi aussi, j'aurais pu quitter ma femme, me mettre avec un top, aller à Disney ! »

C'est peut-être parce qu'on a eu deux Sarko différents qu'on a trouvé le temps long. Deux pour le prix d'un. Quand c'est pour une paire de lunettes chez Afflelou, ça va... Mais pour un Président, ça déboussole. En un an, il est passé du bling-bling le plus clinquant à l'ascétisme le plus déprimant.

Avant, c'étaient soirées karaoké, virées en yacht et coucheries au Fouquet's. Maintenant, c'est hommage aux poilus, visites d'hôpitaux, et le soir, pour se distraire : un classique à la Comédie-Française, ou une projection des *Ch'tis* à l'Élysée. Un homme qui, il y a quelques semaines encore, se passait *Jet-set* en boucle.

Et la cerise sur le gâteau, ce fut ce week-end : l'enterrement d'Aimé Césaire : 7 000 kilomètres pour entendre quatre heures durant des comédiens réciter des poèmes sur la négritude. Et là, pas question d'emmener Bigard pour mettre de l'ambiance.

Aujourd'hui, Sarkozy, il a deux coachs : un pour l'habiller en croque-mort, l'autre pour lui trouver des plans pourris. Par exemple, dimanche, plus chiant que l'enterrement d'Aimé Césaire, il y avait l'allocution du pape à Ground Zero. Dommage, c'est tombé le même jour.

En tout cas, un grand bravo à toute la classe politique française présente à l'enterrement du poète... Et notamment à la délégation du Parti socialiste au grand complet. Voir les quarante futurs candidats au poste de premier secrétaire unis dans la douleur, c'était très émouvant. Concours d'obséquiosité, d'hommage cirepompe, de récupération en tout genre... Le rebelle Aimé Césaire a dû bien rigoler.

Jacques Chirac salue « l'homme de lumière ». Depuis qu'on lui a changé sa pile, tout brille. Et Ségolène Royal salue « l'éclaireur de notre temps ».

Ségolène qui, dans la foulée, a proposé l'idée la plus con de la semaine (maintenant que Sarkozy s'est calmé, il y a de la place pour les autres) : enterrer Aimé Césaire au Panthéon, en plein V^e arrondissement, dans l'ombre et l'humidité... L'homme du retour au pays natal finissant à Paris, il fallait oser.

Bon, voilà, Sarkozy est rentré en métropole. Une nouvelle année commence... Pleine de surprises. Que va-t-il faire ? Mystère. Peut-être une troisième métamorphose ? Le dernier sondage est un échec : encore un point en moins. Tant d'efforts pour rien. Franchement, quitte à chuter, autant s'amuser à faire le cake dans une soirée mousse sur le yacht de Bolloré.

À moins qu'il ait décidé d'enfoncer le clou, d'être de plus en plus sinistre. Je me disais que, après la lettre de Guy Môquet, la mémoire d'un enfant juif mort en déportation, une poésie d'Aimé Césaire à savoir par cœur pour dans huit jours, ça pourrait plaire aux lycéens !

Profitons-en, en ce moment, ils sont plutôt bien disposés.

Journée spéciale Sarkozy

5 mai 2008

Hier, j'ai reçu un mail de la rédaction accompagné de la mention suivante : « Attention, lundi 5 mai, journée spéciale Sarkozy sur France Inter ! »

J'ai tout de suite senti le gag, une journée Sarko sur Inter, ça ne tient pas debout !

Est-ce qu'on ferait une journée Sébastien Cauet sur France Culture ? Une journée Rocco Siffredi sur Radio Notre-Dame ou une journée rock sur Radio Classique ? Et pourquoi pas, pendant qu'on y est, une journée socialiste sur Europe 1 animée par Jean-Pierre Elkabbach ! Quoique Elkabbach, en ce moment, il ne vérifie rien... Il peut valider une journée socialiste !

En plus, il y a un truc pas logique : si vraiment il y avait une journée Sarkozy sur Inter, Nicolas Demorand ne serait pas rentré de vacances pour la présenter. Au contraire, il aurait attendu ce moment-là pour partir !

Bon, admettons, on fait une journée Sarko, on traite quelle période ? La bling-bling ou l'actuelle : la chiante ? Parce que si on fait une journée chiante, nos auditeurs ne vont pas vraiment noter la différence avec une journée normale.

Et sur le fond, qu'est-ce qu'on fait ? On programme du Carla Bruni en boucle ? Stéphane Bern l'a déjà fait au « Fou du Roi », ç'a été un bide : les vieux ne l'entendaient pas chanter, toute la tranche 70-90 ans a cru à une interruption des programmes.

Ce qui serait rigolo, ce serait d'élaborer la grille des programmes comme le Président dirige le pays… On déprogramme des émissions cultes, on les reprogramme à la dernière minute…

Exemple : 10 h 30, sans aucune concertation, on annonce la suppression du « Fou du Roi ». En réaction, des émeutes éclatent dans les maisons de retraite, des traversins sont incendiés, des barricades de déambulateurs se dressent.

À 11 heures, marche arrière de la direction d'Inter : non seulement « Le Fou du Roi » est maintenu, mais étendu jusqu'à 18 heures !

Et puis au niveau de l'ambiance, toute la journée, faut travailler dans la cacophonie : on se tire dans les pattes, on se traite de « pas de couilles », de « lâches »… On s'excuse, on recommence.

NON, plus sérieusement, une journée Sarko sur Inter, ça ne tient pas la route !

Ou alors, il aurait fallu faire les choses à fond : demander au Président d'être rédacteur en chef et à chacun de ses ministres d'animer une rubrique.

9 heures, Rachida Dati présente sa chronique mode, le thème : « Comment s'habiller pour visiter une prison dans laquelle un mineur vient de se suicider ? » Son conseil : « Évitez les motifs à rayures : avec les barreaux, ce n'est pas très heureux ! »

10 heures, « La leçon de morale de Nadine Morano ». Là, rien d'exceptionnel : Nadine fait un discours qui est à classer, comme d'habitude, dans la rubrique bêtisier. Je demanderai juste à nos auditeurs, une fois n'est pas coutume, de ne pas relever toutes les fautes de français commises par Nadine... Au niveau du courrier, on ne pourrait pas répondre.

11 heures, « Le coup de gueule de Rama Yade ». Rama défend les droits de l'homme *uniquement* dans les pays qui n'ont pas les moyens de nous acheter des Airbus.

11 h 30, faites des économies avec « Les bons plans » de Christine Largarde. Là, pas trop de changement, nos auditeurs avaient déjà l'habitude de perdre de l'argent avec les conseils de Jean-Marc Sylvestre.

Midi, le grand jeu de Brice Hortefeux : « Aller simple pour Bamako ».

Bon, je ne vais pas vous dévoiler toute la grille, mais dans l'esprit c'est ça.

Une journée Sarko sur Inter, ça sent la blague...

À moins... à moins qu'un profond changement éditorial se prépare en coulisses, Inter passerait à droite... et aujourd'hui est une journée-test... ?

Dans ce cas-là, je propose qu'on applique le principe de précaution, éteignez dès maintenant votre radio en signe de protestation.

Rallumez-la pour moi, demain matin à 7 h 55. J'essaierai d'ici là d'en savoir plus !

À bientôt, camarades !

Au boulot !

6 mai 2008

Aujourd'hui démarrent les négociations sur la réforme de l'assurance chômage. Les tire-au-flanc, les assistés, les profiteurs de tout poil, c'est fini !

Nicolas Sarkozy souhaite atteindre le plein-emploi à la fin de son quinquennat... Pour un homme qui va perdre la présidentielle de 2012, vouloir que tout le monde ait un boulot quand lui n'en aura plus, c'est un beau geste ! Plusieurs pistes sont envisagées pour remettre la France au travail.

La première : sanctionner les chômeurs qui refuseraient deux offres raisonnables d'emploi. Qu'entend-on par raisonnable ? Bernard Kouchner contraint d'accepter un poste dans un gouvernement UMP parce que ses camarades socialistes ne pensent pas à lui, est-ce que c'est raisonnable ?

D'après les textes, est considérée comme raisonnable une offre correspondant aux qualifications et aux aspirations de la personne. Un cancérologue au chômage, si on lui propose un job dans une entreprise de pompes funèbres, il devra accepter. Il fera connaissance avec son patient un tout petit peu plus tard... C'est donc dans ses qualifications.

Un huissier de justice pourrait travailler dans une fourrière. Sa passion c'est de faire des saisies, de fracasser des portes. Là, il va enlever des voitures. Il continue d'emmerder son prochain : son aspiration principale est respectée !

Si on suit cette règle, Marc-Olivier Fogiel, futur chômeur – son émission s'arrête –, ne pourrait pas refuser un boulot dans une société de crédit. Dans son émission, son truc, c'était humilier les plus faibles, donc... refuser un prêt, faire pression sur un ménage endetté, c'est tout à fait dans ses cordes.

Attention, toutefois, aux pièges ! On sait aujourd'hui que Rachida Dati ferait une excellente vendeuse Dior. En revanche, proposer à une fille passionnée par Dior un poste de garde des Sceaux, on vient d'essayer, c'est un échec !

Deuxième mesure pour atteindre le plein-emploi : l'obligation pour les chômeurs de plus de cinquante-sept ans de retrouver un boulot. Remettre les vieux au travail... L'été va être très chaud... En plus, ils vont y aller sans lunettes – bah, la Sécu ne les rembourse plus ! Tous les métiers dans lesquels ils sont responsables de vies humaines, il vaut mieux éviter : au Tenerife, c'est un aiguilleur du ciel de cinquante-huit ans qui a eu l'idée de faire décoller un Boeing de la KLM en même temps qu'un 747 de la Pan Am... 583 morts !

C'est une très mauvaise idée ! Les secteurs qui comptent énormément de vieux en activité, comme la politique ou les médias, on voit le résultat ! Jean-Pierre Elkabbach, âgé de soixante-quatorze ans, qui annonce, à tort, la mort de Pascal Sevran, c'est pathétique ! Du coup, depuis hier, il refuse de valider celle de

Lucien Jeunesse. Bah, il boude... Comme un vieux, y boude !

Les vieux au travail, j'y pense... Tous les psychopathes âgés qui écrivent à France Inter parce qu'on fait des fautes de liaison, vous imaginez demain, s'ils retrouvent un poste de prof de français ? C'est le cauchemar.

Pour atteindre le plein-emploi, une ANPE vient de trouver la solution idéale. Elle propose un poste d'informaticien en Inde. Formation exigée : bac +2 et anglais courant. Salaire : entre 160 et 300 euros par mois... Là-bas, il paraît que c'est très bien !

Écoutez, on ne va pas faire les difficiles. Pour un chômeur qui a refusé deux offres d'emploi consécutives, l'Inde c'est vachement bien. C'est Katmandou, la contemplation, les vaches sacrées, c'est zen, ça correspond totalement à ces aspirations de grosses feignasses ! Au niveau du trajet, Paris-Katmandou c'est un peu long, c'est vrai, mais le gouvernement a prévenu : au second refus, le rechigneur devra accepter une offre éloignée de son domicile.

Pour arriver à l'heure, ce n'est plus la France qui se lève tôt, c'est la France qui se lève la veille ! Bon, écoutez, moi, je prends cinq jours, je suis crevé et ne me proposez aucun job... Même un truc qui correspond à mes aspirations – un boulot d'empaffé, de langue de pute –, je ne prendrai pas !

Un lundi de Pentecôte

13 mai 2008

Je ne suis pas venu hier : le lundi de Pentecôte était à la carte, on pouvait choisir de travailler au profit des personnes âgées *ou* bien rester chez soi… je n'ai pas hésité une seconde !

D'ailleurs, à France Inter, c'est toute l'année que je travaille pour les vieux… je les distrais, c'est aussi utile que de leur prodiguer des soins.

Avec le recul, finalement… J'aurais peut-être dû exprimer ma solidarité : le week-end a été très dur pour le troisème âge. Entre la mort de Pascal Sevran, le mercure qui n'a pas cessé de grimper et Drucker qui a reçu un militant d'extrême gauche… Mamie a été sacrément chamboulée !

En même temps, Besancenot, elle l'aime bien, elle doit lui faire des propositions lors de ses tournées. C'est la seule question intéressante qu'aurait dû poser Drucker. On imagine le fantasme pour une vieille bourgeoise de Neuilly, un jeune militant trotskiste habillé en facteur… (Si ça se trouve, il s'amuse Besancenot… C'est pour ça qu'on l'a espionné… Je ne vois pas d'autres raisons.)

Non vraiment… week-end éprouvant pour mamie. Déjà, vendredi, en augmentant sa retraite de 0,8 %, alors que le pack d'Évian a pris 40 %, elle avait accusé le coup.

Là-dessus, on supprime partiellement la journée de solidarité de la Pentecôte… [À voix basse :] Sucrer une journée créée après la canicule 2003 alors que le mercure bat des records, le message est clair !

Avec quoi va-t-on financer les maisons de retraite ? Cinq cents d'entre elles sont hors norme, titrait, ce week-end, le *JDD*. Certaines, ajoute le quotidien, sont même construites en zones inondables.

Là, il faut savoir ce qu'on veut : pas assez d'eau, ou trop d'eau ! Si, après deux semaines de cagnard, un bon orage permet de rafraîchir tous les pensionnaires d'un établissement, ça n'a pas de prix.

En tout cas, le vrai coup dur du week-end, c'est la disparition de Pascal Sevran. Et cette fois, c'est vraiment vrai : Jean-Pierre Elkabbach a exigé de vérifier son pouls. Il lui aurait même fait écouter un boys band anglais, sans aucune réaction… C'est bien fini !

Les hommages sont unanimes : Christine Albanel souligne que Pascal Sevran était fou de musique et de chansons. Elle fait bien de le souligner, on aurait pu penser qu'il était fou de quad et de saut à l'élastique. Miss Albanel, aussi douée en hommage qu'en remise de médaille. Une chose est sûre, quand elle mourra… Là, il faudra bien souligner qu'elle a été ministre de la Culture.

Nicolas Sarkozy fait part, lui, de son immense tristesse. Tristesse, c'était déjà bien, immense tristesse… Il a dû chialer pendant des heures ! Ça se comprend, pour lui, la perte est énorme… Quand il ne sera plus président, pour relancer la carrière de chanteuse de Carla, Sevran, c'était la personne idéale.

[Imitation Sevran :] « Et maintenant, hein, Tintin, on est bien. Nous recevons une ex-première dame de France, qui a fait aussi une très jolie carrière de mannequin, elle est en coulisses, elle a très peur, ça fait deux quinquennats qu'elle n'a pas chanté, je vous demande de faire un triomphe à Mlle Carla Bruni Sarkozy qui nous interprète : *Y a quelqu'un qui m'a dit...* Musique ! »

Une tristesse profonde qui, heureusement, n'a pas empêché notre Président de se remettre au travail dès le lendemain.

En effet, samedi matin, Nicolas Sarkozy demandait que la traite des Noirs et l'histoire de l'esclavage soient introduites dans les programmes scolaires. Un geste envers les Noirs qui tombe à pic, puisque la veille il avait rendu hommage à quelqu'un qui voulait leur couper la bite. [1]

J'ai quand même une bonne nouvelle à annoncer à toutes les personnes âgées qui ont été ébranlées ce week-end. Demain, sur France 2, Michel Drucker présentera un hommage à Pascal Sevran intitulé : « La vie continue » ! C'est à 14 heures, un horaire idéal pour les maisons de retraite.

La vie continue effectivement : les tournées de Besancenot, la chaleur, le scandale des maisons de retraite, l'opportunisme de Drucker et l'hypocrisie des hommages.

---

1. L'allusion est faite ici aux propos de l'animateur et écrivain Pascal Sevran, décédé le 9 mai 2008. Dans un livre qu'il avait publié en 2006, *Le Privilège des jonquilles*, l'homme écrivait : « La bite des noirs est responsable de la famine en Afrique. »

Achetez l'album de Carla !

3 septembre 2008

Je voulais écrire un papier sur Gustav, je me disais : cette histoire de tempête tropicale qu'on a essayé de transformer en cyclone pour réhabiliter George Bush, c'est rigolo, et puis, finalement, j'ai lu un article sur les ventes de l'album de Carla Bruni... Là aussi, on nous a annoncé un raz-de-marée : 300 000 exemplaires vendus, d'après la maison de disques. Et finalement, après calcul, c'est une vaguelette : 80 000 vendus.

La maison de disques – Naïve, c'est son nom – avait comptabilisé tous les exemplaires disponibles en magasin. C'est comme si dans une salle, tu comptais les chaises vides.

Il en reste 220 000 à écouler... Une broutille !

Alors, d'après le producteur de Carla, il y aurait plusieurs raisons à cet échec. Premièrement : une trop grande couverture médiatique – « La presse people, dit-il, ne fait pas vendre. » C'est exact. Moi, par exemple, je serai au Casino de Paris le 20 novembre prochain... Toutes les couvertures de magazines, j'ai dit non. Ça te nique une carrière ! (20 novembre au Casino de Paris.)

De toute façon, si je vends que les deux premiers rangs, j'annonce « complet » !

Deuxième raison à cet échec (toujours selon M. Naïve) : pour une musicienne, être « femme de Président » est un handicap. Euh… Tout dépend du pays. Carla aurait été mariée à Poutine, l'album se serait vendu. Bah oui ! Hier à la télé, je l'ai vu dézinguer un tigre au fusil de chasse. Si sa femme chante, je ne cherche même pas à comprendre : j'achète l'album.

Moi, cet album de Carla, j'ai envie de le défendre. D'abord, la musique est signée Julien Clerc, qui lui aussi sort un disque, intitulé *Où s'en vont les avions ?* Peut-être pas la meilleure période pour sortir un tel titre. Où s'en vont les avions ? Celui de Madrid, on sait où il est allé ![1]

Et puis les paroles sont vachement bien. « Je veux ton rire dans ma bouche. » C'est joli… Ça veut rien dire mais c'est joli. Il paraît qu'elle a dû changer des mots quand elle est devenue première dame de France. « Je veux ton rire dans ma bouche », c'est un truc qu'elle a changé.

« Je veux tes épaules qui tremblent »… Avec Sarkozy, elle est comblée !

Il y a des trucs bien… Dans la chanson *Tu es ma came*, elle s'adresse au Président : « J'aime tes yeux, tes cheveux, ton arôme. » Très habile… Sur le physique de Nicolas, qu'est-ce qu'elle pouvait dire d'autre ?

« J'aime ta taille, tes talonnettes et tes tics. »

Et puis il y a des projets politiques.

« Fais gaffe à toi car je suis italienne, je vais décourager les dames… » : Rachida Dati est en disgrâce.

---

1. Le 20 août 2008, à l'aéroport de Madrid, un avion de la compagnie Spanair a pris feu au décollage, faisant 153 victimes.

« Bâillonner les belles sirènes » : Alliot-Marie, Boutin et Morano ont toujours du boulot !

Un bémol toutefois – pour un disque, c'est normal. Ce n'est absolument pas pour les personnes âgées. Non. Carla chante trop bas. La dernière fois qu'elle est passée au « Fou du Roi », les vieux appelaient pour se plaindre d'une coupure d'antenne.

Bon, que M. Naïve se rassure, il y a beaucoup de passages télé à venir – notamment sur France 2 : un « Tara- tata », un Michel Drucker. Normal : Patrick de Carolis vient d'être reconduit dans ses fonctions jusqu'en 2010… Savoir dire merci, c'est un minimum.

Ah, dernière minute. La semaine prochaine, Carla Bruni chantera dans la propriété corse de Christian Clavier. Un concert hommage dédié aux très nom- breuses plantes de l'acteur piétinées sauvagement par une bande de manifestants.

Allez, on se quitte… *Comme si de rien n'était.*

Pas d'écran plasma pour les pauvres !

8 septembre 2008

Ce matin, je voudrais revenir sur la déclaration du député UMP Édouard Courtial : « L'allocation de rentrée ne doit pas servir à acheter un plasma ! »

D'après lui, certaines familles défavorisées utiliseraient l'argent des fournitures scolaires pour s'offrir une télé. Salauds de pauvres !

Et il ajoute : « Il est anormal que les enfants débarquent en classe avec des bouts de cahier ! » Oui, c'est une tradition chez les pauvres, une fois que le père s'est offert sa télé : l'unique cahier est partagé entre les membres de la fratrie ; les meilleurs morceaux vont aux plus grands et le plus petit arrive à l'école avec la spirale.

Pour endiguer ce fléau, Édouard propose qu'on remplace l'aide monétaire par des bons d'achat. Un bon pour un stylo, un autre pour un bâton de colle, etc. Le danger, c'est que le pauvre, vexé qu'on ne lui fasse pas confiance, fasse manger les bâtons de colle à ses enfants... Ah bah oui, le pauvre n'est pas seulement égoïste, il est dégénéré : c'est une étude UMP, ils ont l'habitude de côtoyer des pauvres, on peut leur faire confiance. Édouard affirme que les magasins d'électro-ménager enregistrent des pics de ventes en septembre. Si ça se trouve, les pauvres font des enfants uniquement pour toucher l'aide à la rentrée scolaire.

« Dis donc chérie, je ferais bien un troisième enfant !
— Tu crois ? On a déjà un plasma et un aspirateur.
— Oui, mais le DVD est en train de nous lâcher ! »

Alors pourquoi ne pas étendre l'idée d'Édouard Courtial à toutes les aides de l'État ? Plus de sous, que des bons ! Le type qui claque son RMI au Tiercé ou qui va aux putes, à la place de son chèque, on lui envoie trente bons pour des boîtes de raviolis.

Sinon, encore plus bêtes que les idées d'Édouard Courtial, vous avez les conseils « pouvoir d'achat » de Julien Courbet. La semaine dernière, il proposait aux parents de fabriquer à leurs enfants une trousse à l'aide d'une bouteille plastique et d'une fermeture Éclair. C'est sûr que là, avec l'argent économisé, on peut s'acheter un plasma... Vous serez juste obligés de le revendre six mois plus tard pour offrir à votre enfant une psychanalyse.

Bon, je m'adresse aux pauvres qui nous écoutent à l'aide d'une radio vraisemblablement achetée avec l'argent d'un cartable : le 15 septembre prochain, au lieu d'envoyer un chèque aux impôts, envoyez-leur des bons d'achats, ça leur évitera d'acheter des conneries du style un porte-avions, un sous-marin, un rond-point. À la place, mettez-leur des bons pour la recherche médicale, l'éducation, le logement... Cher Édouard, monsieur le député, je vais vous apprendre un truc... La grande majorité des pauvres aime ses enfants. (OUI !) Ils pensent même que l'école de la

République est le seul moyen de ne pas rester pauvre...
Incroyable ! En attendant, à titre personnel, permettez-moi de vous offrir un bon pour un peu plus d'intelligence humaine. Un bon pour être moins con.

Les Jeux paralympiques

9 septembre 2008

Aujourd'hui, je vais vous parler des Jeux paralympiques, qui réunissent actuellement à Pékin les plus grands athlètes handicapés du moment : paraplégiques, tétraplégiques, amputés, aveugles, infirmes cérébraux... C'est la crème du handicap, ce qu'on fait de mieux !

Les sourds ont été déplacés. Ils participent dorénavant aux Deaflympics : sur les départs de courses, ils partaient ou trop tôt ou trop tard, c'était ingérable ! Et puis, en cas de victoire, jouer son hymne national à un sourd...

En tout cas, la compétition est magnifique. Avec le décalage horaire, c'est retransmis la nuit à la télé... C'est une vraie leçon de courage. Si, si... se lever en pleine nuit pour voir des athlètes handicapés faire du sport, c'est courageux.

Moi, je n'ai aucun mérite : avec mon papier à écrire pour France Inter, je veille... Cette nuit, je suis tombé sur la natation synchronisée... enfin, désynchronisée, pour le coup.

Je n'ai pas tout de suite compris de quoi il s'agissait : j'ai d'abord vu une jambe sortir de l'eau, une seule, puis un bout d'épaule… J'ai cru qu'il s'agissait du film de Steven Spielberg, *Les Dents de la mer*, après le passage du requin.

Mais j'ai adoré. Les Suédoises médaillées d'or… Magnifique ! il y en a qui ont gueulé, qui ont dit que c'était de la triche… C'est vrai que le fait d'être siamoises, en natation synchronisée, c'est un avantage.

Les frictions sont inévitables. Le Rwanda, par exemple, qui, chaque année, affiche un très grand nombre d'athlètes amputés, ça fait des jaloux.

Nous, à côté, avec nos deux ouvriers agricoles qui ont mis leurs bras dans une moissonneuse-batteuse, on est ridicules !

Les Russes pareil, toute leur génération d'athlètes originaires de Tchernobyl, ça fait des envieux : Poliakoff (surnommé « la pieuvre »), au cheval d'arçons, avec ses quatre bras et son petit corps : on dirait Petrucciani tapant sur ses touches.

Faut pas être jaloux, demain, ce sera la Belgique : grâce à leur incident nucléaire d'il y a quinze jours, en 2024, à Vancouver, ils seront imbattables !

Il y a des épreuves incroyables, je vous encourage à regarder. Demain à une heure du mat', le water-polo pour paraplégiques : toutes les minutes, les fauteuils sont hissés à la surface. En cas de faute, on replonge l'athlète.

Mercredi, le tir à l'arc pour non-voyants : exceptionnellement, l'accès aux tribunes est gratuit.

Tout ne fait pas l'unanimité. Salim Sdiri, qui s'était pris un javelot dans le dos, y a deux ans, les compétitions pour non-voyants, il est contre.

Et puis le handisport, c'est propre… À part deux, trois roues de fauteuils roulants gonflées à l'hélium, on constate très peu de dopage.

Vraiment, je vous encourage à regarder et même, si vous pouvez, à vous y rendre, d'autant qu'avec les Chinois, l'organisation est impeccable. En revanche, si vous êtes valide, n'y allez pas en voiture : toutes les places de parking sont « handicapé ».

Il n'y a que trois places pour les valides. On les reconnaît facilement : une paire de jambes peinte sur le bitume. Mais soyez sûr que neuf fois sur dix, y a un connard en fauteuil qui vous la pique.

Voilà, j'avais très envie de vous parler de cet événement un peu boudé par les médias… Hormis, évidemment, la défaite des Bleus face à l'Autriche. Oui, ce sont des valides, mais entraînés par un infirme cérébral. Trouble du comportement, le sujet ne s'épanouit que dans la défaite : élimination en coupe du monde, il demande sa femme en mariage ; demain, après la déculottée face à la Serbie, il voudra un troisième enfant.

L'important, c'est de participer… Mais quand même !

Chère Edvige

10 septembre 2008

Je voudrais réagir face au torrent de protestations suscité par Edvige. On parle de « flicage », d'« horreur sécuritaire »… Faut rien exagérer, la sécurité, c'est pour notre bien à tous. C'est comme le Taser, qui depuis deux jours équipe nos policiers municipaux.

Désormais, un type qui proteste un peu fort parce qu'il a pris une prune se prendra, en plus, une décharge.

Là aussi, toutes les précautions sont prises pour éviter les bavures. Le X26, c'est son nom, moins glamour qu'Edvige, est équipé d'une caméra. On pourra voir le contrevenant se tortiller comme un brochet.

Et grâce à Edvige, cet individu sera fiché. Nom, adresse, maladie et orientation sexuelle… Des choses essentielles à la sécurité du territoire.

Alors, comment établir un profil ? Exemple : l'individu électrocuté portait une Lacoste rose et un chouchou assorti. À orientation sexuelle, ils mettent « homo ».

C'est au feeling, les gens qui travaillent sur Edvige ne vérifient pas tout.

À maladie, ils mettent : « cardiaque ». Suite à la décharge, s'il est mort, c'est qu'il était cardiaque. Ça peut pas être le Taser : 50 000 volts, c'est rien.

Après enquête, on découvre que Renato – ah ! la preuve… –, on découvre que Renato a été délégué de sa classe en 78.

Ça fait donc trois raisons pour être sur Edvige : cardiaque, homo et meneur de groupe.

Alors, sont concernées par Edvige, cette salope, les personnes ayant exercé une activité politique, syndicale *ou* économique. C'est-à-dire tout le monde.

Si t'as vendu un truc dans ta vie – un vélo, une paire de patins à la kermesse de l'école –, c'est une activité économique, t'es fiché ! Faut rien vendre !

Offrir… Attention, qu'est-ce que tu offres et à qui ? Si tu offres un verre à un inconnu dans un bar du Marais, ce n'est plus une « activité économique », c'est une « orientation sexuelle ». (Edvige voit tout, cette pute.)

Un autre point suscite l'indignation : on pourra ficher un môme dès l'âge de treize ans… à la puberté. Aux premiers poils, il faut que les parents l'emmènent au commissariat.

En revanche, ils ont écrit : « Les enfants de treize ans *susceptibles* de troubler l'ordre public. » Moi, j'aurais fiché les autres : un gosse de treize ans *susceptible* de ne faire aucune connerie, c'est ça qui est inquiétant !

En tout cas, que nos politiques figurent sur Edvige, c'est bien un minimum, question de transparence. Dans certains cas, ils vont s'amuser, chez Edvige : Dati Rachida, à « orientation sexuelle », on met quoi ? Partenaires multiples ? A fait un enfant toute seule ?

Père supposé : « José Maria Aznar ou Arthur. »

QI de l'enfant ? Ça dépend du père, ça peut être très variable.

Restent des côtés pratiques : Jean-Louis Borloo qui se fait arrêter en voiture, tu tapes « Profil », tout de suite il y a : « Vérifiez son alcoolémie ».

Edvige n'oublie rien, Edvige a une mémoire phénoménale. Pour les membres du PS qui sont en train de disparaître, c'est utile. Edvige devient un devoir de mémoire.

[Voix agent de police :] « Oui, dis donc, j'ai un gars qui a grillé un feu, à "Profession", Edvige me met "Ancien secrétaire du PS", il porte un nom de fromage, tu peux vérifier ? »

Un espoir tout de même pour les « anti-Edvige ». Edvige est un prénom de vieux. Alors protestez, manifestez, faites des pétitions, afin que cette vieille garce soit bientôt frappée d'Alzheimer.

Dieu et saint Pierre

15 septembre 2008

Un papier sobre aujourd'hui. Je sors d'un week-end de prière, de recueillement. En plus, j'avais pas mal de choses à me faire pardonner, vous imaginez ! J'ai hésité à aller à Lourdes. Peut-être qu'en prenant un bain parmi les malades, j'aurais pu ressortir gentil, bien-pensant... Une sorte de Michel Drucker jeune. Ô, miracle !

En tout cas, la visite papale de ce week-end nous a fait un bien fou. On n'avait pas le moral : la chute de l'immobilier, les malheurs de Bernard Tapie, Edvige... Et tout à coup, l'éclaircie divine : Benoît et sa papamobile !

Et surtout le concept sarkosien de la laïcité positive : vachement bien ! Tu es laïc, mais de façon positive. C'est vachement mieux que la laïcité négative. Le pire étant la religion négative... Oui, faut fumer pour comprendre ce concept. C'est comme *Alice au pays des merveilles*, si t'es pas sous acide, tu te fais chier !

De toute façon, Sarko, la théologie, il s'en fout. L'idée, c'était de faire une sorte de festival de Cannes avec le pape. Tapis rouge, photographes et tout le tralala...

Vous imaginez une discussion entre Dieu et saint Pierre commentant la réception du pape à l'Élysée ?

DIEU : Dites-moi, saint Pierre, c'est qui le petit bourré de tics, le Tom Cruise du pauvre, qui descend le tapis rouge ?

SAINT PIERRE : C'est le président des Français, seigneur.

DIEU : Il va à Lourdes après ? (...) Il faut qu'il y aille, il faut le baigner, c'est anormal cette façon de bouger les épaules dans tous les sens ! [Un temps.] Il est chaste au moins ?

SAINT PIERRE : Pas vraiment. Trois mariages. Il a piqué la femme de Jacques Martin. Vous savez, le gros très amusant qui est arrivé chez nous il y a un an !

DIEU : Et sa dernière femme, c'est celle qui est habillée en première communiante. Elle, elle est chaste au moins ?

SAINT PIERRE, *très gêné* : Non, seigneur. Elle a couché avec une partie des Rolling Stones, un philosophe et son fils, quelques chanteurs, un politique.

DIEU : Dites-moi, saint Pierre, la petite brunette habillée en Dior qui est enceinte, je ne vois pas son mari, où est-il ?

SAINT PIERRE : On ne sait pas encore qui c'est, Seigneur !

DIEU : C'est pas le petit à talonnettes, au moins ?

SAINT PIERRE : Non, elle aurait aimé, mais ça ne s'est pas fait.

DIEU : Celle coiffée comme un Playmobil, c'est qui ?

SAINT PIERRE : C'est Mireille Mathieu, c'est elle qui a salopé votre *Ave Maria*.

DIEU : Ah, la pécheresse ! Et le blond dégarni au deuxième rang, la face de raie... Lui aussi, il a été aux jeunesses hitlériennes ?

SAINT PIERRE : Non, lui, c'est Brice Hortefeux ! C'est lui qui expulse vos enfants de façon inhumaine.

DIEU : Expulsez-le à son tour, faites-le venir ici, ça lui fera les pieds.

Et celui qui titube, à côté, c'est qui ?

SAINT PIERRE : Jean-Louis Borloo, il buvait le vin de messe quand il était enfant de chœur !

DIEU : Et le grand maigre derrière... C'est pas lui qui a mis enceinte Mlle Dior ?

SAINT PIERRE : Non, ça c'est le maire de Paris...

DIEU : Elle est où, sa femme à lui ?

SAINT PIERRE, *très gêné* : C'est compliqué, Seigneur...

DIEU : Dites-moi, saint Pierre, c'est quoi cette assistance de dépravés ? Qu'est-ce que Benoît est venu faire ici ? Qui d'autre a reçu les honneurs de l'Élysée ?

SAINT PIERRE : M. Kadhafi et M. Poutine...

DIEU : Faites rentrer Benoît XVI le plus vite possible !

SAINT PIERRE : Son avion n'a plus d'essence, Seigneur. Alitalia est au bord de la faillite.

DIEU : Eh bien, mettez-en. C'est pas plus compliqué que de multiplier des petits pains ! Et dites à Benoît qu'il fasse attention à ses fréquentations la prochaine fois. Qu'il consulte sainte Edvige avant ses déplacements. L'image de l'Église est en jeu, que diable !

Médailles d'or au bac

16 septembre 2008

Ce matin, j'aimerais saluer la toute dernière trouvaille de Xavier Darcos, notre ministre de l'Éducation nationale.

Il faut savoir que Darcos est insomniaque et, cet été, la nuit, il regardait les Jeux olympiques de Pékin quand soudain, il s'est écrié : « Bon Dieu, c'est ça la solution contre l'échec scolaire, distribuer des médailles à nos bacheliers… D'or, d'argent, de bronze. »

Mme Darcos, qui n'est pas aussi sensible que nous aux fulgurances de son mari, lui a dit : « Arrête de crier, tu me réveilles ! »

En tout cas, moi, je remercie M. Darcos.

Mon fils ne branle rien à l'école. J'étais désespéré. Au niveau des récompenses, j'ai tout essayé : un scooter, un week-end avec sa copine au ski… Mais là, une médaille, je sens que ça va le motiver !

Ce sont des récompenses qu'on garde toute sa vie. On les encadre, on les met sur la cheminée, dès qu'un ami vient à la maison, on lui dit : « T'as vu ma médaille de bachelier ? »

En plus, ce type de récompense, c'est souvent de très bon goût.

Vont-ils graver un portrait de Xavier Darcos ? de Nicolas Sarkozy ? C'est la surprise !

Peut-être… C'est une idée, hein, je ne suis pas aussi génial que Xavier – on pourrait faire Sarkozy pour les médailles d'or, Darcos pour les médailles d'argent. Et médaille de bronze, un truc qui fait moins envie… Christine Boutin.

Pour les lycéens rappeurs, gagner une médaille d'or avec la tête de Sarko, c'est le rêve ! À mon avis, il risque d'y avoir un trafic parallèle : on trouvera des non-bacheliers avec la médaille de Sarko !

Le problème, ça va être les contrôles antidopage… Qui dit compétition dit contrôle. Et ça, entre la seconde et la terminale, les taux de cannabis sont très élevés. À moins que Darcos trouve quelque chose qui incite les élèves à ne plus se droguer, quelque chose qui fasse rêver. Si à la médaille il ajoute une coupe ou un presse-papiers… Là, oui !

Il paraît que c'est Alain Peyrefitte qui a aboli les remises de prix il y a quarante ans. Encore un effort et on va réintroduire les châtiments corporels. Faut juste que Xavier Darcos ait l'idée… Peut-être en voyant un film SM à la télé, qui sait ?

En tout cas, récompenser le mérite est très tendance. Selon le journal *Le Parisien*, plusieurs initiatives ont été prises.

À Mantes-la-Jolie, le maire remet une clé USB aux nouveaux bacheliers… [Un temps.] À mon époque, il n'y avait pas de clé USB. C'est pour ça que j'ai rien branlé… Je passais mon temps à jouer au flipper, à boire des tangos panachés… Y aurait eu une médaille ou une clé USB à la clé, je me serais défoncé !

À Massy, la ville offre à ses bacheliers un pass pour l'opéra municipal. Entre ça et une clé USB… Y a quelqu'un qui m'a dit : quitte à recevoir un cadeau pourri, autant ne pas faire d'études et aller dans une pêche à la ligne, c'est moins crevant. (Les gens sont mauvaises langues.)

À Évry, le maire organise une soirée dansante avec tous ses diplômés. Ça, en revanche, c'est une mauvaise idée, une soirée dansante avec un élu… On a tous en mémoire les images de Nadine Morano se trémoussant à Royan.

Faites le test. Vous avez un môme qui travaille super-bien à l'école, entrez dans sa chambre et dites-lui : « Chéri, si tu décroches ton bac, Nadine Morano t'invite à une soirée dansante ! » Résultat garanti.

C'est peut-être ça, la solution pour enrayer l'échec scolaire : promettre aux derniers, aux cancres, aux bonnets d'âne, une soirée dansante avec Nadine. C'est une idée à la con, mais n'est pas Darcos qui veut.

La taxe pique-nique

17 septembre 2008

La semaine dernière, *Le Parisien* annonçait que 40 % des Français n'étaient pas partis en vacances à cause du prix de l'essence. Du coup, s'enthousiasmait le journal, il y a eu moins de morts sur les routes !

Une bonne nouvelle pour les pauvres, mais également pour les riches. Des vacances plus sereines : moins de circulation sur l'autoroute et plus d'espace à la plage pour étaler ses jambes.

Là-dessus, *Le Parisien* conseillait à son lecteur fauché de « Pique-niquer pour ne pas grignoter son pouvoir d'achat » !

Le pauvre ne part pas en vacances, en revanche, il peut déguster des œufs durs par terre dans son HLM. Un bonheur parfait...

Malheureusement, dimanche dernier, patatras : Jean-Louis Borloo annonce une « taxe pique-nique » – le prix des assiettes, couverts, gobelets en plastique va augmenter. Sans compter la « taxe obésité » qui, elle, frappe les chips et les cacahuètes. (Une taxe qui pénalise très fortement notre ancien confrère Guy Carlier.)

Le riche, évidemment, souffre très peu de la « taxe pique-nique ». [Voix très snob :] Dans des cas extrêmes, si vraiment on ne trouve pas une terrasse de restaurant ombragée, il existe au Coran Shop de très jolis nécessaires à pique-nique en osiers qui ne sont pas taxés !

Le pauvre morfle en ce moment. En même temps, il l'a cherché. Souvenez-vous que certains se sont offert un écran plasma avec l'aide à la rentrée scolaire. C'est un député du Val-d'Oise qui l'a dit.

En même temps, quand on ne peut plus ni partir en vacances, ni pique-niquer chez soi, le dernier espoir, c'est d'acheter un plasma et de suivre les conseils « pouvoir d'achat » de Julien Courbet.

Alors, comment Jean-Louis Borloo a-t-il eu l'idée de taxer le pique-nique ? Tout simplement parce que chez les Borloo, un déjeuner sur l'herbe représente un tiers du budget familial : Châteaux Talbot, Haut-Brion, Cheval Blanc 1995... Une fortune. S'ensuit une sieste ivre mort affalé sur Béatrice Schönberg.

La question principale, c'est : « Est-ce que le pique-nique pollue ? » OUI !

J'entends dire ici et là : « Il y avait peut-être d'autres priorités. » NON !

Un exemple : dimanche dernier, je suivais un bus de la ville de Sèvres qui dégageait une fumée noire, atroce... Et bah, à l'intérieur, que des gars qui allaient pique-niquer au parc de Saint-Cloud !

Donc deux solutions s'offraient au gouvernement : soit mettre des bus électriques – mais ça, c'est l'arbre qui cache la forêt – ou bien taxer les connards qui déjeunent le dimanche en plein air.

Il existe toute une liste de produits taxés, il n'y a pas que les couverts en plastiques... En électroménager par exemple : les congélateurs (ce qui va pénaliser la famille Courjault), les sanitaires...

Les sanitaires... Là, tout le monde est concerné. Même ceux qui profitaient encore du pique-nique pour aller s'asseoir tranquillement derrière un buisson.

Sont concernés également les produits jetables... couches, rasoirs, Stéphane Bern... (Ah, il est jetable, il l'a été de France 2.)

Avant de conclure, une bonne nouvelle pour les pauvres, les premières maisons Borloo à 100 000 euros seront livrées dès demain à Épinay : 85 m², trois chambres, une énorme cave (c'est Jean-Louis qui a dessiné les plans). En revanche, un jardin minuscule, on ne peut pas s'asseoir. Impossible de pique-niquer, ça tombe bien : c'est devenu hors de prix.

Taxer le pique-nique, interdire la cigarette au bistrot, ficher les manifestants sur Edvige... Haro sur l'amitié, la convivialité, toute forme de réunion. Restez seul chez vous, ne bougez plus, on vous l'a dit : l'essence est trop chère !

Faut-il rester en Afghanistan ?

23 septembre 2008

Hier, la question qui a occupé nos politiques, c'était :
« Faut-il rester en Afghanistan ou en partir ? »

Vous pouvez encore jouer avec nous, il y a un Famas
de l'armée française à gagner. Depuis le départ de Louis
Bozon, les cadeaux France Inter sont beaucoup plus
sympas !

Parmi les raisons qui poussent à rester, il y a la publication aux éditions du Petit Futé d'un guide touristique
sur l'Afghanistan, qui est particulièrement bien fait. Son
auteur, Constance de Bonnaventure, nous met l'eau à la
bouche. Je la cite : « Des paysages magnifiques, l'Afghanistan fait toujours rêver » !

Avec des enfants, on a toujours tendance à privilégier
la Corse et la Normandie, désormais il y aura Kaboul. Le
Quai d'Orsay (petite bite comme d'habitude) s'inquiète
de la parution d'un tel guide… La région est dangereuse.

Il y a deux, trois règles à respecter, c'est vrai… Par
exemple : n'y allez pas en treillis… Ça énerve les barbus.
C'est le réflexe idiot : on achète le Petit Futé, une tente
Decathlon, un treillis chez Gap, et là, on se fait dézinguer !

C'est grosso modo ce qui est arrivé à nos militaires le 18 août dernier... Je vous rappelle le bilan : dix morts dans une embuscade. Le rapport de l'Otan est accablant : ils étaient mal préparés et sous-équipés. « Nos militaires se trouvaient à découvert sur des collines abruptes dénudées de végétation. »

C'est d'autant plus bête que, un peu plus bas, il y a un sentier de grande randonnée totalement abrité avec une aire de pique-nique. Le Petit Futé met quatre étoiles !

Toujours selon ce rapport, nos militaires n'avaient qu'un poste de radio... Pourvu qu'ils nous aient écoutés ! Autant mourir sur un programme de qualité.

Et ils ne disposaient que de très peu de munitions, de quoi tenir quatre-vingt-dix minutes... Le temps d'une série sur TF1, on est peu de chose !

Un problème de munitions qui devrait s'arranger avec la nomination en Afghanistan de Jean-Pierre Perrin, colonel du régiment parachutiste de Carcassonne...

Carcassonne, c'est là où ils ont tiré par erreur sur la foule à balles réelles. D'ailleurs, je me demande si les balles à blanc qui devaient servir à Carcassonne n'ont pas été livrées du coup en Afghanistan... ce qui expliquerait le peu de résistance de nos troupes.

Je note au passage que si le Quai d'Orsay s'inquiète de la parution d'un guide sur l'Afghanistan, ils se foutent complètement qu'il en existe un sur Carcassonne, alors que le secteur de la caserne est hyper-dangereux !

À ce propos, je précise à tous ceux qui possèdent un guide du Pakistan qu'il ne faut plus aller au Marriott ![1] En quarante-huit heures, la qualité du service a beaucoup baissé.

---

1. L'hôtel Marriott d'Islamabad, au Pakistan, a été la cible d'un attentat meurtrier le 20 septembre 2008. Bilan : 55 morts et près de 300 blessés.

En tout cas, si vous allez en Afghanistan, restez sur les chemins balisés par le Petit Futé. Depuis que le taliban sait que trucider un Français équivaut à une double page dans *Match*, il est prêt à tout.

Faut les comprendre, les photos sont très belles. Et puis avec *Match*, ce qu'il y a de bien, c'est qu'ils ne jugent personne. Même la pire ordure. Ce qu'ils veulent, c'est que vous soyez bien dans le cadre avec un beau turban, la barbe peignée, et vos trésors de guerre. Finalement, on reste en Afghanistan... N'appelez plus, ça y est, le Famas a été gagné... Mais ce vote a permis une chose extraordinaire : mettre d'accord pour la première fois depuis des lustres tout le groupe socialiste (ou presque). Une note d'espoir magnifique pour tous ceux qui dans le monde se haïssent et se déchirent.

Touchez pas aux Prince de Lu !

24 septembre 2008

Autant ces dernières semaines on s'est amusés dans ce studio – faut dire que l'actualité s'y prêtait : jeux paralympiques, guerre, crach boursier... – autant là, j'ai pas le cœur à rire... L'affaire des biscuits Prince de Lu m'a bouleversé !

Je rappelle les faits. Plutôt que d'augmenter le prix de ses produits, la société Danone a préféré réduire leur quantité.

Principales victimes : les fromages blancs Jockey qui passent de 1 kg à 850 g et les biscuits Prince de Lu qui perdent 10 % de leur épaisseur.

Rogner l'épaisseur d'un Prince de Lu, c'est comme retirer ses noisettes à un Nuts, enlever sa coco à un Bounty ou encore... sa guimauve au nounours.

Si Guy Carlier m'écoute, il peut se caresser sur cette chronique.

Révoltez-vous ! Si on ne fait rien aujourd'hui, demain c'est la couche de confiture des barquettes Trois Chatons qui disparaîtra ! Souvenez-vous... On croquait le tour de la barquette pour arriver enfin au plaisir suprême : la confiture.

Les nombreuses filles qui ont l'habitude écœurante de finir leurs œufs au plat par le jaune me comprendront.

Alors, ça s'est passé quand ? En loucedé ! Danone a attendu que nous soyons tous en vacances pour commettre son forfait. C'est un classique, tous les trucs un peu moches, on attend l'été pour les faire passer. En plus, à la plage, l'heure du goûter varie, on se relâche et, c'est vrai, on a tendance à se goinfrer de Prince de Lu sans prêter attention au calibre du biscuit. J'en profite d'ailleurs pour remercier les gens qui ont découvert le pot aux roses et l'ont signalé à *60 millions de consommateurs*. Ce sont eux aussi qui nous écrivent quand on fait des fautes de liaison ; après ils sortent chez Shopi pour vérifier le poids des yaourts. Ils n'ont pas toujours des vies rigolotes… Et je les embrasse !

Pourquoi une entreprise aussi florissante que Danone, 14 milliards de bénéfice annuel, a voulu rogner le Prince de Lu d'un enfant ?

Que s'est-il passé dans la tête du P-DG, Robert Danone – je l'appelle Robert, c'est plus simple – et qu'a-t-il dit à son directeur de produits, Jean-Pierre Actimel ?

Ça s'est passé au téléphone, nous sommes au mois d'août, tout le monde est en vacances.

ROBERT : Allô, Jean-Pierre, c'est Robert, dis-moi, qu'est-ce qu'on peut faire pour gagner plus à la rentrée ?

JEAN-PIERRE : Attends, on a fait 14 milliards de bénef' !

ROBERT : Oui, mais je flippe !

JEAN-PIERRE : Diminue l'épaisseur des Prince de Lu !

ROBERT : Ah, non, pas les Prince de Lu, c'est toute mon enfance !

JEAN-PIERRE : Arrête avec tes sentiments, Robert ! Regarde les Chinetoques, ils ont mis de la mélamine dans le lait des bébés, ça augmente les protéines. Ça bloque les reins du nourrisson, mais bébé grossit, ça rassure la mère.

ROBERT : Tu sais, ça va sortir un jour dans la presse, cette histoire.

JEAN-PIERRE : Arrête, tout est verrouillé ! (Je vous rappelle que nous sommes en août.) Tu sais, les Prince de Lu à la mélamine, c'est pour bientôt. Regarde les coûts du cacao, on peut pas tenir ! Bon, je t'embrasse, ma puce…

Oui, chez Danone, on s'appelle « ma puce », « puce fraîcheur » pour les intimes.

Bon, terminons par quelques chiffres : deux millions de travailleurs pauvres recensés dans l'Hexagone. 40 % des Français n'ont pas pu partir en vacances. Borloo a voulu s'attaquer au pique-nique, Danone, au Prince de Lu. Un Prince de Lu aminci, déclassé, déchu… Un Duc de Lu. Ben, on n'en mangera plus : « Maman, donne un Duc de Lu… », c'est vraiment trop con !

On l'a échappé belle !

29 septembre 2008

J'ai écouté le discours du président de la République jeudi soir, apparemment, on est passés à deux doigts de la catastrophe, un 11 Septembre financier... On revient de très loin.

Et justement, je voulais dire à tous mes camarades de France Inter que je... je vous aime... je tiens à vous. En plus moi, je m'en veux parce que j'ai rien vu venir.

La semaine dernière, j'ai vécu normalement, j'ai fait l'idiot sur cette antenne, je suis sorti, et c'est vraiment en écoutant le Président que j'ai pris conscience qu'on avait frôlé la faillite.

C'est sûr que le type qui n'a pas d'argent placé, il s'en fout ! Mon papier s'adresse aux gens qui ont de la thune... Les autres, les pauvres, pour une fois, respectez la souffrance des riches.

Comme d'habitude, les critiques pleuvent : soi-disant le gouvernement n'a rien vu venir. Bon, à part Christine Lagarde qui la veille du krach new-yorkais déclarait que le gros de la crise était derrière nous ! Christine, il faut toujours inverser ses déclarations : le jour où elle annoncera un gros krach, on saura qu'on est tirés d'affaire !

Le gouvernement savait, c'est sûr : le fait d'avoir renoncé à la taxe pique-nique, c'est un signe... Ruiné, en plein exode, le Français peut encore s'acheter des assiettes en carton.

Tout était prévu : il y a quinze jours, le pape nous a bénis, on était prêts à partir. Recevoir l'extrême-onction avant un krach boursier, c'est pas rien !

Edvige aussi... On l'a mal pris, mais c'était une preuve d'amour. Après une catastrophe, l'État voulait pouvoir nous identifier ! Indemniser Bernard Tapie à hauteur de 400 millions... Pareil ! c'est une façon pour l'État de nous dire : « N'ayez crainte, si vous êtes dans la merde, on sera là ! »

De toute façon, le Président l'a dit : il n'acceptera pas que les Français perdent un seul euro ! C'est ça qui est bon avec lui : il nous terrorise, mais juste après il nous rassure. S'il fait l'amour comme il gouverne, ça doit être quelque chose !

L'État est ruiné, peu importe ! Carla et lui, ils ont de l'argent. Ils vendront le cap Nègre. Il y a des problèmes de fosse septique, mais l'emplacement est beau. Et puis, reste l'argent de l'album, avec tous les Carlathons organisés à droite à gauche, chez Drucker, Denisot... Ça sert à ça ! Il faut l'acheter. [Un temps.] Vous n'êtes pas obligés de l'écouter, c'est caritatif !

Une certitude : il va falloir se serrer la ceinture, plus aucune manifestation d'aucune sorte... Ah non ! Dans la conjoncture actuelle, ce serait indécent ! Les ouvriers de l'usine Renault à Sandouville, qu'ils arrêtent de nous emmerder ! On ira construire nos Mégane en Chine... Ils mettront de la mélamine dans les sièges, ça nous

81

démangera… Excellent prétexte pour se toucher les parties en conduisant.

Il paraît que le Président a été volontairement alarmiste pour masquer les résultats catastrophiques de sa politique. Il était même, selon certains, soulagé…

On l'a tous fait, ça. Moi aussi, je me suis réjoui quand mon lycée a brûlé… J'avais pas révisé mon contrôle de maths. (Et personne n'a jamais pu prouver que c'était moi qui avais mis le feu à la poubelle !)

Une chose est sûre : en ces temps de crise, de doute, PPDA nous manque comme jamais. Elle nous rassurait, nous berçait, cette belle voix monocorde, un peu nasillarde, même quand elle nous annonçait le pire : « Mesdames et messieurs bonsoir, c'est une crise sans précédent qui vient de ruiner la majorité des Français. Toutes les royalties de l'album de Carla Bruni iront aux victimes de ce tsunami financier sans précédent. Merci. »

Ségolène au Zénith

30 septembre 2008

Ce matin, je voudrais défendre la prestation scénique de Ségolène Royal au Zénith. C'était un tout petit peu moins drôle que Florence Foresti deux jours avant au Palais des Sports, mais quand même, ça ne mérite pas autant de critiques !

C'est Dominique Besnehard, un ancien impresario avec un cheveu sur la langue, qui s'est occupé de tout : location de la salle, invitations et mise en scène. Il a toujours été là, Dominique. C'est lui qui a aidé Ségolène à retrouver le moral après la défaite de 2007. Il le dit d'ailleurs : « Ségolène, elle a eu le blues comme les grandes actrices quand les caméras s'éloignent et que le téléphone sonne moins. » Son rôle auprès d'elle, c'est comme celui d'Erich von Stroheim dans *Sunset Boulevard* quand il fait croire à Norma Desmond, une vieille gloire du muet, qu'elle peut encore revenir au premier plan.

Il vit dans la nostalgie, Dominique. Pendant des années, il a envoyé des marrons glacés à Arletty pour Noël. Et aujourd'hui encore, il continue. Ce sont les postiers qui les bouffent. Au Zénith, il a ramé comme un fou : 3 000 personnes dans une salle de 6 500.

DOMINIQUE : Tirer les pendrillons, qu'elle ne voie pas les gradins vides. Je sais pas ce qui se passe, y a un an, on était 17 millions de fans et là, on n'arrive pas à remplir le premier balcon ! Heureusement qu'Hervé Vilard vient avec son fan-club : dix autocars de vieux, ça fait du monde ! [À la cantonade :] Bon, il est où, le chauffeur de salle ?

CHAUFFEUR DE SALLE : Je suis là, Dominique !

DOMINIQUE : Dis-moi, Robert, à la fin, quand elle va scander « Fraternité », même si c'est couillon, il faut que toute la salle l'accompagne… Elle se prend pour Obama en ce moment, elle est complètement givrée !

CHAUFFEUR DE SALLE : Ah, Monsieur Dominique, pendant que je vous tiens, la pancarte « Désirs d'avenir », ça m'ennuie de l'accrocher derrière les vieux d'Hervé Vilard…

DOMINIQUE : Démerde-toi, Robert, je ne peux pas tout faire, flûte !

Il était très nerveux, Dominique, pendant la préparation du Zénith. Il faut dire qu'il a tout supervisé, son look, sa coiffure – floue et mutine –, sa gestuelle. Les petites révérences qu'elle fait désormais pour ponctuer ses phrases – on dirait Cathos dans *Les Précieuses ridicules* –, c'est Besnehard qui lui a montré.

Le sari indien en soie bleue qu'elle porte avec le jean, c'est un prêt de Jane Birkin. Au départ, Ségolène ne voulait pas enlever son tailleur et puis Besnehard a trouvé l'argument qui tue :

DOMINIQUE : Tout ton bas c'est épouvantable, t'es sexy comme Martine Aubry ! Je suis sûr qu'elle est poilue comme les sourcils d'Emmanuelli... Oh, on peut rigoler, ça va !

Mais le plus dur pour Dominique, ç'a été la direction d'acteur. Elle est très mauvaise comédienne :

SÉGOLÈNE : Je suis là aujourd'hui, je serai là demain... Rien ne me fera reculer sur le chemin que j'ai choisi et sur lequel nous marchons ensemble !

DOMINIQUE : Arrête d'ânonner, Ségo, on dirait une fable de La Fontaine récitée par un élève de CP !

SÉGOLÈNE : Peut-être que je récite Dominique, mais moi je n'ai pas une touffe de poils sur la langue quand je parle !

À la fin, l'ambiance était tendue. Ce qui inquiète le plus Dominique, ce sont ses crises de paranoïa. Elle voit la main du Président partout. Ça a commencé en juillet dernier quand elle a affirmé que Sarkozy l'avait cambriolée... Et là, rebelote ! il paraît qu'à l'Élysée il y a des porte-flingues qui voudraient la faire interner.

DOMINIQUE : Quand elle est comme ça, elle me rappelle Adjani dans *Camille Claudel*. Tu sais qu'elle m'appelle en pleine nuit, Ségo, elle me dit : « Dominique, j'ai peur, y a Sarkozy qui est sous mon lit ! »

Aujourd'hui, la vie a repris. Comme dans *Sunset Boulevard*, Dominique a lui-même posté des centaines de lettres de félicitations à Ségolène pour son Zénith.

C'est un fidèle, Dominique. Le jour où Ségolène sera la seule à voter pour elle, il lui fera une fête dans son appartement. Il l'a dit au *Parisien* : « Je suis son d'Artagnan. »

[Voix Dominique :] C'est vrai, je suis son d'Artagnan, même si les autres mousquetaires se sont barrés depuis longtemps.

Pire que Deauville un jour de crachin !

6 octobre 2008

En cette période de crise, une chose nous maintient la tête hors de l'eau : le bonheur du couple présidentiel... Les voir cette semaine dans *Match*, tels deux tourtereaux, se bécotant dans un palace new-yorkais, elle en robe haute couture, lui en habit... Des images qui nous consolent de toutes nos vicissitudes.

Alors, bien sûr, il y aura toujours une frange d'aigris pour dire : « Oui, afficher tout ce luxe, ce glamour, alors que l'économie s'écroule, c'est indécent ! »

Mais au contraire, pour la ménagère dont le mari vient d'être licencié de l'usine Renault de Sandouville, les Sarkozy à New York, c'est un conte de fées. Ça fait rêver... Bien plus que la une de *Libération*, qui vendredi nous montrait une assiette de patates. Carla et Nicolas c'est un style de vie, une petite entreprise qui résiste à la crise, un modèle pour tous !

Cette semaine, le magazine *Gala* nous dévoile la vie intime du couple : « Il est 7 heures, Paris s'éveille, les Sarkozy n'ont plus sommeil. » Un article signé Candice Nedelec, une des grandes plumes de demain. « Le Président et sa douce s'extirpent des limbes. »

Vous voyez ? Vous et moi, on bâille, on râle, on a une haleine de bouc. Carla et Nicolas s'extirpent des limbes… Toute la différence est là !

« Le Président quitte le côté gauche du lit, le sien quand il dort dans l'hôtel particulier de son épouse. » Là aussi, c'est un détail qui change tout : un hôtel particulier… Pas un hôtel ordinaire avec des clients dans les autres chambres et quand il y en a un qui pisse ça réveille les autres… Non ! On ne s'extirpe pas des limbes avec un bruit de chasse d'eau.

« À l'Élysée, poursuit Candice, le Président préfère dormir du côté droit. » Là aussi, pensez-y ! Une deuxième maison permet de changer ses habitudes et on protège ainsi sa relation du train-train quotidien.

« C'est au réveil, lorsque Nicolas est décoiffé, que Carla le préfère. » Ah ! Pour la ménagère de Sandouville, dont le mari a été licencié, c'est essentiel de savoir ce qui excite la première dame de France, ça lui permet de survivre. Son mari à elle, depuis qu'il est chômeur, ne la touche plus !

Est-ce que le Président dort à poil ou en pyjama ? Mystère. *Gala* attend que la situation internationale se dégrade un peu plus pour nous renseigner. Mais croyez-moi, quand la ménagère de Sandouville se fera expulser, savoir si le Président porte à droite ou à gauche, s'il a ou non des érections matinales, tout ça lui sera précieux !

Tout n'est pas rose pour autant, première dame est un métier difficile. Carla est inquiète du rythme effréné de son époux. Elle lui a recommandé un coach d'éducation physique et se bat pour qu'il n'abuse pas de son péché mignon : les chocolats de La Maison du Chocolat.

Depuis son licenciement, M. Sandouville est devenu dépressif, il ne bouge plus son cul, fume clope sur clope et se gave de Mon Chéri, qui est au chocolat ce que la Mousseline est à la purée. Alors, Mme Sandouville, excédée, lui dit : « Regarde M. Sarkozy comme il s'entretient. Il se bat, lui ! Dès qu'il s'extirpe des limbes, il part courir ! Et elle, tu sais ce qu'elle fait, elle ? Elle lit de la poésie dans le profond canapé de velours noir de son salon ! »

M. SANDOUVILLE : C'est des conneries !

MME SANDOUVILLE : C'est pas des conneries, c'est écrit ! Ils n'ont pas une vie facile, ces gens-là. Faut pas croire ! Quand ils étaient à New York, à cause du krach boursier, ils n'ont pas pu profiter de leur week-end. Tu sais ce qu'écrit *Match* ? « Ce fut pire que Deauville un jour de crachin ! »

Une image qui laissa perplexe M. Sandouville. Les pauvres ne savent pas ce que c'est qu'un week-end à Deauville sous la pluie… Comme quoi, parfois, ils ont plus de chance que les riches !

Lettre à Olivier Besancenot

7 octobre 2008

Aujourd'hui, j'ai écrit une lettre à Olivier Besancenot. Écrire à un facteur, ça n'arrive pas tous les jours...

Cher Olivier, que vous arrive-t-il ? Comment un être aussi gentil que vous, aussi doux, mélange de Tchoupi et de Bisounours, a-t-il pu s'acoquiner avec l'ancien chef d'Action directe, l'assassin Jean-Marc Rouillan ?

Savez-vous qu'à Neuilly-sur-Seine, ville dont vous êtes facteur, c'est la consternation ? Hier, à deux pas du lycée Carnot, j'ai été pris à parti par des habitantes de votre secteur, un groupe de vieilles en tailleur Chanel.

« Parlez-en à la radio, monsieur Guillon, c'est un crève-cœur. Un garçon si poli, toujours un signe de main ou un coup de sonnette quand il est sur son vélo... Rien à voir avec la Portoricaine qui le remplace quand il est absent ! »

Sachez, cher Olivier Besancenot, que ces petites vieilles serraient contre leurs poitrines des lettres recommandées qu'elles avaient été chercher elles-mêmes, car depuis quelques jours elles refusent de vous ouvrir !

« C'était notre idole, monsieur Guillon, on oubliait même qu'il était trotskiste quand il nous donnait notre courrier ! »

« On était si fières, le jour où il a été invité chez Drucker. On a toutes crié devant la télé : "C'est notre facteur, c'est notre facteur !" »

Là, c'est une autre vieille qui parle, elle tient dans ses bras un Colissimo.

« Mais maintenant c'est fini, pour Noël, on ne lui prendra plus ses calendriers, tant pis pour lui ! Il serait capable de donner l'argent à son nouvel ami M. Rouillan. Pas d'argent pour les assassins... [Scandé :] Pas d'argent pour les assassins ! »

Depuis l'éviction de David Martinon aux élections municipales et les cris de « Martinon, non, non, non ! », Neuilly n'avait pas connu pareille manifestation !

Êtes-vous prêt, cher Olivier Besancenot, à vous asseoir sur l'argent des calendriers ? Si vous persistez dans votre amitié pour Rouillan, vous n'en vendrez aucun. Pas même les plus beaux : ceux avec les petits chats qui boivent du lait, ou les saint-bernard avec leurs tonneaux.

D'ailleurs, qui est exactement ce nouvel ami d'Olivier Besancenot ? Est-il totalement infréquentable ? Dans les années quatre-vingt, Jean-Marc Rouillan assassinait des personnages publics en suivant les lettres de l'alphabet : le général Audran (A), Georges Besse (B) et ainsi de suite. Il aurait été jusqu'au « Z » si on ne l'avait pas arrêté.

Le clown Achille Zavatta y serait passé, c'était la seule personnalité en « Z » de l'époque, Zidane était trop petit.

La veuve de Georges Besse est évidemment furieuse : en recrutant Rouillan, dit-elle, Besancenot se conduit de manière honteuse ! Besancenot répond : « Mme Besse a des comptes à régler avec Action directe. »

Ce qui peut se comprendre ! Quand ton mari s'est fait buter et que tu as ramassé sa cervelle sur le tapis du salon, t'as du mal à passer l'éponge. On imagine mal Yoko Ono inviter David Chapman à bruncher.

Relativisons, parmi les idoles de Besancenot, Jean-Marc Rouillan arrive loin derrière Che Guevara. Le Che, surnommé affectueusement « le petit boucher de la Cabaña », a assassiné des centaines de personnes, tout l'alphabet, plusieurs fois ! Et ça n'a pas empêché ses disciples de vendre des T-shirts à son effigie dans le monde entier, Neuilly compris.

Cher Olivier, arrêtez de défendre Jean-Marc Rouillan. Vous savez, on est fragiles en ce moment, la Bourse s'écroule, tout va mal. Et vous voir, comme ça, copiner avec des gens qui sont pour la lutte armée, on pourrait s'imaginer des trucs. Sortez, détendez-vous, faites-vous une toile... Tenez, allez voir *Mesrine*... Un chic type !

Le Conseil constitutionnel, enfin !

8 octobre 2008

Ça y est, c'est super, on y est ! On est au Conseil constitutionnel, c'est génial ! On devait déjà y aller la semaine dernière et puis, au dernier moment, ç'a été annulé. Il y a eu un énorme mouvement de solidarité à France Inter, les gens n'ont pas supporté qu'on soit privés d'une sortie prévue depuis des mois ! Et ça y est, on a gagné, on a gagné ! [Coup de trompette.]

C'est beau ici, vous ne pouvez pas savoir ! C'est moderne, c'est encore plus gai que ce que j'avais imaginé dans mes rêves les plus fous !

Penser qu'on pouvait oser annuler un tel événement ! À la place, on nous avait fourgué une émission pathétique avec Jacques Attali qui, on l'a appris depuis, trempe jusqu'au cou dans l'affaire de l'« Angolagate »... Bravo, belle mentalité, France Inter !

Mais ne nous énervons pas, restons dans la joie présente !

Ça y est, on y est ! [Coup de trompette.]

En plus, pour tous les Français, célébrer les cinquante ans du Conseil constitutionnel, c'est hyper-important, c'est *la* priorité du moment ! La chute de la Bourse, les licenciements, la baisse du pouvoir d'achat, tout ça on l'accepte, du moment qu'on ne nous prive pas de cet anniversaire si important !

En tout cas, merci à vous de nous avoir ouvert les portes de cette belle maison. En plus, on sait que vous ne venez pas souvent, une fois par mois à peine, métier de feignants...

Il faut savoir aussi que les membres du Conseil sont relativement âgés, on l'a vu : s'asseoir, déplacer une chaise, se saisir d'un micro, tout demande un effort, alors mille fois merci !

On va faire vite, promis, je sais qu'après vous avez des activités, je le vois sur la feuille : « Mots fléchés, déjeuner, temps calme, et chat-bite autour des colonnes de Buren. »

Ici, on n'est pas coincés, on sait aussi s'amuser !

Ah, je suis content d'être là ! [Coup de trompette.]

Alors, un absent de marque et on pense très fort à lui : le président Valéry Giscard d'Estaing qui, lui, n'a pas eu la permission de sortir : l'hospice Beau Séjour a dit non !

Ils avaient donné leur accord une première fois lorsqu'on devait enregistrer il y a huit jours. Ils l'avaient entièrement préparé : levé, lavé, habillé. [Un temps.] Peigné ? non, c'est inutile !

Mais là, l'hospice Beau Séjour n'a pas voulu prendre le risque d'une deuxième sortie en si peu de temps : trop fatigant.

Mais bon, il a eu le droit d'envoyer une cassette, on l'a écoutée il y a quelques minutes. La voix est encore claire, on a un peu poussé le volume – le même réglage que pour l'écoute des disques de Carla Bruni.

Et le président était très heureux... Il a enregistré ça au lit, [Imitation :] sans fatigue. Les infirmières l'ont applaudi à la fin. Tout s'est très bien passé.

[Ton de plus en plus grave.] De toute façon, il a de moins en moins envie de venir au Conseil constitutionnel. Il l'a dit à son infirmière l'autre jour : « J'ai peur de croiser François Mitterrand. » Elle a essayé de lui expliquer que ce n'était pas possible et tout de suite derrière, il a ajouté : « Moi vivant, Chirac ne sera jamais Président ! »

On peut parler d'une forme de maladie d'Alzheimer, oui. Il confond les saisons : en plein mois d'août, il se croit en décembre : il ferme les fenêtres, il met le chauffage. L'été dernier, ils l'ont retrouvé à quinze mètres de la maison de retraite, complètement déshydraté en doudoune et Moon Boots.

Et puis, en hiver, c'est le contraire : il dort à poil, fenêtres ouvertes... Il y a un infirmier qui est mort en ouvrant sa porte. Pourtant, à Beau Séjour, ils sont aguerris : quand ils arrivent, ils passent par un sas avec des posters de Régine.

Bon, restons joyeux, je le rappelle, c'est la fête ! [Coup de trompette.]

Chers membres, je ne voudrais pas vous inquiéter...

Vous nous avez reçus très gentiment, vraiment merci encore !

Mais, si j'ai bien compris le règlement intérieur de la maison, dans trois ans, s'il n'est pas réélu, Nicolas Sarkozy deviendrait membre du Conseil constitutionnel. Et lui, faire des grilles de Sudoku, bouffer à midi trente et jouer aux cartes l'après-midi, c'est même pas la peine !

Alors préparez-vous les gars, sortez, faites la teuf, enchaînez les nuits blanches, habituez-vous au jet-lag,

95

faites des galipettes partout : à l'hôtel, dans des taxis, dans des Falcon...

Dans trois ans, il faut être d'attaque ! [Coup de trompette.]

À, à, à la queue leu leu !

14 octobre 2008

Ce matin, j'aimerais revenir sur le suicide d'un jeune détenu de seize ans, Nabil, à la prison de Metz-Queuleu, un établissement qualifié de « modèle » par Rachida Dati lors de sa dernière visite.

« Modèle », c'est le mot, puisque cette prison totalise depuis janvier cinq suicides. À Metz-Queuleu, on se suicide « à, à, à la queue leu leu » !

Alors, pourquoi la garde des Sceaux a-t-elle qualifié cet établissement de « modèle » ? Mystère ! Ah si, ça y est, j'ai compris ! Tous ces suicides, ça libère des places. Fini les problèmes de surpopulation et de réinsertion... La prison est autonettoyante, c'est formidable.

Rachida adore visiter des prisons, elle s'y sent bien. Elle fait la belle comme un paon qui fait la roue. Elle semble dire : « Oui, c'est vrai, il y a beaucoup de beurs et de beurettes derrière les barreaux, mais regardez-moi, l'ascenseur social marche, si l'on veut s'en donner la peine ! » On dirait une vedette de cinéma qui, de temps en temps, irait frimer aux Assedic spectacle.

Comme dirait Guy Bedos : « C'est l'Arabe qui cache la forêt. »

Bon, essayons de positiver façon Rachida. Peut-être qu'après tout, les prisons françaises sont des modèles.

J'entends dire : « Ce sont les pires d'Europe. » Faux ! Le commissaire aux droits de l'homme l'a dit : « Nous sommes battus d'un cheveu par la Moldavie. »

Six dans une cellule de dix mètres carrés, nous dit le rapport du commissaire, c'est trop. Attention, s'il y en a deux qui se suicident, le temps qu'ils soient remplacés, on n'est plus que quatre, on respire !

Et puis même, six c'est comme dans un train couchettes avec des potes : on se tire les couvertures, on se fait sentir les chaussettes, il y a de l'ambiance !

Les toilettes sans porte en cellule, ajoute le rapport, c'est inhumain ! Là aussi, positivons un minimum... Ça permet, quand on est couché, de voir si c'est occupé ou non et de ne pas descendre pour rien.

« Déféquer devant quelqu'un, c'est humiliant. » Pas vraiment. Vous avez déjà eu une fouille annale lors de votre admission, et si vous êtes un peu chétif, le chef de cellule vous a forcément sodomisé... À ce stade-là, faire caca devant ses camarades, c'est une formalité.

Je salue, au passage, ceux qui nous écoutent en petit déjeunant.

Je ne dis pas que tout est parfait. Le rapport dit : « À cause de la surpopulation, seulement deux douches par semaine. » C'est vrai que c'est peu ! Mais en compensation, dans les cellules, les télés sont allumées vingt-quatre heures sur vingt-quatre. Et ça, c'est cadeau !

Du coup, c'est vrai, il y a des suicides : TF1. Vingt-quatre heures sur vingt-quatre, tu finis par te supprimer.

Le volume est à fond, c'est exprès, ça permet au chef de cellule de sodomiser le chétif sans déranger les matons.

Officiellement, aucune sexualité en prison. Pourquoi dans ce cas-là l'administration distribue-t-elle des préservatifs dans les unités exclusivement masculines ? Euh... Ça doit être pour les anniversaires... Comme au McDo, on gonfle des ballons.

Il y a des ratés, c'est certain : on est mal soigné, aucun dépistage du cancer du sein... Mais attention, niveau drogues et antidépresseurs, la prison est une pharmacie formidable !

À la fin du rapport, le commissaire enfonce le clou : « À cause de la promiscuité, les maladies prolifèrent : céphalées, diarrhées. »

À Clairvaux, certains condamnés à perpet' réclament la peine de mort. Soi-disant c'est plus humain ! ? ?... Vous savez, il y aura toujours de mauvais coucheurs !

Hier, le journal *Libération* nous racontait que, pour rassurer un prisonnier qui avait failli périr brûlé par son codétenu, les surveillants avaient placé à ses côtés Zubert, prisonnier schizophrène soupçonné lui aussi d'avoir brûlé un camarade.

Oui, peut-être qu'effectivement Rachida Dati a enjolivé la situation. Mais quelque part, ça se comprend, elle est enceinte et, quand on va donner la vie, c'est normal de vouloir positiver à tout prix. « À, à, à la queue leu leu ! »

À demain.

La crise est finie...

15 octobre 2008

Ça y est c'est fini, la crise est pratiquement passée, on respire ! On peut à nouveau faire des affaires, boursicoter, s'en mettre plein les fouilles...

Enfin, les riches !... Les pauvres, tant pis pour eux ! Quand on n'a rien, on n'a rien à miser, on ne va pas jouer son pantalon en Bourse !

C'est dommage parce que ces quarante-huit dernières heures, il y avait de sacrées bonnes affaires à faire, pour certains c'est le jackpot !

Le Parisien cite le cas d'un anglais, Simon Cawkwell, qui a gagné 320 000 euros en une heure ! Quelques crampes au doigt liées au maniement frénétique de sa souris d'ordinateur... Mais bon, à ce tarif, la pénibilité du métier est supportable. Cela dit attention, là, on parle de profit, de joie, mais ces vingt derniers jours ont été extrêmement éprouvants pour les riches. Vous savez, perdre plusieurs millions d'euros en quelques minutes... Je crois que c'est une douleur qu'un riche ne souhaite à personne. Faut être très solide. Il y a eu des moments de doute, de panique, émaillés c'est vrai par de très beaux gestes de solidarité entre milliardaires.

À Miami notamment, quand le Nasdaq chutait, les gens prenaient leur bateau au petit matin et se rendaient visite les uns les autres dans leur port privé, l'un apportait une bouteille de Petrus, l'autre des truffes fraîches, c'était magnifique.

Mais on a assisté à des scènes très difficiles : à Saint-Barth, par exemple, plusieurs rénovations de villas ont été stoppées à huit semaines des fêtes de Noël. À Laguna Beach, certaines familles ont dû licencier une partie de leur personnel. Le gazon est toujours aussi vert, mais il n'y avait plus personne pour sortir le chien...

Aux États-Unis, un pays où les chiens sont considérés comme des enfants, vous imaginez le désastre ! Et la liste des villes touchées est longue... Monte-Carlo, Megève, Riyad, Beverly Hills... Je crois que des villes comme Trappes, Vaulx-en-Velin ou Villiers-le-Bel ne mesurent pas l'étendue du séisme.

En tout cas, cet élan mondial de solidarité pour aider les riches, 3 000 milliards de dollars aux États-Unis, 1 700 milliards d'euros en Europe, les a énormément touchés, énormément...

Alors, j'entends dire : « Oui, le dixième de cette somme suffirait à régler le problème de la faim dans le monde, 102 milliards c'est la dette de l'Afrique, 73 milliards c'est ce qu'on donne aux pays pauvres en un an, huit milliards c'est la somme totale destinée au sida, à la tuberculose et au paludisme. »

Vous savez, c'est l'histoire du petit garçon qui criait « Au loup ! » Le pauvre se plaint sans arrêt, réclame des aides, manifeste... Il arrive un moment où on n'y prête plus attention. Là, c'était la première fois depuis des lustres que le riche réclamait quelque chose, alors forcément, on y a été particulièrement attentif.

Le riche est globalement autonome et ne fait pas chier comme le pauvre.

Cela dit, comme dans toute période de tension, il y a parfois de grands éclats de rire. Par exemple, quand Nicolas Sarkozy a déclaré, il y a quelques jours, qu'il voulait « moraliser le capitalisme », les riches se sont fait pipi dessus. C'est une blague qu'il avait déjà faite il y a un peu plus d'un an au large de Malte, il était en train de siroter une Veuve Clicquot sur le yacht de Bolloré et il a dit : « Hé, vous savez quoi les gars ? Je vais moraliser le capitalisme ! » Il n'en fera rien évidemment, vu que, après sa présidence, il compte faire de l'argent, il l'a dit lui-même. Il ne va pas changer les règles et se fâcher avec tous ses amis.

Globalement, cette crise restera pour les riches un bon souvenir. La plupart d'entre eux ont récupéré leur mise, voire un petit peu plus… [Rire.]

Vous savez, à Miami, une fois qu'on a fait ses courses et le tour de la marina en bateau, on s'emmerde un petit peu. Alors ce krach, ces montées d'adrénaline, c'était quand même très excitant. Ça a rappelé à certains leurs années de galère quand ils étaient dans la panade, c'est amusant d'être pauvre quelques heures… [Rire, puis le rire s'arrête brutalement.] Quelques heures, pas plus !

DSK.
Quelle déception !

20 octobre 2008

Alors là, c'est une déception énorme, énorme ! On comptait tellement sur lui... Les socialistes pouvaient se déchirer, s'insulter, se trahir, il en resterait toujours un pour sauver la race : Dominique Strauss-Kahn. Belle image, beau poste, président du FMI... Et patatras ! hier matin la nouvelle tombe : DSK est compromis dans une affaire d'adultère ! Le dernier des éléphants possède le métabolisme d'un lapin.

Quel gâchis, il avait une cote d'enfer, le vent en poupe : plus les Bourses mondiales s'agitaient, plus il prenait du galon, et il a fallu qu'il aille exhiber les siennes !

Il les a montrées à la toute jeune Piroska Nagy, grande, blonde, originaire des pays de l'Est. [Un temps.] Pas une pute, non, non... Au FMI, elle avait un poste de responsabilités...

Monica Lewinsky aussi avait un poste de responsabilités : elle ramassait les boulettes de papier que Clinton jetait en dehors de la corbeille.

Le Journal du dimanche, qui est très bien renseigné, se veut rassurant. DSK et Piroska se seraient vus une seule fois en marge du Forum économique de Davos. Les salons pour ça c'est terrible, que ce soit celui de l'auto, du bricolage, de l'agriculture... Les gars sont restés debout toute une journée à voir défiler des hôtesses, chez eux, il ne se passe plus rien, c'est l'hôtel des culs tournés... Alors le soir, quand ils rentrent à l'Ibis, deux, trois Ricard plus tard, ils se tapent leur assistante ou une occasionnelle.

C'est glauque, c'est vrai. Le président du FMI qui trempe son biscuit comme un vulgaire VRP de province, ça fait de la peine !

On sait que le FMI c'est tentant, 2 800 employés hommes et femmes de toutes les nations qui cohabitent. Ça se croise, ça se mélange... Plus tu parles de langues, plus tu niques. Les polyglottes sont polygames. Envoyer DSK là-bas, la braguette la plus rapide du PS, c'était suicidaire !

Ils ont cherché à étouffer l'affaire, c'est évident : en pleine crise financière, l'image est désastreuse !

Samedi, on apprend que les épargnants de la Caisse d'épargne se font mettre par un écureuil, et dimanche on apprend que le président du FMI a une sexualité de lapin !

Seulement voilà, pas de bol, l'Argentin Mario Blejer, ancien du FMI, n'a pas apprécié que DSK lui pique sa gonzesse, la délicieuse Piroska. Les Argentins, tout ce qui touche au cul et au football, ils sont très susceptibles.

De plus, depuis que Piroska a fait la bête à deux dos avec DSK, elle a été licenciée. Est-ce volontaire ? A-t-elle bénéficié d'une prime de sortie exorbitante ?

Une enquête pour abus de pouvoir est ouverte.

« Pas du tout ! » s'insurgent les défenseurs de DSK. Depuis l'arrivée de Dominique au FMI, 600 personnes sont parties au même titre que Piroska.

On espère seulement que Dominique n'a pas couché avec les 600. Nommé il y a un an, 600 filles divisées par 12, ça fait 50 par mois… Ce qui donne à peu près deux filles par jour… À soixante ans, ça fait beaucoup !

Une pensée au passage pour Anne Sinclair qui écrit une chronique dans *Le Journal du dimanche*. Exercice difficile : pages 2 et 3, on apprend qu'elle est cocue. Page 9, elle nous parle des élections américaines, ce joli pays où Dominique s'épanouit. McCain, écrit Anne au tout début de son article, a entaché sa réputation… Est-ce un message codé ?

Un doute soudain m'envahit. Le vrai nom de Nicolas Sarkozy est Sarkozy de Nagy Bosca, or la maîtresse de DSK s'appelle elle aussi Nagy, même orthographe et même origine que notre Président : hongroise !

DSK se serait-il tapé une cousine de Nicolas ? Une interrogation légitime. Décidément, les Bourses mondiales sont vraiment devenues folles.

Bref, aujourd'hui, les militants socialistes sont en deuil. Ils ont déjà Ségolène Royal qui veut faire une carrière d'actrice. Kouchner qui est passé à l'ennemi. Jacques Attali impliqué dans une affaire de trafic d'armes… Les déceptions, ça suffit !

Hommage à sœur Emmanuelle [1]

21 octobre 2008

Ce matin, j'ai parcouru les hommages de nos hommes politiques à sœur Emmanuelle. Ils sont tous effondrés, très tristes.

Bernard Kouchner a le cœur très gros…

Michèle Alliot-Marie s'incline avec respect. (Qu'elle fasse gaffe de ne pas marcher sur son écharpe.)

Laurent Wauquiez rend hommage à un torrent d'énergie… Moi, j'aurais mis « énergie nouvelle », c'est plus écolo.

Fillon, on ne comprend rien à son communiqué. Il a mal au dos en ce moment, c'est pas sa faute.

Bernard Laporte : rien. On lui a demandé de fermer sa gueule. Il était parti dans un truc genre : « Sœur Emmanuelle est morte, c'est la faute aux Maghrébins », on lui a dit stop.

En réaction à ces hommages compassés, j'ai voulu à mon tour saluer la mémoire de sœur Emmanuelle. C'était une petite bonne femme vive, pleine d'humour… surnommée par *Libération* « la vieille nonne indigne ».

---

1. Sœur Emmanuelle est décédée le 20 octobre 2008.

Mini-portrait. J'ai le droit, Sarkozy l'a dit, c'est notre sœur à tous. Je rends hommage à ma sœur.

Sœur Emmanuelle est née à Bruxelles le 16 novembre 1908. Elle allait avoir cent ans. À Caillan, dans sa maison de retraite, ils sont effondrés, ils se retrouvent avec un stock de bougies impressionnant sur les bras, une fête était prévue, une danse des canards, c'est l'horreur !

Son père était français, maman belge... Sacré handicap au départ. Sa famille très aisée a fait fortune dans la lingerie fine.

La lingerie Emmanuelle à Bruxelles était très réputée, personne n'en parle dans les hommages. À aucun moment je n'ai vu les mots « corset », « guêpière » ou « porte-jarretelles ».

Enfance heureuse, un drame pourtant viendra tout bouleverser. Son père se noie sous ses yeux, elle n'a que six ans.

À Bruxelles, toutes les boutiques de lingerie sont restées fermées pendant trois jours. Ç'a été terrible.

« Ce traumatisme, dira sœur Emmanuelle, est à l'origine de ma vocation. » Comme quoi une noyade... Le père du petit Grégory aurait pu être curé.

En 1929, sœur Emmanuelle entre dans la vie religieuse. Alors qu'elle se rend au couvent, un jeune Allemand la drague sur le pont d'un bateau. « Où vous rendez-vous comme ça avec ces yeux là ? » lui dit-il.

On est loin du style de Dominique Strauss-Kahn : « Je vous laisse mon numéro de portable, j'ai un deux pièces à la Baule ! »

DSK qu'on n'a pas entendu sur sœur Emmanuelle, pas un mot. Pourtant la disparition d'une femme dont les ancêtres travaillaient dans la lingerie fine, ç'aurait dû le bouleverser ?!

À soixante-deux ans, sœur Emmanuelle débarque au Caire pour soigner les lépreux. Elle a du mérite : à soixante-deux ans, normalement, on s'achète un appart à Nice, on joue au golf et on promène son caniche.

C'est très laid, un lépreux. Quand tu leur tricotes des gants, ça va plus vite, mais sinon il y a peu d'avantages.

Elle vivait avec eux dans les bidonvilles. Attention, dans la bonne partie… C'est comme tous les quartiers, il y a des zones plus ou moins prisées.

Sœur Emmanuelle était pour le mariage des prêtres et distribuait la pilule dans ses dispensaires. Mon Dieu, pourvu que Benoît XVI n'écoute pas ma chronique !

C'était une coquine, sœur Emmanuelle. Elle est même tombée amoureuse d'un collègue professeur : « Un homme très intelligent, très bien, avec lequel je parlais littérature et philosophie. Après une nuit de doute, nous dit-elle, j'ai renoncé à ma passion. »

Elle a dû essayer diverses petites tenues, héritage paternel, et à l'aube elle s'est tournée vers Dieu. « Des années plus tard, j'ai reçu une lettre et, reconnaissant son écriture sur l'enveloppe, mon vieux cœur de soixante-dix ans a fait crunch ! »

On est loin de Dominique Strauss-Kahn : « Suce-moi tout de suite ma belle, j'ai dix minutes, après je rentre en réunion ! »

Bon, bah voilà, mon hommage est fini. Toutes nos icônes sont parties. Sœur Emmanuelle, l'abbé Pierre, mère Teresa, mère Denis… Mère Denis, je m'en rappelle encore. Pendant trois semaines à la maison, le lave-linge est resté silencieux.

Taser, mon ami !

22 octobre 2008

Lundi dernier, Olivier Besancenot comparaissait devant le tribunal de Paris pour avoir dénigré le Taser.

En France, il ne faut absolument pas dire du mal du Taser. Son P-DG, Antoine Di Zazzo – ou Zazza, je ne sais plus ? Ça doit être Zazzo, Zazza pour représenter le Taser en France, ça paraît difficile. [Voix efféminée :] « Attention, c'est à impulsion électrique et quand je tire, ça fait des picotements partout, on frissonne, on s'écroule ! »

Bref, Antoine Di Zazzo, producteur de musique reconverti dans le Taser, ne supporte pas que l'on touche à son pistolet. Tout le contraire de DSK qui ne demande que ça.

Si vous dites du mal du Taser, Zazzo vous poursuit immédiatement en justice et vous fait espionner par ses amis barbouzes. Ce qu'il a fait avec Besancenot.

Papier donc très risqué aujourd'hui, en cas de dérapage, mon supérieur moral Nicolas Demorand serait espionné.

En même temps, je préviens les barbouzes de Zazzo, suivre Demorand qui ne dort jamais, c'est épuisant.

Le Taser est-il dangereux ? D'après Amnesty International, 290 personnes seraient mortes aux États-Unis suite à son utilisation.

Une affirmation corroborée par Martine Aubry.

Je préviens encore les barbouzes de Zazzo. Si vous espionnez Martine Aubry, vous allez devoir vous farcir Laurent Fabius. Ça fait réfléchir.

Le principe du Taser est très simple, ce sont deux fléchettes qui vous perforent la peau et vous envoient 50 000 volts dans le corps. C'est une chaise électrique portative. Ça secoue ! À titre comparatif, Claude François n'avait reçu que 220 volts. Mais il avait les deux pieds dans sa baignoire, c'est vrai… facteur aggravant. A priori, il n'y a pas de raison qu'on vous tire dessus quand vous êtes dans votre bain, à moins qu'on équipe un jour les huissiers de justice. C'est bien parti, on vient d'équiper la police municipale. Et là se pose le problème des abus. Aux États-Unis, la plupart des personnes décédées n'étaient pas armées.

Se faire électrocuter pour insulte à agent ou refus de présenter ses papiers, ça fait beaucoup.

« Tu sais où je me la mets, ta prune, connard ?

– Insulte à agent. Très bien, monsieur, vous l'aurez cherché ! »

[Bruit d'électrocution, la victime se met à chanter du Cloclo. Première phrase du *Téléphone pleure*.]

Oui, on peut chanter du Claude François après avoir reçu une décharge de Taser, c'est possible. À ce jour, aucune étude n'a jamais été faite sur l'usage du Taser et ses conséquences.

Une certitude : pour supporter une décharge de 50 000 volts, il faut péter le feu. Les personnes faibles, les cardiaques, les toxicos, c'est même pas la peine !

Idéalement, avant de tirer, le policier devrait demander le carnet de santé de sa future victime ou faire un rapide check-up oral. Les somations d'usage devenant plus longues.

[Voix policier :] « Comment ça va en ce moment ? Fatigué ? Vous avez du diabète ? Votre tension, elle est comment ? Dernier bilan sanguin ? Tirer la langue pour voir… Bon, bah, ça va, vous avez l'air en forme, je tire ! [Bruit d'électrocution.] Oh, merde, merde, il est mort. Il était drogué, j'ai oublié de demander, merde ! »

Voilà, vous connaissez tout sur le Taser, à vous de juger. En tout cas, faut pas chercher des noises à Antoine Di Zazzo. Finalement, c'est peut-être Zazza son nom. [Voix efféminée :] « Il travaillait dans la musique et suite à une déception sentimentale, il s'est braqué, il s'est dit : "Je vais être une brute, je vais commercialiser des choses qui font très mal, très mal, ce sera ma vengeance !" »

« Oh dis-lui que j'ai mal depuis que tu m'as électrocuté… »

[Sortie en chantant le refrain du *Téléphone pleure*.]

Le scanner corporel

27 octobre 2008

Papier assez court ce matin, je préviens. L'heure supplémentaire m'a planté… On pense qu'on a le temps, on traîne et on se retrouve dans la position du lièvre.

Papier court mais un peu *cul* aujourd'hui. Il fait moche, c'est la Toussaint, on a les enfants sur le dos, faut leur trouver des activités… Et, à part partir trois jours chez papi-mamie… Pas plus, on a tout perdu en Bourse. Je ne vois pas grand-chose de distrayant, alors autant parler cul.

Ou pour les grands dépressifs, acheter le DVD des *Ch'tis* qui sort mercredi… Il pleut, ce sera raccord.

Dans quelques mois, si vous prenez l'avion, vous aurez peut-être le privilège de tester le tout nouveau scanner corporel. Un joujou ultrasophistiqué qui permet aux douaniers de voir le passager entièrement nu lors des contrôles de sécurité, parties génitales comprises.

Si vous avez un testicule plus bas qu'un autre, un tatouage sur la fesse, un piercing sur le gland, le douanier pourra s'en amuser et adresser un clin d'œil complice à son collègue.

112

Le scanner corporel suscite déjà la polémique.

Ses défenseurs plaident pour une plus grande efficacité en matière de lutte contre le terrorisme. Selon eux, voir un passager nu évite toute dissimulation d'objet dangereux.

Fini les interrogations du style : est-ce un voyageur très excité à l'idée de croiser des hôtesses de l'air ou un dangereux terroriste qui cache un flingue dans son caleçon ?

Les opposants au scanner évoquent pour leur part une atteinte à la dignité des personnes. Ce sont eux, déjà, qui s'étaient élevés contre le fichier Edvige.

Dommage, grâce au scanner, Edvige aurait collecté une foule de détails supplémentaires qu'on aurait couchés par écrit à la rubrique « orientation sexuelle ».

La personne a-t-elle de petits ou de gros seins ? Ont-ils été refaits ? A-t-elle un maillot intégral ou un simple ticket de métro ? Tout ça aurait constitué un vrai plus en matière de sécurité nationale.

En France, l'aéroport de Nice a été choisi pour tester en premier le nouveau scanner. Vu l'âge très avancé de la population niçoise, je plains de tout cœur nos amis douaniers.

À moins de livrer la machine samedi prochain pour Halloween… (Ce qui serait rigolo.)

Pour se rincer l'œil, les douaniers niçois devront attendre le festival de Cannes et son arrivage de starlettes. Et encore, attention aux actrices refaites, si le haut a souvent été lifté et botoxé, le bas est trop souvent oublié. Telle Arielle Dombasle, on peut-être en Starck au premier étage et rester en Louis XVI au rez-de-chaussée.

Connaître intimement un individu peut aussi nous révéler de divines surprises. Est-il normal qu'on ait dû attendre la mort de sœur Emmanuelle pour apprendre qu'elle pratiquait frénétiquement la masturbation ?

Une info qui fait du bien, qui rend heureux, qui soulage presque... Sœur Emmanuelle était comme nous : joyeuse, angoissée, vivante, avec parfois la main dans la culotte.

En pleine crise financière, alors que le moral des Français est au plus bas, sœur Emmanuelle a su avec des mots simples et sincères nous redonner espoir. Comme disait Alfred de Musset : « Cette voix du cœur qui seule au cœur arrive. »

J'espère que les catholiques les plus durs sauront entendre son message. Fini la branlette en cachette, la branlette coupable... Place à la branlette joyeuse et assumée ! On peut croire en Dieu, aimer et aider son prochain et le soir venu se caresser joyeusement le clitoris.

Alors tous ensemble mes frères, tirez-vous sur la tige, alleluia !

Bernard Laporte

28 octobre 2008

Aujourd'hui, je souhaiterais prendre la défense de Bernard Laporte, qui se trouve dans une position délicate suite à ses récents propos.

Bernard Laporte est utile à la République, parfaitement !

C'est la crise, les Français n'ont pas le moral… Avoir une vraie nature comique au sein du gouvernement, c'est indispensable.

Laporte a tout du clown : la bille ronde, le crâne chauve et l'air perpétuellement réjoui. Il porte des lunettes assorties à la forme de son crâne qui lui donnent l'air moins intelligent. Une prouesse pour une paire de lunettes.

Bernard, c'est l'art de la gaffe, du bon mot quand il ne faut pas.

Une de ses meilleures blagues, il la fit à l'enterrement d'Aimé Césaire. À propos d'un proche du poète âgé de cent un ans, il déclara : « Celui-là, il ne jouera pas le prochain tournoi des six nations ! »

Il est comme ça, Bernard, nature ! Quand on siffle *la Marseillaise*, qu'est-ce qu'il propose ? Qu'on aille jouer en province dans des stades plus petits où il n'y a pas d'Arabes, « un public sain », dira-t-il.

Et alors ? C'est de l'humour de troisième mi-temps, faut le comprendre. Trente ans passés dans le monde de l'ovalie à chahuter dans les vestiaires, à chanter *Le Petit Bonhomme en mousse*, à faire tourner des serviettes… On se refait pas !

Aujourd'hui encore, à la buvette de l'Assemblée nationale, c'est lui qui met l'ambiance : « Deux Arabes sont dans une 405, qui conduit ? La police ! [Rires.] » Il l'a racontée à Brice Hortefeux, qui était mort de rire !

Alors pourquoi changer face aux caméras ?

Bernard, il trouve ça injuste qu'on lui soit tombé dessus après ses déclarations sur le fait qu'il ne fallait plus jouer au foot avec des Maghrébins, même à titre amical… Ou alors, il faut jouer très loin, très, très loin : au Maghreb !

Il trouve ça injuste. Surtout que la plus grosse connerie, c'est pas lui qui l'a dite, c'est Roselyne, sa chef. Faire évacuer le stade en cas de sifflets, c'est son idée. Mais avec elle, bizarrement, tout passe. Elle a beau avoir un physique de demi d'ouverture, ça passe !

Pourtant il fait des efforts Bernard, il s'est acheté des costumes sombres style ministre, un attaché-case qu'il ne sait toujours pas ouvrir. Mais quoi qu'il fasse, il y a toujours un truc qui cloche !

Et puis, c'est un émotif comme tous les sportifs, un hyper-sensible. Quand on a dit qu'il était peut-être le père de l'enfant de Rachida, il est tout de suite monté au créneau.

Alors qu'au fond de lui, il en sait rien si c'est lui ! Ils étaient super-nombreux à la garden-party ! On verra à la naissance si c'est lui… Si le petit est chauve, l'air un peu simplet, il y a des chances que ce soit lui... Ou Arthur !

C'est fatigant la politique, faut pratiquer la langue de bois, peser ses mots... Le rugby, c'est beaucoup plus direct : « Alors tu l'as niquée la Dati ? – Ouais, je lui ai cassé les pattes arrière ! » Et voilà, on ne tourne pas autour du pot.

Il aime les ambiances viriles, Bernard, les odeurs de vestiaires, les serviettes qui claquent, pas ces pédés de gauchistes qui ont réclamé sa démission après les incidents du Stade de France ! Cette tarlouze de François Hollande, même pas foutu de garder sa grosse à la maison ! [Un temps.] Pardon, ça tournait, excusez-moi, je recommence, pardon Roselyne, je me reprends.

Il ne sait pas y faire ! La politique, ce n'est pas du rugby... On ne fait jamais un plaquage soi-même, on s'arrange pour que quelqu'un d'autre le fasse. C'est un métier où l'emballage compte bien plus que le produit qu'il y a à l'intérieur...

Faut qu'il soit plus faux-cul, Bernard, plus stratège...

« Allez petit, on s'accroche, on y croit et on va y arriver ! »

Vente d'alcool sur internet

29 octobre 2008

Depuis quelques jours, Roselyne Bachelot suscite la polémique. D'un côté, la ministre souhaite interdire la vente d'alcool aux mineurs, et de l'autre elle autorise sa publicité sur internet, leur média préféré !

Moi, je comprends la ministre, il faut ménager la chèvre et le chou. S'il existe bien des impératifs de santé publique – l'alcool fait des ravages chez les jeunes –, impossible non plus d'ignorer le lobby viticole.

Allez expliquer aux députés de Gironde, du Calvados ou du Rhône qu'on interdit la vente d'alcool aux plus jeunes et qu'en échange il n'y aura aucune compensation. Ils diront non !

Je les vois sur « Public Sénat » en début d'après-midi cuver doucement leur pinard… Même bourrés, ils diront non !

Bien sûr que la conduite de Roselyne est paradoxale mais, d'un point de vue économique, il faut que les jeunes continuent à boire un minimum !

La cigarette, c'est pareil. Bientôt, ils vont mettre des images d'horreur sur les paquets : un poumon avec des métastases, une trachéotomie, un bébé mort-né parce que sa mère a trop fumé… Mais l'état continuera à toucher 80 % du prix du paquet… C'est le jeu !

On a besoin d'un minimum de fumeurs et d'alcooliques pour faire tourner la machine. Même les malades sont utiles. Si demain on soigne la mucoviscidose, tous les gens qui travaillent à la recherche, les bénévoles du Téléthon, Sophie Davant, qu'est-ce qu'ils deviennent ?

Elle est forte, Roselyne. Interdire la vente d'alcool aux mineurs et dans le même temps les narguer en diffusant des pubs sur le Net… Elle va les exciter comme des dingues !!

Trouver de l'alcool va devenir un jeu, un challenge : « Tu vas chercher six bières au Shopi du coin ou t'as pas de couilles ! » Même ceux qui pensaient ne jamais boire, ils vont s'y mettre !

Sérieusement, empêcher les jeunes de boire en pleine crise économique, c'est inconcevable. Il n'y a plus rien à faire, aucune activité, le jeune s'emmerde. Jusqu'à présent son père bossait, maintenant qu'il est au chômage, il l'a sans arrêt sur le dos. Qu'est-ce qu'il lui reste ? La boisson.

Pardon, j'ai dit « chômage », excusez-moi. Chez Peugeot et Renault, on n'est plus au chômage maintenant, on est en vacances forcées… C'est plus glamour.

« Dis donc, t'as appris pour René, il est en dépression nerveuse !

– Ah bon, qu'est-ce qui s'est passé ?

– Bah, il était en vacances forcées chez Renault depuis… cinq ans. Chaque fois qu'il appelait pour reprendre le boulot, on lui disait : "Non, René, restez en vacances, si jamais y a une reprise, faut que vous soyez en super-forme !" »

On est passés des congés payés aux vacances forcées... Oui, c'est une régression.

Buvez, les jeunes, qu'est-ce qu'il vous reste ? Pour 20 euros, on peut se mettre minable dans un open bar ! Profitez-en, ça c'est autorisé !

Buvez, plus rien ne tourne rond : il y a un an, on vous disait : « Travaillez plus pour gagner plus ! » Aujourd'hui, c'est devenu : « Travaillez moins pour gagner moins ! » Je vous assure qu'avec un coup dans le nez, c'est très drôle, on prend tout différemment !

Buvez, tout le monde se lâche. Même le président du FMI fait des galipettes... Le gars censé montrer l'exemple ! Le monde crie à l'aide, il tire des coups dans les couloirs.

Il n'y a plus de morale ! Même l'Armée du Salut magouille. Il paraît qu'ils sont partis en vacances avec l'argent des dons. Ils nous attendrissent en agitant des clochettes et derrière... ils se la tapent, la cloche !

Buvez ! Mais, une fois que vous serez bourrés, pensez à prendre le volant. Ah, un bon accident, si on s'en sort, ça relance l'industrie automobile. On est en pleine logique Bachelot !

Ça valait le coup d'aller à NYC !

10 novembre 2008

Je suis très, très heureux de vous retrouver après une semaine d'absence. Cela dit, ce n'était pas de ma faute, je serais volontiers venu. Toute l'équipe du « 7-10 » était partie aux États-Unis... sauf moi. France Inter n'avait pas assez d'argent pour me payer mon billet.

« Écoutez la différence »... Oui, mais faut pas qu'elle nous coûte trop cher !

Ça m'est égal d'être resté... La seule sortie intéressante de l'année, je l'ai faite : les cinquante ans du Conseil constitutionnel place Colette, ç'a été un très beau voyage.

Même si après le décalage horaire pour rentrer chez soi est violent. Quand tu quittes l'Opéra pour aller dans les Hauts-de-Seine, c'est terrible... Dans l'autre sens, ça va, les vents te poussent.

Non, je ne regrette pas d'être resté ici : l'humoriste voyage très mal. Je n'aurais pas fait rire à New York. « *I didn't make laugh in New York.* » Contrairement à l'équipe de Michel Denisot sur Canal + qui a été particulièrement hilarante.

Le décalage horaire les a transcendés !

Le décor était pourri, c'était mal éclairé, mais le fait d'avoir Bernard-Henri Lévy comme invité, ça légitimait totalement d'avoir traversé l'Atlantique. À Paris, jamais Bernard n'aurait pris un taxi pour se rendre au « Grand Journal », jamais, jamais...

Franchement, ça valait le coup de lui payer son hôtel et son billet d'avion... Et puis... [Ton très intimiste.]... n'oublions pas que c'est Bernard-Henri Lévy qui a découvert Barack Obama.

Ah oui... Il l'a dit dans toute la presse avec cette humilité qui le caractérise. En 2004, Bernard avait écrit un article intitulé « Le Kennedy noir ». C'est un visionnaire, à côté, Élisabeth Tessier, c'est de la gnognote...

« Le Grand Journal » en direct de New York, c'était fantastique. Comme invité, ils ont reçu également Anne Sinclair qui, elle, était sur place...

En tout cas, elle était très émue par la victoire d'Obama. Ça se comprend : un homme avec autant de pouvoir et qui ne couche qu'avec sa femme, ça doit remuer des choses très profondes... *Very deeply.*

Belle émission... Un philosophe visionnaire et une cocue internationale, ça valait le coup de traverser l'Atlantique.

C'est fou comme le fait d'aller sur place donne une dimension incroyable à une émission.

Cela dit, Bruce Toussaint a réussi une nuit américaine extraordinaire enregistrée à Boulogne-Billancourt...

Je ne sais pas comment il a fait. Il y a des gens qui, pour nous divertir, abusent d'une débauche de moyens et d'autres, uniquement sur leur talent et leur jeunesse, nous embarquent.

À ce propos, je salue la performance de Nicolas Demorand qui, lui, a réussi deux très bonnes émissions dans des conditions épouvantables. Il faut savoir qu'un déplacement France Inter, même à New York, ça reste un déplacement France Inter.

L'hôtel est en dehors de la ville, tu partages ta chambre. Vous imaginez Bernard Guetta avec Agnès Bonfillon... L'horreur !

Évidemment, l'avion c'est du charter : Ryanair, les billets à 10 euros. Là, aucune chance de croiser Michel Denisot et son équipe.

Ou alors à l'aéroport, quand ils prennent la file business où il n'y a personne. Et toi, t'es comme une merde avec les ploucs et ta pochette Radio France.

« Ça va, Demorand ? Toujours à France Inter ?
– Oui, Michel.
– Tu veux mon numéro de Club Affaires pour ton arrivée à Roissy ou tu préfères prendre le bus ?
– Je vais prendre le bus, Michel. »

Je ne regrette pas d'être resté. On l'a très bien vécu d'ici, l'élection américaine. On a vécu des scènes de joie, des fêtes... Et puis aujourd'hui, tout le monde essaie de récupérer l'histoire. Toutes les émissions invitent Rama Yade, notre Barack Obama à nous. C'est touchant... Un peu comme un type qui essaie de customiser sa 305 en Ferrari.

Une vraie ferveur, *Le Parisien* a même titré : « À Neuilly-sur-Marne, Obama soulève l'espoir des banlieues ». Euh, calmons-nous quand même : notre Président à nous est très petit, très pâle et il ne zouke qu'avec les épaules. À demain. *See you tomorrow.*

Trop de célébrations tuent les célébrations !

11 novembre 2008

Aujourd'hui, c'est le 11 novembre, c'est férié, 7 h 56 du matin tout le monde pionce, personne n'écoute… Je vais donc en profiter pour dire quelques conneries.

Et en même temps, je soupçonne la petite poignée de malades qui nous écrivent d'être capables de se lever aux aurores, même un jour férié, pour le plaisir de nous espionner : des auditeurs moins nombreux mais totalement névrosés, mes préférés !

Un 11 novembre particulièrement triste puisque cette année nous n'avons plus de poilu vivant… à part Demis Roussos.

Une question se pose, faut-il dès lors conserver cet anniversaire ? Une commission présidée par un historien dénonce l'excès de commémorations et propose d'en réduire le nombre.

C'est vrai que, à force de célébrer tout et n'importe quoi, on ne sait plus qui pleurer ! J'ai compté (oui, je me suis fais chier) que, dans une année, 191 journées commémorent quelque chose !

À chaque mois ses charmes : le mois de mai, par exemple, compte à lui seul 26 journées mondiales. On ne peut même plus faire les ponts. Si vous les faites tous, vous débordez sur juin.

En octobre, on ne célèbre que des trucs glauques : la Journée mondiale de la ménopause le 18, de l'ostéoporose le 23, des accidents cérébraux le 29...

Il y a de tout, vous avez à la fois des choses très graves : la Journée de la faim, le génocide du Rwanda, mais aussi : la Journée du pied.

Attention, vous avez des gens qui ont été victimes d'ampoules ou de panaris très douloureux et qui une fois par an veulent s'en souvenir. C'est ça la difficulté : personne ne veut renoncer à sa journée !

Mais attention, on trouve aussi des trucs rigolos, le 27 avril : Journée mondiale des secrétaires et des adjointes administratives. C'est la journée préférée de DSK. En revanche, pour la Journée européenne de la prostate le 15 septembre, il reste terré chez lui, terrorisé par l'idée.

Vous avez aussi des journées fêtées au mauvais moment : la Journée mondiale de l'eau, normalement c'est le 22 mars... En Haute-Loire, ils ont arrosé ça toute la semaine dernière.

Évoquons également les ultra-privilégiés, les non-voyants par exemple, ils ont trois fêtes : le 7 octobre, Journée nationale des aveugles, le 10, Journée mondiale pour la vue, le 15, Journée internationale de la Canne Blanche. Ça donne envie ! Alors que les sourds n'ont qu'une seule journée, le 13 mars... Du coup, France Inter fera une programmation spéciale pour eux.

Il y a trop de célébrations, la commission a raison. Faut en regrouper certaines. Par exemple, on pourrait très bien coupler la Journée de la femme le 8 mars avec la Journée du sommeil le 17... Quitte à rester au lit, autant s'amuser ! [Un temps.] Stéphane Bern, ce jour-là, ne célébrera que la Journée du sommeil. Mais le 9 juin, qui est la Journée du tricot, il fera la fête...

Chacun peut trouver son bonheur.

Il existe des tas de possibilités : la Journée de la femme, on pourrait aussi la coupler avec la Journée des langues le 26 septembre et la Journée des zones humides le 2 février. Du coup, la Journée mondiale de la poésie... on s'en fout un peu, c'est vrai !

Certaines dates ont déjà été regroupées : le 10 septembre, c'est à la fois la Journée mondiale de prévention du suicide et la Journée mondiale des premiers secours. (Sauf dans les prisons françaises où on laisse les gens se suicider sans secours.)

Il reste des domaines où ils ont raté le coche : le 15 octobre, Journée mondiale du lavage des mains, le 16, Journée mondiale de la faim dans le monde... et comme tout le monde s'en lave les mains, il faudrait faire ça le même jour !

Finalement, quand on examine certains anniversaires, certaines causes, on se dit que la Journée mondiale de la maladie d'Alzheimer, ce n'est pas que le 21 septembre, c'est tous les jours.

À demain... Peut-être... Je ne sais plus !

L'ossuaire de Douaumont

12 novembre 2008

Hier, c'était le 11 novembre, à 7 h 52 j'ai fait un papier « éblouissant » sur cette antenne que personne n'a entendu. Vous dormiez profondément, bande de feignasses !

C'est fou le succès du 11 novembre : entre le pont de Sèvres et la Maison de la Radio, j'ai croisé trois voitures. Probablement d'autres chroniqueurs qui allaient faire un billet.

En même temps, je comprends que vous soyez restés couchés : on va bientôt travailler tous les dimanches jusqu'à soixante-dix ans et, tel que c'est parti, ils ne vont pas tarder à nous annoncer la suppression des congés payés, alors autant en profiter jusqu'au bout !

Moi, j'étais persuadé que le 11 novembre ne prendrait pas cette année, on n'a plus un seul poilu, à quoi bon ? C'est comme Halloween, une fois que les gens se désintéressent, c'est la mort.

D'ailleurs, il paraît que les enfants, ça ne leur parle plus du tout le 11 novembre, c'est trop loin. Nous, ça nous parle : on les a supportés à la maison toute la journée d'hier. On récupérait à peine du week-end, j'ai failli en buter un.

14-18 est une guerre qui peut encore faire des victimes !

Moi, mon grand-père a été fait prisonnier pendant la guerre ; il s'en est sorti grâce à sa résistance physique. Du coup, mon père nous faisait faire deux heures de marche tous les dimanches : Levallois-Perret-Asnières aller-retour. Et quand on râlait, il nous disait : « Mes enfants... – oui, il parle comme ça mon père... mes enfants, dites-vous que bon-papa a eu la vie sauve grâce à la marche ! »

Hier matin, une fois rentré à la maison, j'ai regardé les cérémonies de Douaumont commentées par Jean-Claude Narcy. Oui, j'aime bien me faire des journées entièrement pourries : un papier sur Inter quand tout le monde pionce, suivi d'une visite de cimetière sur TF1.

En même temps, je n'ai pas regretté, c'était magnifique. Nicolas et Carla en direct de l'ossuaire de Douaumont dans la Meuse, un bâtiment offert à la France par une Américaine. Une forme très bizarre, entre la navette spatiale et le godemiché...

Ils ont un goût de chiotte, ces Ricains, y a rien à faire... Je comprends que mon grand-père ait marché en 14 : finir là-dedans, c'est l'horreur !

C'était magnifique, cette cérémonie ! Magnifique ! Malgré la crise, ils avaient déroulé un immense tapis vert qui longeait les 15 000 tombes. Ç'a dû coûter un bras, mais c'était ça ou crotter les Berluti du Président.

Une *Marseillaise* impeccable, interprétée sans le moindre sifflet.

Comme quoi Bernard Laporte a raison, il faut jouer en province, sans Maghrébins.

En plus, la qualité du gazon dans les cimetières militaires est irréprochable. On pourrait installer des buts et dribbler à travers les croix. Pour les plans aériens, on fixerait une caméra sur le toit du godemiché et le tour est joué.

C'était un très beau moment de télévision. Et puis surtout, Carla est tellement crédible dans le rôle de la première dame émue par tous ces morts : je suis émue, je minaude, je penche la tête avec tristesse.

Petite fille modèle tenant chastement son sac à main sur son bas-ventre. Fragile et sobre dans un ensemble gris signé Galliano... certainement plus cher que le tapis. Une frange ornait son front, mauvaise idée : il y avait du vent !

Pendant quelques minutes, elle essaya vainement de la remettre en place, tandis que deux ados boutonneux massacraient une lettre de poilus. (C'était très drôle.)

Les morts se retournaient un à un dans leur tombe. Heureusement, quand le Président prit la parole pour un discours interminable, ils se retournèrent à nouveau pour se retrouver dans le bon sens.

Vive la France, vivent les cérémonies, à la semaine prochaine !

Le PS pour les nuls

17 novembre 2008

Vous avez été des centaines à nous écrire ce week-end à propos du congrès de Reims : « Je n'y comprends rien, qui est avec qui, qui fait quoi, qu'est-ce qu'une synthèse, une motion ? Plus j'essaie de suivre, moins j'y arrive, aidez-moi ! »

Alors rassurez-vous, vous n'êtes pas les seuls : à France Inter, des journalistes dont c'est le métier sont largués.

Ce que je vous propose, c'est de tout reprendre à zéro pour essayer de comprendre pourquoi on ne comprend plus...

Au départ, François Hollande était marié avec Ségolène Royal. Attention, pas la Ségolène d'aujourd'hui : à l'époque, elle portait encore des tailleurs en dessous du genou, des chemisiers col Claudine et un bandeau dans les cheveux... C'était la Ségolène d'avant réfection. Depuis, les dents de devant ont été limées, la coiffure est devenue glamour et le nez qui servait de reposoir à des lunettes style Nana Mouskouri paraît mutin.

Malheureusement, ces changements ont pris du temps et François Hollande n'a pas eu la patience d'attendre. Du coup, il a été voir ailleurs : une copine que lui a présentée DSK.

Ségolène a appris l'infidélité de François, qui malheureusement rougit dès qu'il se sent coupable, et elle s'est barrée.

Un beau matin, Bruno Gaccio l'attendait sur son scooter, en bas de chez elle. « T'as enfin quitté Culbuto ? C'est pas trop tôt, monte ! »

Problème pour François : Ségolène est une femme trompée, blessée, qui a juré de se venger. Sa mission : lui piquer son boulot, prendre la tête du PS.

Dans un premier temps, François a essayé d'arrondir les angles : « T'es sûre que tu veux la guerre ? Regarde Anne Sinclair, quand ça lui arrive, DSK lui offre des roses et on oublie tout !

— Je ne suis pas aussi conne, tu vas payer. Je vais aller raconter chez Drucker que t'es un gros lâche ! »

(Un divorce classique, quoi !)

François, évidemment, n'a pas voulu que sa femme lui succède... Ça se comprend : à la tête du PS, il n'a rien foutu, si jamais elle fouille dans ses dossiers, il est mort.

Du coup, il a appelé Delanoë pour qu'il se présente.

« T'es sûr ? lui a répondu Bertrand. Moi, ce qui m'intéresse, c'est Paris-Plage, la Nuit Blanche et faire chier les voitures ! La rue de Solférino, ça m'emmerde !

— Vas-y, t'es pas forcé d'y aller tous les jours, la brasserie d'en bas est vachement bonne. Et puis surtout, Jospin habite juste en face. Il a surnommé Ségolène "la Gourde dangereuse", il pue l'aigreur à quinze mètres. Pour t'aider à la dézinguer, y a pas mieux ! »

Bertrand se laisse convaincre, tout va bien : chaque mardi il déjeune avec Jospin et Martine Aubry, qu'il méprise un peu. Ses propres lieutenants la surnomment « la Moule lilloise ».

Et puis un jour, le succès des *Ch'tis* aidant, Martine s'est dit : « À Lille, on n'est pas forcément des ploucs, le bobo ringard qui aime Dalida, je l'emmerde ! »

Là-dessus, Martine a créé sa propre motion en s'alliant avec le tout jeune et tout neuf... Laurent Fabius !

Un duo génial qui emballe les plus sceptiques.

Nous en sommes donc à trois candidats, et tout ça à cause d'un divorce qui s'est mal passé, je vous le rappelle.

Ç'aurait pu s'arrêter là, sauf que les trois larrons ont eu chacun de leur côté la même idée : pousser un quatrième candidat à se présenter afin de morceler un peu plus le vote : un jeune inconnu qui fera 5 %, ce sera toujours ça que les autres n'auront pas !

Pas de bol, le jeune inconnu, Benoît Hamon, fait 19 % !

(Il est notre invité dans dix minutes, attention, gros déconneur, rire assuré !)

Jusqu'à hier, nous avions quatre candidats. Delanoë ayant jeté l'éponge (seul événement du congrès de Reims), il reste donc : la gourde, la moule et le bizut. Dans une ambiance plus qu'amicale, que le meilleur gagne !

J'espère que cette fois-ci tout est clair.

Sœur Ségolène

18 novembre 2008

Dans quelques minutes, Ségolène Royal va pénétrer dans ce studio, elle sera assise à ma place, elle parlera dans ce micro... Et je suis très fier et très ému de pouvoir, bien modestement, lui chauffer la place.

Dès l'annonce de sa venue à France Inter, des fidèles se sont massés devant la Maison de la Radio. Certains sont arrivés hier soir, ils ont dormi sur place pour ne pas rater l'arrivée de la madone du PS.

Une ambiance très particulière, mélange de ferveur et de recueillement, certains fidèles habillés en sari indien tapent des mains, chantent, agitent des clochettes... D'autres plus enthousiastes encore scandent « Fraternité, fraternité », c'est le cas de la congrégation de « La Bravitude », une confrérie créée en 2007 sur la muraille de Chine.

La Ségomobile blanche de Ségolène est arrivée ici vers 5 h 30, provoquant une clameur immense. Mme Royal s'est adressée très brièvement à ses ouailles, les exhortant à se lever, à rallumer tous les soleils, toutes les étoiles du ciel !

Des paroles magnifiques, déjà prononcées à Reims, et que, dans son papier d'hier, mon camarade Thomas Legrand, avec le cynisme qui le caractérise, a osé comparer à du Barbelivien.

En ce moment, Mme Royal est enfermée dans sa loge, elle se recueille en se faisant maquiller et coiffer – une première dans l'histoire de la radio.

Dans cinq minutes, elle sera là, resplendissante, magnifique... Profitez-en, demain... [Un temps.] ... c'est Martine Aubry ! Une autre école : Martine, comme Nicolas Demorand, préfère prendre sa douche après l'émission !

Ségolène Royal est arrivée avec toute son équipe de communicants : un radiesthésiste, un hypnotiseur, un sophrologue, deux médecins tibétains et, bien sûr, son guide spirituel : le producteur Dominique Besnehard, qui est aussi son professeur de diction.

À l'instant où je vous parle, il lui prodigue d'ultimes conseils : « Laisse-toi aller ma poule, sois nature. De toute façon, Demorand il est de gauche, il t'est acquis ! Il va te titiller, c'est pour le principe. Tu bouges pas face au micro surtout, t'es plus au Zénith. T'as rien fumé cette fois-ci ? Bon... Alors, tu ne dis pas "rallumer les soleils" comme à Reims ! Sinon, on va croire que le soleil, tu l'as pris sur la tête. Allez, ma chérie, vas-y, t'es formidable ! »

Sinon, Ségolène a formulé une petite exigence. Pas un caprice, non, une exigence : elle souhaiterait que, avant son arrivée, nous expulsions les ondes négatives de ce studio...

Prenons-nous la main, allez ! Frère Thomas, frère Nicolas, sœur Agnès et toi aussi, « frère qui va faire le JT dans cinq minutes »... Voilà... Et chassons les ondes négatives !

134

On a reçu beaucoup d'ennemis de Ségolène ces derniers temps, il faut purifier l'endroit... Les odeurs de vieil aigri par exemple, ce sont des restes de jospinisme, il faut qu'elles partent !

Bertrand Delanoë, sors de cette pièce, tu as perdu... à cause de toi... Tu es ton propre ennemi. Accepte ta défaite, dilate ton plexus et ouvre tes chakras. Ne t'associe pas à l'axe du mal « Aubry-Fabius » qui, en privé, te traite de vieille ta... de ringard fan de Dalida.

Voilà, c'est bien, le mal s'en va... On favorise la circulation des énergies cosmiques et des échanges vibratoires et, tous ensemble, nous allons chanter : « Rallumer les étoiles ».

Une étoile d'amour pour les enfants blessés
(Toi aussi, frère Demorand, chante !)
Une étoile d'amour pour tous les opprimés
Une étoile en lumière dans la nuit des prisons
Une étoile en lumière au cœur de nos maisons

Une étoile d'amour pour les enfants blessés
(Toi aussi, frère Demorand, chante !)
Une étoile d'amour pour tous les opprimés
Une étoile en lumière dans la nuit des prisons
Une étoile en lumière au cœur de nos maisons
(À demain, mes frères !)

Une étoile d'amour pour les enfants blessés
(Toi aussi, frère Demorand, chante !)
Une étoile d'amour pour tous les opprimés
Une étoile en lumière dans la nuit des prisons
Une étoile en lumière au cœur de nos maisons
(À demain, mes frères !)

Le retour des vieux barons du PS

19 novembre 2008

Un petit peu de politique-fiction…

Nous sommes le vendredi 21 novembre, Martine Aubry vient d'être élue premier secrétaire du PS, rue de Solférino le champagne coule à flots, tous les vieux barons du parti sont présents.

« Tiens, prends un petit canapé au foie gras, Lionel, ils sont délicieux ! »

C'est Laurent Fabius qui fait le service. Martine doit arriver vers midi. Jospin propose un toast.

[Voix Lionel :] Allez, santé à tous ! On a eu sa peau à la folle ! Santé !

Il lève son verre et fond en larmes.

[Voix Fabius :] Pleure pas, Lionel !

[Voix Lionel :] C'est les nerfs, les gars ! Elle nous aurait foutus dehors ! Elle voulait tout changer, elle est complètement marbrée !

[Voix Fabius :] C'est du passé, c'est un mauvais souvenir, plus personne ne touchera au PS ! On reprend la vie comme avant. Cet après-midi, on gravit la roche de Solutré. Et ce soir, on dîne à Jarnac !

[Voix Delanoë :] Salut les camarades, je peux rentrer mon Vélib' ?

(C'est Bertrand Delanoë qui arrive. Avec son costume serré, ses pinces à vélo et sa mèche qui rebique, il ressemble à un pie vert. Tout le monde l'accueille en l'appelant « Dalida », le surnom que lui a donné Martine.)

[Tous à la cantonade :] Salut Dalida, ça va ?

[Voix Delanoë :] Un peu de respect, je suis quand même le maire de Paris.

[Tous ensemble :] Dalida, elle s'est fait dérouiller par Ségo.

[Voix Delanoë :] Ça suffit, j'aurais bien aimé vous y voir ! Bah, qu'est-ce qu'il a Lionel, pourquoi il pleure ?

[Voix Fabius :] C'est l'émotion, depuis que Ségo s'est plantée, il n'arrête pas !

[Voix Delanoë :] C'est chiant les protestants, même dans la victoire, ça chiale ! En tout cas, ça fait du bien de se retrouver à la maison. Passe-moi mon plaid, Laurent, j'ai froid. Vous savez ce qu'elle voulait faire la pétasse en cas de victoire ? Elle voulait ouvrir la rue de Solférino aux militants pour créer un *open space*…

– Elle est dingue ! s'étrangle Fabius.

[Voix Delanoë :] Et puis, avec sa cotisation à 20 euros, tous les pauvres auraient débarqué. Je me crève suffisamment le cul à ghettoïser Paris pour pas avoir de la racaille dans le 6e !

(Sur ce, Laurent Fabius tape des mains, Martine arrive dans une heure, le temps presse.)

[Voix Fabius :] Bon, chers amis… Je vous rappelle le thème de la réunion de ce matin : museler Martine Aubry ! Elle vient d'être élue premier secrétaire, si on la laisse faire, le petit pot à tabac, elle va prendre la grosse tête !

[Voix Delanoë :] Bravo, faut la flinguer, la Lilloise !

[Voix Fabius :] Bertrand, laisse-moi finir. Si Martine a gagné, c'est grâce à nous. C'est pas avec son look de comptable de province qu'elle a séduit les militants. Maintenant, le danger, c'est qu'elle prenne confiance et qu'elle se présente à la présidentielle !

[Voix Delanoë :] À poil, la ch'ti de pacotille !

[Voix Fabius :] Bambino, ta gueule. Ce que je propose, c'est de transformer l'opération TSS – « Tout Sauf Ségolène » – en opération TSM – « Tout Sauf Martine ». Ceux qui sont pour, levez la main. [Un temps.] Majorité des voix, bravo mes amis... Et après on dit qu'au PS, on n'est pas d'accord !

Voilà pour l'ambiance. Après, il y a eu une longue discussion sur le partage des bureaux. Hollande voulait garder le sien avec la baie vitrée... C'est ce qu'il avait obtenu en échange de son soutien à Martine.

Ensuite, Fabius a donné son accord pour l'achat d'une machine à café. Tant que la folle pouvait encore gagner, il ne voulait pas investir. Maintenant ça valait le coup de se faire plaisir, il a repéré une Nespresso magnifique !

Là-dessus, Hollande a avoué que c'était lui qui avait piqué les plantes vertes pour ne pas les laisser à Ségolène, mais a promis de les rapporter.

Enfin Martine est arrivée et tout le monde l'a félicitée. Derrière son dos, on échangeait des clins d'œil. Laurent Fabius lui a même proposé de prendre quelques jours pour souffler, il prendrait tout en main...

Voilà, que tous les militants socialistes dorment tranquilles. Depuis vendredi, le PS est redevenu le PS !

Dernière minute...

24 novembre 2008

À la minute où je vous parle, Nicolas, on vient de retrouver cinquante bulletins « Ségolène Royal » dans le sac d'un aspirateur d'une section lilloise... Ségolène repasse en tête et pourrait d'un instant à l'autre, sur notre antenne, prononcer son premier discours en tant que premier secrétaire du PS...[1]

Du coup, changement de cap de Martine Aubry, qui sur RTL réclame un troisième tour. Je la cite : « On ne peut pas être élue avec un écart de voix si faible, il faut revoter ! »

Virage à 380 degrés, tout comme François Hollande qui, dans une dépêche AFP – ça vient de tomber –, appelle lui aussi les militants à revoter !

Mais attention... Ouh là, là, ça bouge très vite, Nicolas : on vient de retrouver soixante bulletins « Martine Aubry » dans une corbeille en Guadeloupe... Martine repasse en tête et nouvelle déclaration : « Je suis la première secrétaire du PS, j'appelle au

---

1. Le 25 novembre 2008, Martine Aubry a été élue Première secrétaire du Parti socialiste, à 102 voix d'avance sur Ségolène Royal.

rassemblement ! » Le petit pot à tabac est heureux, le champagne coule à flots sur RTL...

Déclaration AFP de François Hollande qui affirme : « Il faut, cette fois-ci, respecter le vote des militants, pas question de revoter... Tout doit être fait pour barrer la route à cette grosse p... qui a refusé de me rendre ma collection de vinyles quand je suis parti ! »

Mais attention, attention... Manuel Valls dénonce une tricherie : les toilettes d'une section du Haut-Rhin viennent d'être débouchées... Une énorme boule de papier obstruait le conduit, et il s'agirait, d'après Manuel Valls qui est sur place... de bulletins « Ségolène Royal »... Faux, répond Laurent Fabius, qui lui aussi est sur place... Les deux hommes sont actuellement penchés au-dessus de la cuvette – et d'après Fabius certains bulletins sont estampillés « Martine Aubry »... On est en train de faire le décompte... Opération très difficile car ils sont mouillés...

Une élection qui pourrait se jouer au-dessus des toilettes d'une section du Haut-Rhin... Quel dommage, Nicolas, car pour l'instant les débats avaient été d'une grande tenue...

Ouh là, là, nouveau rebondissement... Lionel Jospin accusé d'avoir bourré les urnes d'une section parisienne de bulletins « Martine Aubry ». Lionel dénoncé par sa propre femme Sylvianne qui ne supporte plus ses déviances sexuelles. Je vous lis sa dépêche : « Lionel s'enferme des après-midi entiers en compagnie de poupées vaudoues Ségolène qu'il martyrise. Il ne jouit qu'en les piquant sauvagement, aidez-le ! »

Grâce à la tricherie de Lionel, Ségolène repasse en tête. Un suspense magnifique... Hollande se parjure une nouvelle fois et réclame un troisième tour. « L'éthique, je m'en fous. En plus de mes vinyles, elle a gardé mes stylos plumes. J'aurai sa peau à cette grosse s... »

Ouh là, là, là... Dans le Haut-Rhin, c'est minable ! Laurent Fabius vient de tirer la chasse sur tous les bulletins « Ségolène Royal ». Quel dommage que des actions comme celles-ci viennent pourrir la très, très grande tenue des débats !

Les états-majors font les comptes, qui est en tête ? Ségolène Royal sur France Inter ou Martine Aubry sur RTL...

Depuis le temps, Nicolas, qu'on réclame la vidéo sur le terrain !

Eh bien, c'est Martine qui gagne avec une voix d'avance... Incroyable dénouement ! « En démocratie, il suffit d'avoir une voix d'avance, s'enthousiasme François Hollande... Bien fait pour cette grosse v... Moi quand on me pique mes Folio, je peux tuer ! »

Mais... Ouh là, là, là... Des jumelles qui avaient voté Ségolène Royal n'ont été comptabilisées qu'une fois... Égalité parfaite, donc. Ségolène sera premier secrétaire les jours pairs et Martine Aubry les jours impairs... Elles pourront continuer ainsi à se détester et à défaire le travail de l'autre. Tous les socialistes sont satisfaits : ils vont pouvoir continuer à se pourrir les uns les autres !

Et le grand vainqueur, du coup, c'est l'UMP et Nicolas Sarkozy qui va rester Président jusqu'en 2017... Et là aucun problème de comptage de voix... Majorité absolue. Très, très très beau vainqueur !

« France Inter, n'écoutez plus la différence ! »

26 novembre 2008

Eh bah bravo, bravo les gars, belle mentalité : hier c'était la grève, tous les micros de France Inter sont restés muets... On venait à peine de recevoir nos chiffres d'audience, + 20 %, une progression immédiatement répercutée sur nos bulletins de salaire... et il a fallu qu'une bande de feignasses irresponsables choisisse la grève !

Et ce, sous prétexte que la réforme de l'audiovisuel leur fait peur ! Bande de gonzesses !

C'est une refonte historique qui ne présente que des avantages ! Comme disait hier Jean-François Copé : « Donnons une chance au produit ! » Une réplique culte de *La Vérité si je mens !* Pour brader des tapis c'est génial, pour s'occuper de France 2, c'est moins bien.

Premier avantage : à partir du 1ᵉʳ janvier, les patrons de France Télévisions et de Radio France seront nommés et révoqués par le président de la République... Pouvoir de vie ou de mort. Dans cinq semaines, notre bien-aimé patron Jean-Paul Cluzel aura ses deux couilles dans les mains de Nicolas Sarkozy.

Deuxième avantage : grâce à la suppression de la pub, l'État financera à lui seul le service public. Il pourra choisir le contenu des programmes et juger de leur qualité.

Soyez rassurés, en véritable démocrate, Nicolas Sarkozy n'interviendra quasiment pas dans le contenu éditorial des émissions :

[Imitation Sarko :] Je vais vous dire une chose, m'sieur Demorand, je respecterai la liberté de ton sur France Inter qui est l'identité même de la station... En revanche, que Didier Porte, qui est chroniqueur chez vous – et j'ai rien contre les « Porte », j'ai moi-même un « Laporte » au gouvernement qui malheureusement est très con –, que m'sieur Porte me traite de « putschiste à talonnettes à la solde du capitalisme », je l'ai dit clairement à m'sieur Cluzel : les insultes sur le service public, c'est fini. Sinon, y aura pas d'enveloppes. C'est Bibi qui paye, c'est Bibi qui décide !

En résumé : Nicolas Sarkozy devient patron, trésorier et directeur des programmes de cette radio. Il n'y a pas de quoi fouetter un chat et couper les micros !

Bon, avec le départ de Didier Porte, et celui d'un de ses camarades que la modestie la plus élémentaire m'interdit de citer, d'autres changements sont à prévoir.

Je rappelle que notre prochain directeur des programmes aime Mireille Mathieu, Didier Barbelivien, la série *Commissaire Moulin* et qu'il s'emmerde, je le cite, à la Comédie-Française.

En outre, une certaine catégorie de personnes ne sera plus souhaitée à la rentrée sur cette antenne, comme

Cali ou Benjamin Biolay, pour leur soutien à Ségolène Royal.

« C'est pas une bande de bobos gauchistes qui sirotent des mojitos au Café de Flore qui va m'emmerder ! »

En revanche, « Le Fou du Roi » accueillera deux fois par semaine Carla Bruni afin de « promouvoir… – je vous lis le communiqué – l'excellence de la chanson française ».

C'est le grand retour de l'ORTF, l'État fait sa loi dans l'audiovisuel. En plein revival des années soixante-dix, de quoi se plaint-on ?

Et qu'on arrête l'éternel débat entre public et privé. Il n'y a aucun favoritisme ! Par exemple : pour ne pas faire d'ombre à la publicité sur TF1, France 2 ne pourra pas démarrer ses programmes dès 20 h 30, mais devra diffuser des spots jusqu'à 20 h 50 ayant pour thème : l'éducation sanitaire, le développement durable et l'instruction civique.

Faut faire gaffe qu'il nous pique pas Isabelle Giordano… Pour animer des programmes chiants, c'est la plus forte !

Mais que les salariés de France Télévisions et de Radio France se rassurent : il y a des créatifs formidables à l'UMP ! Des gens modernes, culottés, pétillants… Tout d'abord, Jean-François Copé, le rapporteur de la loi sur l'audiovisuel. À votre avis quelle est sa série préférée ? *Les Experts, Prison Break, Desperate Housewives* ? » Non !!! C'est *Zorro*, dont il possède une figurine sur son bureau !

Tenez, rien qu'hier, ça va vous apaiser totalement : deux députés UMP ont proposé la suppression du journal de France 3, sous prétexte qu'il fait doublon avec celui de France 2. Et pourquoi pas, à terme, c'est

144

une idée, supprimer le journal de France 2, qui fait doublon avec celui de TF1 ?

Laurence Ferrari n'aurait plus de problème d'audience.

Et pourquoi pas, pendant qu'on y est, supprimer le journal d'Inter qui fait doublon avec celui d'Europe 1 ? Pourquoi pas nous taire tout simplement ?

« France Inter, n'écoutez plus la différence ! »

Prix de l'idée politique la plus conne !

1er décembre 2008

Alors, à l'unanimité du jury, Christine Boutin gagne le prix de l'idée politique la plus conne de l'année : « héberger de force les sans-abri en cas de grand froid ». Applaudissements s'il vous plaît !

Oui, un prix d'ores et déjà attribué... Théoriquement il restait encore un mois à nos politiques pour dire des énormités, mais là on est certains que Mme Boutin ne pourra plus être battue.

Une consécration qui ne doit rien au hasard, car l'idée de Mme Boutin s'avère particulièrement détaillée et précise : à moins cinq degrés, le SDF reste dehors. À moins six, il est mis au chaud de force !

Le choix des températures évidemment a été étudié : Mme Boutin et ses conseillers ont fait des essais sur la résistance des SDF au froid. Sinon, comment décréter qu'à moins cinq on les laisse dehors et qu'à moins six on les rentre ?

Le secrétaire de Christine Boutin a passé une nuit entière sur le balcon du ministère à noter ses impressions ; puis elle l'a interrogé : « Donc, si je vous ai bien compris, Édouard, à moins cinq, vous ne sentez plus vos pieds ni vos mollets, mais c'est supportable… Et à moins six, quand le froid gagne vos cuisses et vos testicules, vous commencez à paniquer. Eh bien, c'est très clair : il faut rentrer les SDF au chaud à partir de moins six. Je vais faire une annonce. »

Peut-être aussi que Mme Boutin et son équipe ont pris conseil auprès d'une société spécialiste du froid, comme les surgelés Picard. Si on sait qu'un blanc de volaille va se solidifier aux alentours de moins six degrés, on peut supposer que pour le SDF, il en sera de même.

Attention, à moins cinq, le SDF ne résiste que s'il a bu… Bah oui, c'est primordial : le gars qui ne met pas d'antigel dans son moteur, sa voiture ne démarre pas le lendemain… C'est tant pis pour lui !

Le texte de Mme Boutin est précis : au-dessus de moins cinq, le SDF reste dehors. Question : est-ce que si la température extérieure remonte pendant la nuit, il faut réveiller le SDF qu'on a mis au chaud et lui demander de sortir ?

Recongeler un SDF qu'on a décongelé, attention… On sait que pour les blancs de volaille, c'est très dangereux.

Une chose est sûre, le SDF mort de froid peut aller à la morgue sans problème ; là, la chaîne du froid n'est pas rompue.

Évidemment, la proposition de Miss Boutin a suscité des critiques. Et puis décrocher le prix de l'idée la plus conne, ça fait des jaloux : Christine Lagarde, qui nous conseillait de « faire du vélo pour économiser l'essence », pensait gagner !

En fait, Mme Boutin a bêtement fait confiance à Nicolas Sarkozy qui le 18 décembre 2006 déclarait que, s'il était élu, « dans les deux ans plus personne ne serait

147

obligé de dormir sur un trottoir et d'y mourir de froid ».

Du coup, le 18 décembre prochain, le Président pourrait recevoir le prix du foutage de gueule... Un clin d'œil amusant.

Les associations caritatives dénoncent une politique de l'émotion : « Le problème des SDF n'est pris en compte que quand il y a des morts. Pour la canicule, c'est la même chose... C'est parce que des personnes âgées meurent qu'on réagit. »

Là aussi, il faut que Mme Boutin nous trouve une idée. Au-dessus de 33 degrés, on rentre de vacances pour hydrater mamie... En dessous, on reste tranquille à l'île de Ré.

Elle pourrait prendre conseil auprès d'un fabricant de bonzaïs. Ils sont aussi sensibles que les vieux au manque d'eau. Si votre bonzaï dépérit, vous passez voir grand-mère. [Un temps.] Ou vous ne passez pas. Ça dépend des rapports qu'on a.

En tout cas, de tout mal naît un bien. Les politiques ont pris conscience qu'en hiver il fait froid... Je suis passé hier près des jardins de l'Élysée, toutes les plantes fragiles ont été voilées. Quant à vous, chers auditeurs, arrêtez l'hécatombe. Lorsque vous rentrez chez vous, pensez-y : mettez le chauffage !

Interpellation d'un journaliste de *Libé*

2 décembre 2008

Ce matin, j'aimerais réagir au tollé déclenché suite à l'interpellation un peu musclée d'un journaliste de *Libération* : Vittorio de Filippis. [1]

Vendredi dernier, à son domicile, il a été un petit peu bousculé, c'est vrai, mais il n'y a pas de quoi s'émouvoir pour autant : dans tous les pays un peu virils – Libye, Birmanie, Russie, Corée du Nord – ce sont des pratiques courantes !

Et encore, il a de la chance, Vittorio… La journaliste russe Anna Politkovskaïa, elle s'est fait flinguer ; lui, cinq heures plus tard, il était chez lui peinard.

Les syndicats de journalistes crient au scandale, mais il faudrait qu'ils comprennent que les temps ont changé. Aujourd'hui, c'est Nicolas Sarkozy qui chapeaute les médias : TF1, ce sont des copains à lui, France Télévisions, il nommera bientôt le patron, *Paris-Match* et *Le*

---

1. Le 28 novembre 2008, Vittorio de Filippis, ancien P-DG et directeur de la publication de *Libération* de mai à décembre 2006, membre actuel de la direction du journal et journaliste économique, est brutalement interpellé à son domicile.

Figaro, il n'a même plus besoin d'appeler : un bourrelet, une bague un peu voyante, tout de suite c'est gommé.

Non, ce sont aux autres – *Marianne, Nouvel Obs, Libé* – de faire l'effort pour rentrer dans le rang. Sinon, ils vont souffrir…

Le journaliste en question était impliqué dans une affaire de diffamation. On vient le chercher chez lui pour l'interroger, on le menotte, on l'insulte, on le fouille : procédure tout à fait régulière. C'est Rachida Dati qui l'a dit. Elle va donner la vie dans quinze jours, sa sensibilité est à fleur de peau… Elle se sent femme, proche des gens…

Essayons de comprendre ce qui s'est passé. Vendredi dernier, trois policiers sonnent à la porte de Vittorio à 6 h 40… C'est plus que correct. Dans les foyers de travailleurs sans papiers ils débarquent à 5 heures et ils défoncent les portes… Alors trois personnes qui sonnent, rien à dire.

Après, quand Vittorio les fait entrer, ça se gâte : ils le traitent de « racaille » devant ses enfants. Mais attention, « racaille » dans la bouche d'un policier qui a entendu plusieurs fois le président de la République le dire, ce n'est pas blessant.

Heureusement, les enfants de Vittorio n'ont pas moufté. Maintenant que tu peux aller en prison à douze ans… Le grand, qui en a quatorze, il a bien fait de ne pas la ramener !

Bon, Vittorio n'avait pas de bébé, c'est une chance ! Le porte-parole de l'UMP, Frédéric Lefebvre, veut faire détecter les comportements violents chez l'enfant dès l'âge de trois ans. Un petit qui balance son doudou sur la police parce qu'on embarque son papa à l'aube, il est cuit !

Ensuite Vittorio est emmené au commissariat du Raincy, il se retrouve devant trois policiers dont un avec des gants, on lui demande de se déshabiller, de baisser son slip et de tousser trois fois... «Procédure normale», j'aime bien citer la si maternelle Rachida Dati...

Dans le cas de Vittorio, la fouille anale se justifie. On a sonné chez lui à 6 h 45, le temps d'aller ouvrir, il a pu planquer dans son rectum l'arme fatale du journaliste : une clé USB.

Journalistes de gauche, aujourd'hui faut faire gaffe... C'est une des raisons pour lesquelles Thomas Legrand et Nicolas Demorand travaillent sur une matinale... En quittant ton domicile à 3 heures du mat', tu diminues fortement les risques de fouilles anales.

En tout cas, je vous l'ai dit, partout c'est un véritable tollé... Jack Lang se demande si la France est encore un État de droit, Reporters sans frontières parle de méthodes indignes de la justice française...

Ça va, y a pas mort d'homme. On a seulement traité un journaliste de racaille avec en sus un petit contrôle de prostate inopiné.

Alors, que *Libération* arrête de crier au loup ! Le régime se durcit un peu, et alors ? Ce sera juste emmerdant si un jour on veut organiser les JO... Une bande de dangereux pacifistes risque de nous bousiller le parcours de la flamme...

Cette affaire tombe plutôt bien. Au moment où débutent les états généraux de la presse, c'est une formidable démo des dernières techniques de coercition des journalistes...

Ah ! Excusez-moi, des gens rentrent dans le studio... Oui ? Je vous suis, je vous suis... Je vous laisse, on vient me chercher... Quelques vérifications d'usage, rien de grave...

À demain, j'espère.

L'homme le plus écouté de France !

3 décembre 2008

La bonne nouvelle est tombée hier, elle a provoqué une onde de bonheur au sein de la rédaction d'Inter, l'homme le plus écouté de France travaille chez nous, son nom, c'est Fabrice Drouelle ! Applaudissements s'il vous plaît !

Fabrice réunit 1 851 000 auditeurs entre 8 heures et 8 h 15. Soit 35 000 auditeurs de plus que RTL, qui arrive deuxième avec seulement 1 816 000 auditeurs... Un chiffre minable !

Malgré tout, Fabrice garde les pieds sur terre. Restons modeste, dit-il, ça peut changer à tout moment. Et il a raison, le public d'Inter est âgé, une grosse canicule, un froid qui persiste, et RTL repassera en tête...

Le Parisien d'hier rend hommage à la performance de Fabrice, une demi-page sous la plume d'Aude Dassonville. Aude s'enthousiasme : « Une voix grave et chaude, enveloppante, éraillée mais pas trop... »

Aude persiste : « Quand on maîtrise comme lui les profondeurs du larynx, on ne doit pas avoir de mal à se faire repérer. » Je pense, Fabrice, que Aude aurait rêvé que vous maîtrisiez les profondeurs de son larynx.

Totalement conquise, Aude s'exclame enfin : « La réconfortante vibration de ses cordes vocales rend les pires nouvelles acceptables. »

Et ça c'est vrai : une nouvelle terrifiante caressée par la profondeur du larynx de Fabrice devient acceptable.

Démonstration, prenons l'info suivante : « Un bébé s'est fait violer par son père avant d'être placé dans un micro-ondes. »

C'est terrible, eh bien écoutez cette info caressée par Fabrice Drouelle : « Drame de la précarité. En Saône-et-Loire, un bébé a été violé par son père avant d'être placé dans un micro-ondes. »

Aude a raison ! On accepte tout, on se dit : « Oui, les parents étaient dans la détresse… Ils referont un enfant, le micro-ondes marche encore, c'est le principal ! »

[Un temps.] Tu me dis, Fabrice, si ça te gêne que je fasse tout mon papier sur toi. Je vais te dire la vérité : que l'homme le plus écouté de France soit obligé de m'écouter pendant quatre minutes, moi, ça m'excite terriblement.

Alors beaucoup d'interrogations autour de ces deux millions d'auditeurs ou presque. Est-ce qu'ils allument tous leur radio à 8 heures pétantes pour écouter le journal de Fabrice ou un petit peu avant ? Thomas Legrand, qui est à l'antenne à 7 h 40, me disait dans le couloir : « J'espère avoir au moins 20 000 personnes ! » Oui, Thomas ! (Applaudissements pour Thomas, on l'encourage, 20 000 c'est un début !)

Deuxième interrogation : est-ce que ces deux millions d'auditeurs éteignent leur poste juste après la prestation de Fabrice ou est-ce qu'ils traînent un peu ?

On sait que Bernard Guetta bénéficie d'un noyau dur de fans, environ 100 000 personnes qui adorent les liaisons…

Et comme il les fait comme personne, quoi qu'il arrive, ils sont là. Ils notent d'ailleurs les fautes des autres chroniqueurs. C'est le France Inter historique, un groupe de casse-couilles.

Bref, on ne sait pas exactement quand ces deux millions d'auditeurs quittent l'antenne. Une certitude : quand Isabelle Giordano démarre, ils sont partis.

Faut dire aussi que le thème de son émission d'hier c'était : « Pourquoi y a-t-il si peu de commerces de proximité en banlieue ? » Et ceux qui avaient la chance d'avoir une boulangerie en bas de chez eux étaient priés d'appeler. D'ailleurs, ç'aurait été sympa que Fabrice Drouelle appelle, il aurait fait remonter l'audience.

[Lyrique :] Mais, mais… Je m'aperçois tout d'un coup que l'heure fatidique approche, le pic d'audience, je vais devoir laisser la place, m'effacer, je ne suis qu'une première partie… Dans quelques secondes, chers auditrices et auditeurs, vous allez être caressés, enveloppés, envoûtés par la profondeur d'un larynx. Mesdames, saisissez-vous de la télécommande de votre hi-fi, celle qui vibre, faites-vous plaisir… Place maintenant au quart d'heure magique : Fabrice Drouelle !!!

Hommage à la police française

4 décembre 2008

Aujourd'hui, j'ai choisi de tirer un grand coup de chapeau à Michèle Alliot-Marie et à toute la police française pour leur parcours modèle de cette semaine.

Tout d'abord un grand bravo aux policiers qui ont intercepté le journaliste de *Libération*, une sorte de chauve antipathique, une vraie tête de mafieux : « Vittorio de Filippis, un Rital ».

Non seulement cet individu ne répond pas aux convocations du juge, mais quand la police se réveille aux aurores pour aller le chercher, il se sert de ses enfants comme bouclier... « Qui va les accompagner à l'école ? »

Personnellement, je vous l'aurais passé à tabac, le Macaroni, tout de suite devant ses enfants. Mais bon, le sang-froid de la police française : à part le traiter de racaille, ils n'ont rien fait. Et puis ils connaissent le droit : Vittorio avait une carte de presse et des papiers en règle.

C'est moins rigolo qu'un Malien en situation irrégulière où là tu peux t'amuser : coups de pied dans les côtes, dans les couilles… Il ne peut rien dire, Bamako : il n'a aucun droit.

Le comble, c'est que Vittorio était furieux : il a été se plaindre à *Libération* qu'on lui avait manqué de respect ; monsieur avait dû baisser son slip à deux reprises.

Bah oui ! c'est une fouille anale, une procédure régulière.

Une mesure que l'on devrait appliquer beaucoup plus : une ceinture pas attachée, un portable en voiture… Hop !

[Voix policier :] Monsieur bonjour… Papiers du véhicule, fouille du rectum… Vous baissez votre pantalon et vous mettez votre gilet jaune pour que tout le monde vous voie ! »

J'espère que Michèle Alliot-Marie m'écoute. La fouille anale, c'est une mesure bien plus dissuasive qu'un fichier Edvige ou des caméras de surveillance.

Mon deuxième coup de chapeau de la semaine est attribué à une gendarmerie du Gers pour sa descente antidrogue dans une classe de quatrième. Une action menée par surprise avec chiens renifleurs et fouilles au corps. Butin : un bâton de réglisse.

Alors, là aussi tout le monde se plaint. La professeur n'avait pas été prévenue… Et puis quoi encore ! Elle aurait alerté les gosses : « Les enfants, demain, y a une descente antidrogue au collège… Soyez gentils : tout ce qui est cannabis, acides, cocaïne, vous laissez ça à la maison. Vous pouvez vous en passer vingt-quatre heures. Et à partir d'après-demain on reprend une vie normale, d'accord ? François, tu me ranges cette seringue ! »

L'entrée dans la classe a été très brutale… Eh bah oui, c'est une descente ! Un gendarme a crié : « Nous allons lâcher un chien, mains sur la table, restez droits, ne le regardez pas, quand il mord, ça pique ! »

Et alors, c'est une sommation classique employée dans tous les pénitenciers du monde, Guantanamo, etc. Qu'est-ce qu'ils veulent, ces connards de mômes, un bristol ?

La petite Zoé, quatorze ans, a subi une fouille au corps. « Avec sa tête, il vaut mieux vérifier », a dit la gendarme tout en inspectant ses vêtements, son soutif et sa culotte.

Ça choque... On veut résoudre le problème des cartels de la drogue ou pas ? On va laisser l'Afghanistan, la Colombie, le... [Hésitation.] ... le Gers trafiquer comme ça ?

[De plus en plus énervé :] Qu'elle s'estime heureuse qu'on ne lui ait pas fait un lavage d'estomac, à la Zoé ! Qu'est-ce qui nous prouve qu'elle n'avait pas avalé une capote d'héro, la cagole ?

On ne peut plus rien faire. On vit dans un pays d'enfants de chœurs, de petites bites... [Sonneries de téléphone.] Excusez-moi... C'est Michèle Alliot-Marie qui m'appelle, des félicitations sans doute...

À la semaine prochaine.

« La conneriecidose »

8 décembre 2008

Ce matin, nous avons tous un peu la gueule de bois. C'est normal, c'est toujours triste, les lendemains de Téléthon. On a communié pendant deux jours, on a fait la fête, et puis tout d'un coup... Ça s'arrête !

Heureusement, hier soir sur TF1, nous avons eu le droit à un peu de rab : l'interview d'Isabelle Dinoire, la greffée du visage... On ne pouvait pas faire de promesse de don, malheureusement... J'aurais volontiers envoyé un chèque, qu'elle puisse s'acheter une jolie fringue, histoire de compenser un peu.

C'est une belle fête, le Téléthon... Et puis c'est un avant-goût de la télé qu'on aura à partir du 1er janvier : chiante et pleine de bons sentiments.

Ça permet aussi de voir des artistes ou des animateurs qu'on ne voit plus jamais à 20 h 30. D'ailleurs ça doit les faire flipper de se dire que, si un jour on trouve le remède, pour eux ce sera vraiment la fin... Sophie Davant, son seul *prime time* de l'année, c'est grâce à la mucoviscidose.

Dans le caritatif, faut trouver la bonne cause dès le départ. Un truc où t'es sûr que ça ne s'arrangera pas.

Les Restos du Cœur, par exemple, c'est un carton absolu : 100 millions de repas seront distribués cet hiver – magnifique !

Le Téléthon, c'est à part... Quand tu vois certains vieux chanteurs s'y produire, t'as l'impression qu'en fait ce sont les malades qui les soutiennent. Si ça se trouve, les enfants, ils ont tellement de peine qu'ils leur reversent une partie des dons :

« Dis donc, Roger, j'ai 10 000 euros pour François Valéry, qu'est-ce que j'en fais ?

– Bah, tu lui donnes, c'est les mômes qui ont pitié, ils préfèrent lui laisser ! »

Très égoïstement, je n'ai pas participé au Téléthon. Faut dire que je n'étais pas invité. C'est bête, j'avais écrit un sketch pour l'occasion... Pas trop noir, non, non... Beaucoup moins noir que la prestation de François Feldman qui, lors de la dixième édition du Téléthon, avait lancé à un parterre d'enfants en fauteuil : « Allez, tout le monde debout ! »

Pour envoyer un don à François Feldman, faites le 3617 !

Moi samedi soir, j'étais au festival de Montreux !

Le Téléthon suisse est beaucoup plus épicé que le nôtre : sur la TSR, y avait une fille avec le visage d'Elephant Man qui chantait du Chimène Badi... Du coup, les gens ont fait des dons en masse. Bah oui, t'appelles, tu veux que ça s'arrête !

Moi, je suis pour les électrochocs. Le jour où Nikos Aliagas a chanté à l'Olympia contre le cancer, beaucoup d'entre nous ont pris conscience de l'horreur de cette maladie.

Non, c'était un beau Téléthon, bon cru… Et Julien Clerc en parrain : très belle idée. Dommage qu'il ait chanté… Pauvres gosses… C'est pas parce que t'as plus de jambes que t'as plus d'oreilles.

On notera aussi le bel effort de TF1 qui avait consacré toute sa soirée à la « conneriecidose ». L'élection de Miss France, ce sont des filles qui n'ont pas de cerveau. C'est génétique : leurs mères n'en avaient pas non plus.

Là, il n'y a aucune promesse de dons, les gens votent. Comme ils ne peuvent pas traiter tous les cas, ce serait trop cher, ils sélectionnent la fille la plus conne et, pendant un an, ils essaient de la soigner. Mais bon, la méthode n'est pas la bonne.

Vous prenez une idiote, pendant douze mois vous lui faites faire tous les plateaux télé, les salons, les fêtes foraines, les commices agricoles, elle sort de là, elle est encore plus débile qu'avant.

La « conneriecidose », les symptômes sont terribles. Par exemple, samedi soir, quand Jean-Pierre Foucault a appelé Miss Pays de Loire, chaque fille a regardé son écharpe pour voir si c'était elle ou pas.

Vous avez aussi le symptôme du sourire bloqué. Le regard de la malade est vide, aucune pétillance, et elle compense en souriant tout le temps. Une miss, vous lui annoncez que sa mère est morte, elle sourit. Le seul moment où elle pleure, c'est quand vous lui dites qu'elle a gagné. Pourquoi ? On ne sait pas, il y a des études en cours…

Être miss ou myopathe… Si je devais me réincarner, franchement ? Je prendrais miss… T'es malade, mais tu t'en rends pas compte !

La prison à 12 ans !

9 décembre 2008

La nouvelle est tombée vendredi comme un coup de massue : François Fillon est contre l'emprisonnement des enfants dès l'âge de douze ans.

Ma femme et moi, nous sommes effondrés... Nous avons deux garçons très difficiles à la maison : Quick et Fluke. (Je donne des références très anciennes exprès, c'est pour contenter nos auditeurs...) Nous avions accueilli cette idée de prison à douze ans avec soulagement : enfin une menace efficace, les autres trucs, ils s'en foutent. Et le gouvernement se dégonfle...

Pour les parents, la prison comporte bien plus d'avantages que l'école. C'est sept jours sur sept. Les gardiens sont beaucoup moins feignants que les profs. Et surtout, fini les corvées du mercredi : le foot, la danse et toutes ces conneries qui te transforment en *taxi driver* une fois par semaine.

En prison, les activités sportives sont sur place. Il perd une paire de crampons, elle est restée dans la coursive. Tu te pourris pas ton samedi à aller en racheter chez Decathlon !

Douze ans, c'est bien pour la prison… Ils sont encore prépubères mais c'est pas grave. Au contraire, c'est pas mal de les confronter à des ambiances masculines, viriles… Et puis s'il y a des viols, le gouvernement réagira au trois centième, comme pour les suicides !

Beaucoup de parents sont déçus. Rachida Dati la première. Quelqu'un qui ne veut qu'une semaine de congé maternité, pouvoir dès douze ans coller son chiard en prison, c'est le rêve… Surtout qu'il a déjà deux oncles qui y font des séjours réguliers : Omar et Jamal Dati.

Quel gâchis !

En même temps, est-ce que la prison ça leur fout vraiment la trouille, aux gosses ? On ne se lave que deux fois par semaine, on passe son temps à regarder la télé… Mon grand, c'est typiquement la vie dont il rêve.

Bon, j'espère que dans la foulée on ne va pas renoncer à l'idée de Frédéric Lefebvre. Ça j'y tiens vraiment : détecter les comportements violents chez l'enfant dès trois ans !

Nous, la petite dernière, Violette, deux ans et trois mois, elle est pire que les deux garçons. Mettre un manteau c'est un drame, elle se roule par terre. À la crèche, elle a mordu son copain Baptiste et à la maison systématiquement elle recrache ses petits-suisses.

Vous imaginez dans trente ans si on ne fait rien ? Son mari lui propose de sortir chez des amis, elle se roule par terre. En échange d'un chocolat, elle accepte de s'habiller. Dans le taxi, nouveau drame, mademoiselle ne veut pas s'attacher, ça la serre ! On négocie encore. Arrivée à la soirée, elle mord la maîtresse de maison… Comme ça, sans raison, pour le fun. Son mari s'excuse, il est désolé, ça n'arrive jamais… Une vieille psy à lunettes, à moitié dingue, lui demande si à la maison tout se passe bien. Il répond que oui. Finalement, on passe à table et là, la Violette, trente-deux ans et deux mois, elle recrache son potage aux légumes devant tout le monde, puis elle tape dedans avec les deux mains et s'en badigeonne les cheveux.

[Hurlant :] Il a raison, M. Lefebvre, il faut les traiter dès maintenant ces gens-là, ce sont des dingues !

Détectons les comportements dangereux le plus tôt possible. Je possède un document confidentiel daté du 15 octobre 58 que je vais vous lire :

Maternelle Saint-Jean - Paris 17ᵉ

À propos du petit Sarkozy Nicolas, sa maîtresse, Mlle Leduc, écrit :

Enfant colérique et complexé, compense sa taille minuscule en terrorisant ses camarades. Veut tout le temps être le chef. M'a dit l'autre jour qu'il souhaitait diriger la classe à ma place. Odieux avec la petite Rachida depuis qu'il est tombé amoureux d'une autre fille beaucoup plus grande et belle. Tremblement d'épaule inquiètant, nombreux tics. À surveiller de très près.

Voilà, on aurait dû écouter Mlle Leduc... Quoique, quoique... Il y a des exceptions : « Hortefeux Brice... Très gentil avec ses petits camarades de couleur, généreux, attentif, humain... »

Bah alors, qu'est-ce qui s'est passé ? Ah ! Voilà, voilà... « Tyrannisé par Djibril et Mohamed qui l'appellent "la blonde", Brice souffre en silence. »

Frédéric Lefebvre a raison, tout a une origine.

France Inter nouvelle formule

10 décembre 2008

Lundi, il y a encore eu des débats houleux à propos de la réforme de l'audiovisuel public. Ça risque de beaucoup changer, c'est vrai... Par exemple, à partir du 5 janvier, Nicolas Sarkozy pourra, s'il n'est pas content, révoquer notre bien-aimé patron Jean-Paul Cluzel.

Pour ne pas mécontenter le Président et afin de rassurer tout le personnel d'Inter, j'ai essayé d'imaginer ce que sera le journal de 8 heures dans quelques mois.

Nicolas Demorand, si vous vous voulez bien me lancer...

NICOLAS DEMORAND : France Inter, il est 8 heures... [Générique.] Le journal de Fabrice Drouelle.

Bonjour à tous !

La belle santé du chômage. + 25 000 chômeurs dans l'Hexagone en janvier ! Un très bon résultat si on le compare à l'Allemagne qui, elle, totalise 50 000 chômeurs de plus.

La France sauve donc 25 000 emplois. Un nouveau succès pour Xavier Bertrand qui décidément cumule parfaitement fonction ministérielle et direction de l'UMP.

Reprise du travail chez Peugeot-Citroën après cinq semaines d'arrêt. C'est la première fois que le patronat offrait à des salariés de si longues vacances. On espère qu'ils sauront dire merci en travaillant plus dur et dans la bonne humeur.

21 000 euros, c'est le coût d'une reconduite à la frontière. Brice Hortefeux propose que désormais le sans-papiers retourne chez lui comme il est venu : en conteneur, à la nage ou planqué dans un train d'atterrissage. Une opération parrainée par France Inter.

Et puis tôt ce matin, arrestation du directeur de l'hebdomadaire *Marianne*. Laurent Neumann n'avait pas payé une amende de stationnement. Une procédure normale selon MAM. Un journaliste de gauche qui ne paie pas ses amendes doit s'attendre à subir une fouille anale.

La cote du président de la République ne cesse de grimper : + 10 % d'opinions favorables. Un sondage « *Le Figaro, Figaro Madame, Figaroscope* ».

Toujours dans *Le Figaro*. Cette info qui scandalise : certains SDF se laisseraient mourir de froid uniquement pour plomber le bilan de Christine Boutin. Mme Boutin est l'invitée du « 7-10 », vous pourrez dans quelques instants réagir et lui envoyer vos messages de soutien.

Nicolas Demorand : Soirée difficile hier soir, Fabrice, pour France 2...

Asolument Nicolas, vous avez été 3 000 à peine hier soir à regarder le tout nouveau *prime time* de la chaine consacré à « L'éducation sanitaire ». Un chiffre modeste compte tenu de l'horaire : 20 h 30, mais une émission de grande qualité, s'est réjouie Christine Albanel...

Europe 1 et France Inter pourraient fusionner. Depuis le 5 janvier, les deux stations se ressemblent trop, déclare Jean-François Copé. Marc-Olivier Fogiel remplacerait Nicolas Demorand... Fogiel est nul en journalisme, mais il parle deux fois plus vite que Nicolas, ce qui permettrait de doubler le temps de pub.

Cérémonie des césars. Pour la première fois, Christian Clavier recevra un césar d'honneur pour l'ensemble de sa carrière. Une décision prise par Christine Albanel. À France Inter, tout le monde a fêté la nouvelle. Colombe Schneck recevra tout à l'heure cet immense acteur.

Et puis, comme tous les jours maintenant, c'est une habitude, on termine avec une chanson de Carla Bruni... Aujourd'hui, je vous propose d'écouter : *Tu es ma came*. Les personnes âgées, mettez le son au maximum, ça vous évitera d'appeler comme hier pour vous plaindre d'une interruption de programme. *Tu es ma came*.

[Musique.]

« J'aime tes yeux, tes cheveux, ton arôme. » Comment évoquer plus subtilement le physique difficile du Président ?

NICOLAS DEMORAND : Merci, Fabrice Drouelle.

Noël à l'Élysée

16 décembre 2008

Hier soir, Nicolas, j'ai eu le privilège d'être invité à l'arbre de Noël de l'Élysée. Pourquoi moi ? Mystère ! Vraisemblablement une erreur de courrier... J'avais avec moi un petit magnétophone et, telle Caroline Cartier, je vous ai rapporté le son de cette magnifique soirée...

Je suis dans les appartements du roi de Rome... C'est très impressionnant. Je parle doucement pour ne pas me faire gauler... Tout le gratin du show-biz, des affaires et de la politique est présent.

Carla Bruni est resplendissante... Il y a un an, je vous le rappelle, elle était dans le sapin, c'était le cadeau du Président... Une idée de Jacques Séguéla, tout le monde s'était cotisé.

Une ambiance très bon enfant, Claude Allègre s'est déguisé en Père Noël, il a été préféré à Jean-Marie Bigard dont le téléfilm *Un vrai papa Noël* s'est planté sur TF1.

Il y a aussi une crèche vivante et, cette année, petit clin d'œil à Obama, les trois rois mages sont noirs...

Ce sont les techniciens de surface de l'Élysée qui ont été choisis – Carla et Nicolas tenaient à ce que les minorités visibles participent à la fête !

Voilà, ça commence… Le Président va distribuer un cadeau à chacun de ses collaborateurs, amis… Légère tension dans l'assistance, rappelons qu'un cadeau pourri est signe de disgrâce. L'an passé, François Fillon avait reçu un tableau chinois fluorescent provenant d'une solderie du 13e.

Le Président s'empare d'un cadeau… Un enfant demande à sa mère pourquoi cette année c'est un lutin très moche qui fait la distribution. Il se prend une beigne.

Et là que se passe-t-il ? Stupeur générale, le Président tend le premier cadeau de cette soirée à Rachida Dati… On pensait qu'elle serait servie la dernière. Les journalistes de l'hebdomadaire *Le Point* blêmissent : cette semaine, ils l'ont dézinguée de façon ignoble, un ramassis de ragots misogynes… Ils pensaient faire plaisir au prince.

Pourquoi Rachida est servie la première ? En plus, le paquet est énorme… C'est un landau. La ministre blêmit, je vais avancer mon micro pour écouter ce qui se passe… [Imitation :] « C'est un landau, ma Rachida, une landau Chanel… Comme bientôt tu vas avoir énormément de loisirs, je me suis dit que ce serait chouette de balader le petit. »

Applaudissements de tous les convives, quelques rires fusent, c'est Xavier Bertrand qui les a lancés, comme d'habitude – Xavier qui est le seul à avoir apporté un cadeau au Président… Mais… – nouveau mouvement de foule… – c'est Rama Yade maintenant qui doit ouvrir son paquet… Incroyable !

168

Les journalistes du *Point* sont de nouveau très emmerdés, ils préparaient un numéro ignoble sur elle pour cette semaine... Rédacteur en chef exceptionnel, Bernard Kouchner.

Qu'est-ce que c'est ? C'est un landau aussi, le même que Rachida ! « Je ne suis pas le père de l'enfant de Rama Yade ! » proteste Bernard Laporte à qui on avait rien demandé.

« Qu'il est con ce Laporte ! » s'écrit Sarkozy. Il se murmure d'ailleurs que le cadeau du Président à Bernard est jeu d'éveil provenant de la Fnac Junior.

Rama Yade ne comprend pas. « Je ne suis pas enceinte », dit-elle au Président qui s'éloigne sans même lui répondre.

Voilà, chers auditeurs, c'était un son pris hier soir au Noël de l'Élysée.

Il y a eu beaucoup d'autres cadeaux, évidemment...

Brice Hortefeux a reçu une statuette représentant une famille kosovare avec un petit mot : « Bravo pour ce vingt millième départ. Nicolas. »

Bernard Laporte finalement a eu une boîte de Lego...

Des Lego Technic... Peut-être un peu compliqué.

Et Kouchner a reçu... [Hésitation.]... une paire de couilles ! Il y a eu un malaise, il n'a pas compris, il s'est tourné vers le Président. Et finalement, c'était un cadeau de Rama Yade avec un mot à l'intérieur : « Une paire de couilles pour remplacer celle que tu as laissée en 68 sur une plage de Somalie. Rama. »

Une très belle soirée tout de même...

Quelques-uns ont eu des cadeaux moins importants, mais c'est normal, ils avaient déjà été pourris gâtés cette année... À l'exemple de Bernard Tapie qui a reçu 400 millions d'euros grâce à l'arbitrage de l'Élysée. Mais bon, le Président dans son immense bonté a quand même ajouté un petit plus dans ses souliers. La diffusion de sa pièce *Oscar* le soir de Noël sur France 2.

Ça n'a pas été simple. Il aurait dit à ses proches : « Heureusement que France 2 m'appartient maintenant, sinon jamais j'aurais pu imposer un si mauvais comédien un soir de Noël ! »

Une reculade, une !

17 décembre 2008

Ah, les petites bites, les dégonflés, les pas de couilles… Pour la première fois en dix-neuf mois, le gouvernement recule… Ça valait le coup de jouer les fiers-à-bras, de dire : « Avec nous, jamais ! »

Machine arrière toute, et tout ça pour, pour ? Une poignée d'étudiants boutonneux qui se prennent pour Che Guevara… sous prétexte qu'ils ont cassé une chaise et deux pupitres.

Bravo Darcos ! « Je ne reculerai jamais, je ne suis pas le ministre de l'Hésitation nationale, je mourrai debout… » Ouais… ouais…

On aurait dû s'en douter : un homme qui porte des blazers bleu marine croisés à boutons dorés, ça ne meurt pas debout. Ça se couche pour rester en vie et, avant, ça accroche bien son blazer sur un cintre pour éviter les faux plis.

Il paraît qu'ils ont eu peur d'un embrasement à la grecque, c'est pour ça qu'ils ont reculé ! Mais ça n'a rien à voir !

Les Grecs, ce sont des tempéraments, regardez Nikos, il s'enthousiasme pour un rien : une idiote qui fait deux fausses notes et ça y est, il saute en l'air, il hurle… 100 000 Nikos dans la rue, c'est impressionnant, mais c'est du folklore !

Les étudiants aussi, ils sont déçus de cette reculade. Pour une fois qu'ils vivaient un truc fort. Julie, élève en terminale, qui avait manifesté le poing levé, avec sur les joues « Fuck Darcos » écrit en rouge. Amoureuse de Pierre, un vrai militant qui a collé des affiches. Qui porte des dreadlocks et un keffieh palestinien acheté chez Colette avec l'argent de son « reup »… Tout ça c'est fini ! Dans huit jours c'est Noël, réveillon chez papa-maman pour bouffer leur bûche dégueulasse ! Méga-cafard.

Il fallait la passer en force, la réforme des lycées, à la hussarde comme pour l'audiovisuel ! Regardez de Carolis, forcé de décréter lui-même la suppression de la pub. On s'en fout qu'il se sente humilié, c'est la loi du plus fort !

Ça me rappelle un film, *Le Jouet*, quand Michel Bouquet, P-DG superpuissant, oblige son secrétaire Jacques François à se déculotter, comme ça, juste pour distraire son fils.

Et puis on devait bosser le dimanche, là aussi nouvelle reculade. Ils ont cédé une fois, c'est foutu ! C'est la porte ouverte !

Pourtant qu'est-ce qu'on s'emmerde le dimanche ! Autant bosser.

Téléfoot, *Le Jour du Seigneur*, le Shopi qui ferme à midi… « Dépêche-toi y a rien à manger ! »

Les déjeuners en famille, Drucker…

LA GRAND-MÈRE : C'est qui aujourd'hui l'invité ?

LE PÈRE : Y a pas d'invité, mamie. C'est un hommage à Olga, sa chienne, ça fait un an qu'elle est morte. Elle est morte un dimanche cette conne…

LA GRAND-MÈRE : Elle n'est pas morte, elle est sur le canapé.

LE PÈRE : Non, tu confonds, mamie, ça c'est Jean-Pierre Coffe ! C'est une autre race...

Bosser le dimanche, quel pied ! Les magasins ouverts, le bruit, la lumière !

Drucker se termine, il faut aller balader les gosses.

LE PÈRE : Jouez au ballon tout seuls, les enfants, je suis crevé !

LES GOSSES (en chœur) : T'es toujours crevé !

Rentrer, aider la grande à faire ses devoirs.

LE PÈRE : J'y comprends rien à cet exercice ! C'est *ça* que voulait sucrer Darcos ?

L'ADO : Ouais, mais on s'est super-battus pour ! Surtout Kevin, quand il a bloqué la salle des profs avec un panier de basket. C'est grâce à Kevin si le gouvernement a cédé.

LE PÈRE : Eh bah, c'est malin d'avoir fait les cons ! Et enlève ton keffieh, tu m'énerves !

20 heures... Faire à dîner, y a rien à bouffer, je suis arrivé trop tard au Shopi. Aller chez l'Arabe. Ça fait trente ans qu'il est ouvert le dimanche ! C'est un précurseur, l'Arabe !

Finalement, j'y vais pas j'ai la flemme... « Je vous fais des céréales, les enfants ! (...) Comment ça encore ! (...) Les coquillettes non, faut les faire cuire ! »

22 heures, les enfants sont couchés. Flûte, j'ai mon papier à écrire pour France Inter... C'est chiant finalement de travailler le dimanche. J'attends... Ah, ça y est, minuit une... On est lundi enfin, je me mets à bosser !

Dernier papier de l'année !

22 décembre 2008

Un peu de tristesse ce matin, c'est mon dernier papier de l'année... Je vais m'arrêter quelques jours, j'y suis obligé... Vous savez, moi, je me repose quand le président de la République se repose. Je lui dois 90 % de mon activité... Il m'a énormément gâté cette année. Je devrais d'ailleurs faire comme Rama Yade, lui envoyer des chocolats... Gâter son meilleur fournisseur, ça se fait !

Je remercie aussi le Parti socialiste qui m'a assuré tous mes papiers du mois de novembre. Merci ! Et j'ai le sentiment que ce n'est pas fini... D'ailleurs, Julien Dray va nous donner l'heure avec sa magnifique Breguet : « France Inter, il est 7 h 54. » Merci Julien.

Je m'arrête sans m'arrêter... En vérité, je pars dix jours faire un stage de gentillesse au Laurent Boyer Institute.

C'est une école où l'on réapprend à dire du bien, à passer la brosse à reluire, à fayoter. Je fais ça tous les ans maintenant, comme un lavement, ça me purifie.

Vous savez, quand on balance des saloperies à l'année, se retrouver une dizaine de jours dans la peau de Michel Drucker, ça fait un bien fou. C'est comme une thalasso.

Je ne suis pas la seule langue de pute à faire ce stage : il y a Didier Porte, Philippe Val, Éric Naulleau, quelques journalistes de *Marianne*, on est tout un petit groupe. Faut le faire dix jours, pas plus. Après, ça peut-être très dangereux…

Guy Carlier, suite à un passage prolongé au Laurent Boyer Institute, a failli sombrer : il est devenu copain avec Julien Lepers, ils ont coprésenté l'Eurovision, ç'a été très loin.

Aujourd'hui, il s'en est sorti et on l'embrasse.

Le stage se divise en trois phases. Une première où chacun confesse les pires choses qu'il a dites ou écrites pendant l'année, avec interdiction bien sûr de rigoler aux méchancetés des autres, sinon ça sert à rien !

Une fois que vous êtes lavé, vierge de toutes vos saloperies, commence la phase des exercices où là vous réapprenez à dire du bien… Avec évidemment un crescendo dans la difficulté.

Bah oui, là je regarde le programme du stage de cette année. Premier exercice : « Convaincre un ami d'aller voir *L'Emmerdeur* avec Richard Berry ». Putain, c'est super-dur !

Deuxième exercice : répéter en boucle la phrase « Programmer du théâtre avec Bernard Tapie, le soir de Noël, est un acte culturel ». C'est trop dur cette année !

Tous les ans, il y en a qui craquent… J'ai le souvenir d'un exercice où Didier Porte devait encenser une émission d'Isabelle Giordano… Il s'était effondré : « Pitié, pas ça, c'est trop dur ! »

Avec le recul, dire du bien d'une émission de Giordano, c'était un exercice de fin de stage, quand vraiment t'es prêt.

La dernière partie du stage, à mes yeux la plus intéressante, ce sont des gens de l'extérieur qui viennent nous raconter leur expérience de lèche-bottes.

Seront présents tous les artistes ayant participé jeudi dernier sur M6 à la spéciale Carla Bruni. Julien Clerc, Karl Lagerfeld, Jean-Louis Murat... Présentation : Laurent Boyer. Un summum du cirage.

À quelques jours des fêtes de Noël, c'est gentil de la part du P-DG de M6 d'offrir deux heures de pub gratuite pour la promotion de l'album de la première dame de France.

Voilà, chers auditeurs, vous allez me manquer.

Deux semaines sans pouvoir dire une saloperie, c'est une éternité... Mais, je vais vous revenir en pleine forme !

Rassurez-vous, durant mon stage, France Inter est aux petits soins. Ils m'appellent tous les jours, ils m'encouragent... Et pour m'aider à ne pas sombrer, à partir de demain, même heure, ils rediffusent mes chroniques, les pires... N'appelez pas pour gueuler une deuxième fois, ça ne sert à rien !

De votre côté, faites aussi un stage de mise en condition, achetez l'album de Carla... Je vous rappelle qu'à partir du 5 janvier, notre nouveau patron Nicolas Sarkozy occupera le grand bureau du huitième étage. Il faut donc préparer votre oreille. Changement de ligne mélodique radical.

Joyeux Noël et bonne fin d'année à tous.

Dérapage en douceur

12 janvier 2009

« France Inter bonjour ! À la montre de Julien Dray, il est 7 h 50 ! » Elle retarde un peu, c'est le problème des trucs payés en liquide, tu peux pas aller gueuler pour les changer.

Pauvre Juju, lui qui est dingue de belles montres, s'il est obligé de porter un bracelet électronique, ça va lui faire mal au cul !

Je vais y aller doucement aujourd'hui, l'année commence, j'ai fait un break de trois semaines, faut se remettre dans le bain.

Écrire des saloperies, c'est un entraînement, c'est comme le jogging : quand on s'arrête, c'est difficile de reprendre.

Et puis moi, en vacances, je me « druckérise » complètement. Y a que ça qui me détend, je deviens gentil… Michel Drucker, c'est le contraire, en vacances c'est une pourriture… Y a que ça qui le repose.

Je vais y aller doucement. Et puis surtout je ne veux pas bousculer nos auditeurs qui sont pour la plupart très âgés. Il paraît que le froid les fragilise énormément. C'est comme une canicule mais à l'envers.

Ça caille en ce moment. Moi, j'étais en vacances dans les Caraïbes, 30 °C à l'ombre… C'est toujours agréable quand on a très chaud de savoir que les autres se les pèlent… On profite mieux.

Je suis parti trois semaines, c'est ce qu'il faut. J'ai vu que Nicolas Demorand avait fait un aller-retour vendredi en Cisjordanie. C'est crétin comme formule, on n'en profite pas. Du coup, il est de nouveau crevé !

Je vais y aller doucement. Je suis très content de retrouver l'équipe : Agnès, Nicolas, Thomas… Et puis surtout notre économiste maison : Philippe Lefébure, qui pendant des mois en coulisses nous a conseillé d'acheter du Bernard Madoff.

J'ai passé de super-vacances… En plus, comme France Inter rediffusait mes chroniques, j'étais payé à ne rien faire… Ben, un peu comme les ouvriers de Peugeot-Citroën… qui sont restés à Sochaux bizarrement… ?! On ne les croise jamais dans les Caraïbes, c'est idiot. À partir du moment où il fait froid, allez au soleil !

Oh, ça va, ça va pas si mal ! Lors de ses vœux, le Président s'est félicité « du niveau *remarquable* de la consommation et des réservations *historiques* dans les stations de ski ».

Certaines agences de voyages proposaient d'ailleurs de réveillonner dans un igloo pour quelques centaines d'euros. En ce moment, les SDF réveillonnent tous les jours gratos !

À part ça, le Président nous a promis une année 2009 de merde. Enfin une promesse qu'il va tenir.

Je me suis tenu informé un minimum – dans les îles, la presse arrive au compte-goutte… Mais bon, entre touristes fortunés, on se dit l'essentiel.

« Comment vous ne saviez pas ? La petite Zohra Dati est née…

– Ah bon, mais quand ça ?

– Le 2 janvier ! Rachida a accouché à l'Élysée, elle a continué à travailler pendant sa césarienne…

– Quel courage !

– La petite a immédiatement été séparée de sa mère pour éviter l'attachement… La ministre a dit qu'elle aurait une explication avec sa fille le jour de ses dix-huit ans.

– Mais le papa va s'en occuper !

– Mais non, on ne sait toujours pas qui c'est ! C'est pour ça que le record de SMS a été battu, il a fallu prévenir tous les pères potentiels ! Incroyable ! »

On avait des bouts d'infos comme ça. Un matin, à la plage, un Français nous a dit :

« Ça y est ! Nicolas Sarkozy a pris la direction de France Télévisions !

– Ah, bon, vous êtes sûr ? Quelqu'un a un programme, vérifions !

– Moi, j'ai le journal de ce soir ! France 2… 23 h 15, "Carla Bruni, quelqu'un m'a dit". Documentaire de George Scott ! Ça y est, c'est fait ! »

On se tenait informés un minimum… On a su par exemple que, le 28 décembre dernier, Julien Lepers avait assisté au spectacle de Dieudonné au Zénith. Pour sa défense, M. Lepers a plaidé la curiosité ! Il savait pas qui c'était, Dieudonné ? Pour un homme habitué à poser des questions de culture générale, c'est curieux ! [Imitation de Lepers :] « Ancien humoriste de talent, depuis quelques années, je multiplie les dérapages.

179

Condamné pour antisémitisme, mes spectacles sont de moins en moins drôles et gratuitement haineux. Ami de Jean-Marie Le Pen, puis de Robert Faurisson, je recherche désormais la compagnie d'anciens dignitaires nazis pour un spectacle à Bercy… Je suis, je suis, je suis ?

– Je suis partout ! » répond Dieudonné avec son humour qui pue.

Allez, à demain !

Un trop bon résultat

13 janvier 2009

Aujourd'hui, Brice Hortefeux présente son bilan à la presse : 29 799 expulsions pour 2008, c'est beaucoup mieux que l'objectif fixé par Nicolas Sarkozy qui était de 28 000... Brice réalise 1 799 expulsions supplémentaires. Applaudissements s'il vous plaît !

Comme quoi, il y a des choses qui marchent au gouvernement, soyons justes : quand Christine Boutin ne réussit pas à atteindre ses objectifs – loger les sans-abri –, Brice Hortefeux pulvérise les siens : virer les sans-papiers. On s'y retrouve !

29 799 expulsions... C'est avant tout le résultat d'un homme au caractère bien trempé, une volonté de fer !

Ministre de l'Immigration, si vous commencez à cogiter, à faire du cas par cas, de la sensiblerie, vous êtes cuit !

Untel a trois enfants nés en France qui ont besoin de leur papa... Machin est réfugié politique, Bidule a le sida, si vous le renvoyez, il va crever... Non, il faut y aller ! L'expulsion de masse, c'est pas un boulot de tafiole... Tu boucles un foyer d'immigrés au petit matin, tu casses les portes à coups de bélier, direction Roissy !

Même chose dans les écoles : Malik, petit Roumain de deux ans sans papiers, on le neutralise à la crèche, juste après la sieste, il sera moins chiant dans l'avion.

29 799 expulsions… Ils ont frôlé les 30 000. Il y en a pas mal qui se sont défenestrés pour échapper à la police, ç'a été la grande tendance 2008. Une fois mort, vous ne pouvez plus être comptabilisé… c'est idiot !

En tout cas, on nous accuse parfois d'être trop critiques, au « 7-10 » de France Inter, pourtant quand quelque chose marche, on le dit.

Marche trop bien même, c'était le thème d'un article du *Journal du dimanche* : « Hortefeux embarrassé par de trop bons chiffres. »

Eh oui, à la veille de quitter le ministère de l'Immigration pour celui des Affaires sociales, annoncer qu'on a viré du territoire près de 30 000 personnes, ça fait désordre !

Si, dans quelques semaines, un étranger appelle aux Affaires sociales pour un problème de boulot et qu'on lui répond : « Quittez pas, je vous passe Hortefeux », il y a des chances qu'il raccroche.

Hortefeux victime de son succès, qui l'aurait cru ? Depuis deux ans, il inquiète, il fout la trouille… Et maintenant, il veut séduire.

Vous imaginez au cinéma un type qui incarne les pires salauds et, d'un coup, il veut jouer les gentils ! Hortefeux dans le rôle d'un abbé, je ne vois pas ! Ou alors l'abbé Cottard, qui a noyé des scouts !

Il paraît que, tout le week-end au ministère, ils ont retourné le problème : comment annoncer un si bon résultat sans faire de vagues ?

Seul succès en deux ans, et ils ne peuvent pas se réjouir. C'est rageant !

Peut-être que Brice pourrait se refaire une conduite ? Profiter des quelques jours qui lui restent à la tête de son ministère pour rappeler tous ceux qu'il a virés injustement ?

HORTEFEUX : Benoît !

– Oui, monsieur le ministre.

– Il faut qu'on fasse revenir des sans-papiers... Ceux qu'on a virés sans étudier leur cas, ça représente combien ?

– 80 %, monsieur le ministre, y a même des dossiers qu'on a tirés à la courte-paille, faute de temps...

– Passez-moi le premier sur la pile... Abou, Sénégalais, installé en France depuis quinze ans, prof de math, deux enfants... On aurait pu le garder, celui-là ! Vous l'avez tiré à la courte-paille, Abou ?

– Non, lui, il fait partie du groupe « Plouf-plouf », plouf-plouf ce sera toi qui seras expulsé !

Voilà, chers auditeurs. Si ça se trouve, on va le regretter, Brice Hortefeux. Oui, son successeur s'appelle Éric Besson.

Avis aux quelques sans-papiers qui nous restent : si Besson vous arrête, rappelez-lui qu'il est d'origine libanaise, né au Maroc et que la France l'a accueilli à dix-sept ans.

S'il vous dit qu'être français ça se mérite et qu'il est pour la nationalité à points, faites-lui observer que, malgré toutes ses trahisons (son départ des socialistes pour aller chez Sarko...), il a encore tous ses points. Puis courez, courez très vite : les défroqués, les repentis, les recrues de dernière minute, ce sont les pires !

Le complexe de Sarkozy

21 janvier 2009

Alors, j'ai lu dans la presse que notre président Sarkozy est très jaloux de Barack Obama. Il vit très mal son succès, son ascension, son destin hors norme.

Quelque part ça se comprend : cela faisait des mois que Nicolas Sarkozy était le chef de l'Europe, du monde même (Bush faisait ses cartons), et maintenant... forcé de ne redevenir que le président des Français...

J'espère qu'on va être assez bien pour lui ! Après six mois de folie passés sur la scène internationale à s'occuper du Caucase, du Proche-Orient, devoir résoudre nos petits problèmes de blaireaux – le chômage, la Sécu, le pouvoir d'achat –, ça risque de le gonfler.

D'ailleurs, on sent qu'on l'emmerde parfois... Cette semaine, quand il était en province, il avait sa tête de « Vous me faites chier ! ».

Non, c'est sûr. Il ne nous aime plus comme y a deux ans quand il voulait qu'on vote pour lui.

Il jalouse Obama. Mais c'est normal : « L'homme le plus puissant du monde », titrait *Le Parisien* d'hier.

184

Quand tu cherches sans arrêt à avoir la plus grosse, c'est le genre de titre qui te lamine !

Son rêve désormais : devenir l'interlocuteur privilégié de Barack Obama en Europe. Il paraît que ça fait des semaines qu'il essaie d'obtenir un rendez-vous. Mais l'autre...

CONSEILLER D'OBAMA : Mister President, Mister Sarkozy on phone. (Monsieur le Président, M. Sarkozy au téléphone.)

OBAMA : Who's this guy ? (Qui est ce type ?)

CONSEILLER D'OBAMA : President of French people. (Le président des Français.)

OBAMA : Ah yes, the French... They have a Roquefort problem... (Ah oui, les Français... Ils ont un problème de roquefort...) Guet my secretary. (Passez-lui ma secrétaire.) She likes cheese ! (Elle adore le fromage !)

Sarkozy, ça le rend dingue. Ici, quand il claque des doigts, en deux secondes il a tout le monde à sa botte : ministres, industriels, vedettes.

Face à Obama, il fait un complexe terrible. Du coup, tous les jours il veut plus de pouvoir : P-DG de France Télévisions, P-DG de la Justice, de l'Assemblé nationale, de la gare Saint-Lazare... C'est pathétique : on dirait la grenouille qui veut être plus grosse que le bœuf.

Il jalouse Obama, c'est certain. Mais c'est vrai que tout les sépare : le style, la méthode, l'allure. Physiquement, c'est terrible : en décembre, *VSD* a publié la photo de Sarkozy et Obama en maillot de bain sur la même page... Ils sont cruels, *VSD* !

Et puis là il n'y a rien à faire, tu peux « photoshoper », enlever les bourrelets... (Petrucciani aux côtés de Paul Newman, c'est mort.) Peine perdue !

Tout les sépare. Rien que la cérémonie d'investiture. D'un côté : Aretha Franklin, U2, Bruce Springsteen... De l'autre : Bigard, Mireille Mathieu, Barbelivien...

La comparaison est terrible : quand l'un rallie Philadelphie à Washington en train – voyage mythique effectué par Abraham Lincoln –, l'autre rallie le Fouquet's à un yacht en Méditerranée... À part un émir et ses putes, personne ne fait ce trajet.

Tout les sépare... Souvenez-vous que le soir de la victoire de Nicolas, Cécilia n'était pas là. Elle boudait chez elle après avoir refusé d'aller voter. Michelle Obama souriait radieuse après que Barack l'ait appelée l'« amour de ma vie ».

D'ores et déjà, question CV, biographie, postérité, Sarkozy est largué.

On n'imagine pas Obama divorcer dans deux mois pour se remarier avec un ancien top model reconverti dans la chanson. Le tout annoncé en grande pompe à Disneyland face au stand Mickey... Impossible !

Aujourd'hui, Nicolas Sarkozy a une vraie raison d'en vouloir à Ségolène Royal. [Un temps.] Comment, vous ne saviez pas ? Ségolène le raconte partout dans la presse : il y a deux ans, l'équipe d'Obama s'est rendue à son QG pour s'inspirer de son concept de démocratie participative. Il lui a tout piqué... Heureusement, il y a des trucs qu'il a laissés : le côté illuminé, les tenues indiennes, le conseiller en communication avec un cheveu sur la langue... [Voix Besnehard :] « Tout ça, Obama il lui a laissé, sinon il aurait perdu, c'est évident. »

Allez, à la semaine prochaine !

France Inter chez Mireille Dumas

26 janvier 2009

Une ambiance un peu particulière ce matin puisque nous sommes filmés par les caméras de Mireille Dumas. Eh oui, on fait de belles audiences, tout va bien, c'est l'euphorie. Du coup Mireille s'intéresse à nous : « Comment gère-t-on la terrible pression du succès ? »

Tous les journalistes de « La Matinale » ont été interviewés trois minutes chacun... Beaucoup plus évidemment pour ceux qui se sont fait violer ou tabasser lorsqu'ils étaient petits...

Fabrice Drouelle, par exemple, est resté une heure et demie avec Mireille.

Une émission consacrée à la radio à ne rater sous aucun prétexte, émaillée de témoignages bouleversants :

Agnès Bonfillon nous expliquera pourquoi présenter le journal de 7 h 30 est incompatible avec une vie sentimentale équilibrée. Seul son chat Mistigri supporte qu'elle se lève à 3 heures du matin.

Bernard Guetta nous racontera comment sa maman lui brûlait le bout des doigts avec un fer à repasser

187

lorsqu'il faisait une faute de liaison... Un Bernard méconnaissable, en larmes, avouant à Mireille qu'il rajoute parfois des liaisons qui n'existent pas.

Des reportages incroyables : comment Fabrice Drouelle lutte contre la dépression depuis qu'il n'est plus « l'homme le plus écouté de France ».

Vous verrez également Nicolas Demorand au réveil s'habiller par-dessus son pyjama puis partir au boulot clope au bec.

Vous comprendrez pourquoi Stéphane Guillon est devenu si méchant... Il faut remonter à l'âge de trois ans lorsque son hamster Diabolo fut décapité par la maladresse d'un père qui ne supportait pas les tiroirs ouverts.

Point d'orgue de cette émission : une interview de Jean-Paul Cluzel, notre président, qui a récemment posé en tenue sado-maso pour un calendrier. Il s'explique à Mireille : « Je vis toute l'année en cuir et j'aime ça ! »

Alors, une actu plutôt calme ce matin, ça ne fait pas le bonheur de Mireille, il aurait mieux valu une rédaction en ébullition.

Un week-end paisible avec toutefois deux pièges à éviter : camper dans une forêt de pins en Gironde [1] et, pour les tout-petits : dormir dans une crèche en Belgique. [2]

Une info toutefois n'a pas eu le retentissement qu'elle mérite : la disgrâce de Rachida Dati, sommée de

---

1. Entre les 23 et 25 janvier 2009, la tempête Klaus, la plus meurtrière depuis les tempêtes de 1999, s'est abattue sur les régions Aquitaine, Midi-Pyrénées, Languedoc-Roussillon et Poitou-Charentes, provoquant, entre autres, de graves inondations.

2. Le vendredi 23 janvier 2009, un jeune homme de vingt ans, Kim De Gelder, s'introduit dans une crèche de Termonde (Belgique) et tue trois personnes ; deux enfants et une puéricultrice.

quitter le ministère de la Justice fin juin pour se présenter aux élections européennes derrière Michel Barnier... La honte !

En cas de victoire, Rachida devra habiter à Strasbourg... Un véritable exil pour cette inconditionnelle de l'avenue Montaigne.

« Rachida, l'icône déchue », titre *Le Monde*, un destin brisé comme les affectionne tant Mireille Dumas, mère Teresa des VIP :

[Voix Mireille Dumas :] Rachida bonjour. Le 18 mai 2007, vous êtes élue garde des Sceaux, un poste prestigieux, une ascension fulgurante pour une enfant issue de l'immigration, onze frères et sœurs dont deux en prison.

» À l'époque tout vous réussit, vous multipliez les unes de magazines, vous portez une bague à 50 000 euros gommée par *Le Figaro*. Et puis deux ans plus tard c'est la chute, la disgrâce, vous êtes nommée à Strasbourg, le pays de la saucisse... Aucune boutique Dior. Strasbourg : son Monoprix, son Kiabi et sa Halle aux Vêtements. Comment fait-on Rachida, quand on a connu les ors de la République, pour ne pas craquer ? »

Avouez que cela ferait un excellent « Vie privée, Vie publique » spécial politique. Juste après nous aurions le témoignage de Roger Karoutchi, député UMP : « Pourquoi avoir attendu mes cinquante-sept ans pour révéler aux Français mon homosexualité. »

Dans le journal *Le Monde*, page 9, paragraphe 3, Karoutchi précise que s'il devait dédier cette annonce à quelqu'un, ce serait au président Sarkozy. Karoutchi qui dédie son *coming out* à son ami Nicolas, Nic... Je laisse à Mireille Dumas le soin de décrypter tout ça. Ça devient beaucoup trop compliqué pour moi.

Benoît XVI et les intégristes

28 janvier 2009

On est un petit peu embêté avec cette histoire de pape qui vient d'annuler l'excommunication de quatre évêques intégristes dont un négationniste : Mgr Williamson. Ce dernier nie carrément l'existence des chambres à gaz. Si Dieudonné cherche une nouvelle ordure pour un prochain final au Zénith, Williamson se fera un plaisir.

On est embêté par rapport à Benoît XVI. Un passé un peu trouble, on sait qu'il a appartenu aux jeunesses hitlériennes. Quatre ans, pas plus. Quatre ans, c'est qu'il y a pris un peu de plaisir. Mon fils, ça fait quatre ans qu'il est inscrit au foot, il n'a jamais demandé à arrêter... Les maths, si !

Quatre ans aux jeunesses hitlériennes, c'est ce qu'il faut pour apprendre à détester les juifs, les Noirs, les Tziganes et les homos... Faut pas moins.

Un pape inscrit aux jeunesses hitlériennes, ç'a été un bouleversement surtout par rapport à son prédécesseur, le Polonais qui avait un CV irréprochable.

Les jours suivant son élection au pontificat, les journalistes s'interrogent, les humoristes se régalent :

Laurent Gerra détourne la pub Panzani : « Des papes !
Des papes ! Oui, mais des papes nazis ! »

Le Vatican multiplie les communiqués rassurants :
en 1939, tous les jeunes Allemands étaient inscrits aux
jeunesses hitlériennes, c'était obligatoire... Sa Sainteté
était très jeune : douze ans quand il adhère, seize quand
il s'en va. C'est tout petit, on oublie, mais c'est tout
petit.

Depuis, c'est vrai, des journalistes ont découvert
qu'à la même époque plusieurs séminaristes allemands
ont refusé d'entrer aux jeunesses hitlériennes. Mais
bon, dans un groupe, il y a toujours de fortes têtes...

Finalement, en bon catholique, on pardonne... On
retient l'erreur de jeunesse, le contexte historique...
Seulement voilà, le 9 octobre dernier, nouvelle alerte :
Benoît XVI annonce sa volonté de béatifier Pie XII
malgré son attitude plus qu'ambiguë durant la Shoah.

Sur son site internet... – oui, le pape a un ordinateur, un clavier blanc entouré d'hermine... (de très bon
goût) –, sur son site « L'Osservatore Romano », le
pape propose plusieurs pages à la gloire de Pie XII
agrémentées de nombreuses photos : Pie XII à la
messe, Pie XII en vacances, Pie XII fait du cheval...
[Un temps.] Non, non... Pie XII faisant le salut nazi et
Pie XII rigolant avec le Führer, il ne les a pas mises...
Elles existent mais il ne les a pas mises : ça lui rappelait
trop l'ambiance aux jeunesses hitlériennes.

Il n'y a pas que des photos, il y a aussi des commen-
taires. Pour justifier la connivence de Pie XII avec les
nazis, Benoît XVI écrit : « Une attitude de condamna-
tion et de protestation aurait été non seulement inutile
mais condamnable. »

C'est l'âge, il ne faut pas lui en vouloir, il a quatre-
vingt-un ans. Aux jeunesses hitlériennes il était trop

jeune pour se rendre compte, maintenant il est trop vieux.

Il est complètement gâteux. L'autre jour il a déclaré que « Pie XII [avait] aidé les Juifs en silence ».

En silence et sans bouger, par télépathie. Il serrait la main à Hitler et en même temps, par téléphatie, il sauvait des Juifs. Ça s'appelle un miracle... Tant mieux, il en faut un pour être béatifié.

Il ne se rend compte de rien. Deux semaines après avoir fait l'apologie de Pie XII, il visite une synagogue en déclarant que le dialogue judéo-catholique demeure fructueux.

[Vraie rupture.]

J'espère qu'il est bien gâteux. Sinon, un pape facho ou totalement con, c'est dramatique. Et s'il est gâteux, il faut agir très vite. Attention, si on laisse faire, ça peut être dramatique, le cerveau s'irrigue mal, Benoît XVI se croit de nouveau en 1939 aux jeunesses hitlériennes... Et tout d'un coup, place Saint-Pierre, debout sur sa Papamobile, ça part, il nous fait un salut nazi.

Caprice d'État !

2 février 2009

Comme vous le savez sans doute, Nicolas Sarkozy vient de virer le préfet de la Manche et le chef de la sécurité. En effet, le Président n'a pas supporté les sifflets qui l'ont accueilli le 12 janvier lors de son déplacement à Saint-Lô.

Tollé général chez les défenseurs de la liberté, on crie au scandale, au caprice d'État : « On ne jette pas un préfet comme on jette un Kleenex. »

J'aimerais pour une fois qu'on ne juge pas Nicolas Sarkozy mais qu'on essaie de comprendre sa psychologie.

D'abord, ce n'est pas la première fois que le Président vire un haut responsable, ce fut le cas en Corse suite à l'invasion du jardin de Christian Clavier. Là aussi on a crié au scandale et aujourd'hui on s'aperçoit que les plantes de l'acteur n'ont toujours pas repoussé et qu'on a eu raison d'être ferme !

Ensuite, ces dernières semaines, la vie de Nicolas a changé.

Il était président de l'Europe, il voyageait partout : le Proche-Orient, le Caucase, NYC... Et là, en un mois, il s'est fadé Châteauroux, Vesoul, Nîmes et Saint-Lô.

Entre NYC où vous recevez le prix de « l'homme politique de l'année » et Saint-Lô, des chaussures et une pancarte « Casse-toi pauv'con ! », il y a une différence !

Et puis Nicolas aussi a changé : au début, il aimait bien la contradiction, l'insolence. Rama Yade qui balançait à propos de Kadhafi : « La France n'est pas un paillasson ! », ça l'émoustillait ! Aujourd'hui il ne supporte plus rien : Rama Yade qui refuse de se présenter aux européennes : elle dégage !

À l'Élysée, plus personne ne moufte ! Le seul qu'il supporte, c'est Xavier Bertrand et son amour inconditionnel poussé jusqu'au sacrifice.

Xavier, il avait un super-ministère, il a demandé à changer pour la présidence de l'UMP : plus chiant comme job tu meurs. Visite de permanence du matin au soir, discours et thé dansant avec de vieux militants RPR... Il est comme ça, Bertrand : si demain le Président avait besoin d'une greffe d'organe, il se porterait volontaire.

C'est le fonctionnement d'une secte : tu donnes ta femme au gourou et t'es content qu'il la baise.

Vu sous cet angle, le préfet de la Manche a géré la situation comme un manche.

Alors c'est vrai, Sarkozy avait dit « je veux aller à la rencontre des Français ». Il aurait dû ajouter : derrière des grilles avec un périmètre de sécurité.

En plus c'est très difficile quand t'es habitué à des meetings UMP où le public est acquis... Tu peux dire n'importe quoi, la plus grosse énormité – « Travailler plus pour gagner plus » –, les gens t'applaudissent, tout fonctionne... Et tout à coup tu te retrouves face à un public normal... Des chômeurs, des RMistes, des gars qui gagnent moins de 800 euros par mois et qui du coup te font chier sur des détails !

Le préfet de la Manche, il a merdé. C'est quand même pas compliqué : on vide Saint-Lô de sa population, on confine tout le monde à Cherbourg, c'est à cinquante kilomètres, et on demande à Xavier Bertrand de repeupler la ville avec des autocars de militants UMP : de vraies conditions de meeting !

Et puis, il y a les petits plus qui font plaisir. Le préfet de la Manche aurait dû faire un stage en Corée du Nord, voir comment on reçoit un dirigeant de tout premier plan : des écoliers en uniforme, des fanions, un parterre de fleurs à la gloire de Nicolas... une statue qui restera après sa visite.

D'ailleurs ce serait bien qu'on commence à en mettre. Quand un pouvoir se durcit, on met des statues.

Saint-Lô ce n'était pas une bonne idée, c'est une zone portuaire très chaude. Il y a comme ça des destinations à éviter. Gandrange par exemple, il y a un an Sarkozy promettait aux sidérurgistes que leur usine serait sauvée. Aujourd'hui, elle ferme. Faut surtout pas qu'il y retourne : la Moselle pour l'instant, c'est non !

Trouvons d'autres usines en difficulté auxquelles il pourra refaire le coup de Gandrange.

Tout ça, ça s'étudie, c'est un boulot. Il faut créer une mission et la confier à un professionnel du spectacle... Au manager de Johnny par exemple : monter des estrades, organiser un feu d'artifice, galvaniser une foule, il fera ça très bien !

10 000 personnes qui allument un briquet en criant « Sarko ton corps ! », normalement ça devrait lui faire plaisir.

Bernard Kouchner, la chute d'une icône

3 février 2009

On est à la fois choqué et attristé lorsqu'on referme le livre de Pierre Péan consacré à Bernard Kouchner et intitulé *Le Monde selon K.* L'icône de l'humanitaire y est dépeint comme un homme d'affaires avide, peu scrupuleux, mélangeant aisément ses fonctions publiques et ses intérêts privés.

Activité : consultant.

Chiffre d'affaires : en millions d'euros.

Clientèle privilégiée : dictateurs africains (Omar Bongo et Sassou-Nguesso).

Découvrir que l'ex-militant des droits de l'homme ne pourchasse plus depuis belle lurette le malheur du monde mais le fric est insupportable. Pas lui, pas notre Bernard, un des hommes le plus aimés des Français !

Imaginez qu'un jour on vous dise qu'en vérité le commandant Cousteau adorait chasser la baleine, qu'il se foutait totalement des espèces menacées et qu'il attendait d'être au-dessus d'un récif de corail pour dégazer la *Calypso*. Vous auriez dit non, pas lui, pas ça !

Imaginez qu'on vous dise que l'abbé Pierre était pédophile avec un faible prononcé pour les orphelins d'Auteuil et les Petits Chanteurs à la Croix de Bois, que le DAL mettait à sa disposition des appartements vides pour qu'il s'éclate en toute discrétion. Vous auriez dit non !

Eh bien, là aussi vous dites non, pas lui !

Kouchner est intouchable. Quand Éric Besson, ancien socialiste, passe chez Sarkozy, c'est un traître. Quand Bernard passe chez l'ennemi, c'est un homme d'ouverture, de dialogue.

Kouchner : 75 % d'opinions favorables, jour et nuit, année après année. Il a fallu qu'il traite Rama Yade comme une merde, qu'il fasse preuve à son égard d'une misogynie crasse pour qu'il perde dix petits points... récupérés depuis.

Kouchner idole à vie... Quoi qu'il fasse, une image reste gravée : celle du french doctor en 79, beau comme un dieu, mélange d'Indiana Jones et du cow-boy Marlboro, tenant dans ses bras un petit réfugié vietnamien qu'il débarque d'un bateau-hôpital.

Si ça se trouve, trente ans plus tard, ce même Vietnamien a atterri en France. Et comme il n'avait pas de papiers, Brice Hortefeux, collègue de Kouchner au gouvernement, l'a viré comme une merde : « À la maison, face de citron ! »

Il y a aussi les images tournées à Mogadiscio en 92. Bernard, alors ministre de la Santé, toujours aussi beau, un sac de riz sur l'épaule. Combien d'auditrices, aujourd'hui mères de famille, auraient tout donné pour une levrette endiablée avec le french doctor ?

Qu'en a-t-il fait du sac de riz, une fois les caméras parties ?

Est-ce que Christine Ockrent lui a dit : « Rapporte-le à la maison, c'est du basmati, ça vaut une blinde ! »

KOUCHNER : Mais ils ont faim, chérie !
OCKRENT : Je m'en fous, ramène-le !

Il paraît que c'est elle qui le pousse à être vénal. Lui le fric il s'en fout, mais chez elle c'est une obsession. Entre deux piges à la télé, elle enchaîne les ménages comme une ancienne gloire de la chanson. La société des journalistes a même réclamé des sanctions. Question d'éthique, tu peux pas à la fois diriger « France 24 » et te retrouver tête de gondole au salon de la literie !
Elle le pousse :

OCKRENT : Bernard, tu appelles Omar Bongo et tu lui demandes de régler immédiatement les 817 000 euros qu'il doit !
KOUCHNER : Chérie, je ne peux pas : Bongo est un dictateur et je suis ministre des Affaires étrangères !
OCKRENT : Bernard, fais pas chier. J'ai passé ma journée Porte de Versailles à vanter le nouveau GPS Tam-Tam, du coup j'ai fait un journal de merde sur France 24, je suis vannée, t'appelles Bongo !
KOUCHNER : Chérie, vis-à-vis de Rama Yade, je ne peux pas.
OCKRENT : T'as qu'à dire qu'elle sert à rien, cette idiote ! Et tes états d'âme, je m'en fous : quand on touche 25 000 euros de la part de Total pour écrire que le travail forcé en Birmanie n'existe pas et que tous leurs ouvriers sont bien traités, on la ferme !

Voilà, depuis Bernard a adopté les mêmes travers que sa femme. Magouilles à la petite semaine : comme se faire domicilier en Corse afin que le parlement européen le défraie sur des voyages plus longs : Bruxelles-Paris-Figari.

L'Indiana Jones de l'humanitaire traficotant ses notes de frais et copinant avec Bongo, ça fait de la peine. Perdre une icône, c'est triste, surtout lorsqu'elle a représenté pour plusieurs générations l'espoir d'une société plus juste et plus belle.

On se consolera avec l'abbé Pierre qui ne s'est jamais tapé un enfant de chœur et avec le commandant Cousteau qui n'a jamais buté la moindre baleine. Peut-être s'en est-il tapé une, une fois ? Plusieurs mois passés en haute mer, c'est long. Faudra demander à Desjoyeaux.

Martine Aubry, première secrétaire furtive !

4 février 2009

Dans quelques minutes, Nicolas, vous recevez Guillaume Pepy, l'ancien directeur de cabinet de Martine Aubry. Alors ça tombe bien… Je le dis sans méchanceté aucune, mais je trouve qu'il existe un vrai problème Martine Aubry. Ce qu'elle dit, ce qu'elle fait, on s'en tape. Son plan de relance, personne n'en a parlé, sa motion de censure, pareil. Quand elle passe à la télé, on ne la voit pas. Personne dans la pièce ne va dire : « Chut, c'est Martine Aubry ! »

Je sais pas à quoi ça tient. Manque de charisme, de présence… ?

Il y avait un joueur de tennis comme ça : Guy Forget. Il gagnait un match comme il aurait pu le perdre. C'était le cauchemar des magasins de sport : les raquettes Forget, ils avaient beau les solder à l'année, offrir un cordage, des balles, personne n'en voulait !

Les produits dérivés au PS, c'est fini. Vous ne vendrez jamais un T-shirt Martine Aubry. Vous me direz, les T-shirts François Hollande ne partaient pas non plus.

C'est dommage, parce qu'elle a été élue, quand même... 80 voix d'avance, des bulletins que Fabius avait pris la peine de photocopier !

Physiquement, c'est vrai qu'elle n'est pas aidée, un côté un peu massif... Ç'a beau être l'année du buffle, c'est pas facile. Il y a eu des tentatives pour la relooker : dernièrement ils ont essayé des couleurs vives, des modèles un peu modernes genre kimono. Mais bon, plus ils essaient moins c'est réussi. C'est comme le tuning, c'est jamais très heureux.

Dans une école de stylisme, ça pourrait être le concours de sortie : créer un vêtement qui modernise Martine.

Au départ, ils l'ont fait exprès au PS : ils voulaient faire élire quelqu'un de totalement transparent, de furtif... Ils avaient remarqué qu'à l'aéroport, quand Martine sonnait au portique de sécurité, les douaniers s'en foutaient. Quand elle va à la Fnac de Lille, c'est le grand jeu, ses conseillers lui mettent des DVD dans son sac qu'ils récupèrent après.

Toute petite déjà c'était pareil. Combien de fois Jacques Delors l'a oubliée sur une aire d'autoroute ! 300 kilomètres plus tard, demi-tour avec la DS, il fallait aller rechercher Martine !

Et puis ça continue : rue de Solférino, à l'entrée, ça fait deux mois que le portier lui demande sa carte du PS. Même François Hollande est intervenu : « José, c'est la nouvelle première secrétaire, vous la faites passer.

– Bien monsieur Hollande. Hé ! mes amitiés à votre dame Mme Royal ! »

Oui, en plus José, il est un peu con.

Depuis quelques jours au PS, c'est machine arrière toute.

Ils voulaient que Martine soit transparente, mais pas autant. Le danger c'est que d'autres se mettent à exister un peu trop. Benoît Hamon avec son caban marin et ses cravates soixante-dix, il fait mouiller tout l'électorat féminin !

Désormais le mot d'ordre, c'est faire exister Martine coûte que coûte, quitte à inventer des trucs. Un *brain storming* s'improvise rue de Solférino, chacun donne une idée :

« Oui Lolo ? (…) Non Lolo non, Jacques l'oubliait sur les aires d'autoroute, mais jamais il l'aurait frappée. Bertrand, oui ? (…) Elle a couché avec Pierre Mauroy… C'est pas glamour du tout et puis les gens auraient trop peur qu'ils aient fait un enfant ! »

— Ça y est j'ai trouvé, cria Harlem Désir : elle est lesbienne ! Elle fait son *coming out* comme Karoutchi ! Karoutchi, vingt ans d'action politique, personne le connaît. Il dit qu'il préfère les garçons, double page couleurs dans *Match* !

— Moi, je ne suis pas d'accord, si vous plaisantez là-dessus, je quitte la pièce !

[Tous en chœur :] Non, reviens Bertrand, Bertrand, reviens ! »

Rue de Solférino, ils ont cherché toute la nuit. Ils ont même appelé Dominique Besnehard, le gourou de Ségolène, pour lui demander s'il pouvait s'occuper de Martine.

[Voix Besnehard :] « Alors là pas question, jamais je trahirai Ségo. Dites à Martine qu'elle se met le doigt dans l'œil, déjà qu'elle se met des Bic ! »

Il ont cherché toute la nuit. Il y avait urgence.

Lundi dans *Le Figaro*, deux photos se répondaient de façon terrifiante. La première, c'était Martine Aubry à la Mutualité assise sur une chaise en plastique entourée des vieux barons du PS. Sinistre, on se serait cru dans un crématorium et qu'ils attendaient qu'on leur rende les cendres.

Juste au-dessus, la photo de Ségolène au Brésil, pimpante, rayonnante dans une petite robe à pois entourée de jeunes Brésiliens en débardeur.

En bas, une odeur de naphtaline ; en haut, une odeur de transpiration, de tequilas, de joie...

Même Besnehard l'a noté : « Ah bah, c'est sûr qu'il n'y a pas photo, comme on dit dans le métier. »

Allez, à lundi !

Antisémite malgré lui

9 février 2009

Je me suis senti un peu foireux l'autre jour lorsque j'ai regardé la défense de Bernard Kouchner à l'Assemblée nationale. J'avais été un des premiers à le dézinguer sur cette antenne.

Et puis après, quand j'ai lu dans la presse tous les papiers sous-entendant l'antisémitisme de Pierre Péan, je me suis senti encore plus mal.

Je me suis dit, si ça se trouve, t'es antisémite sans le savoir. Quand j'ai fait mon hépatite A, ça m'a fait la même chose, je l'ai découvert bien après avoir été malade lors d'un bilan sanguin.

À ma décharge, je ne savais pas que Kouchner était juif, je pensais qu'il était breton. Faut dire aussi que j'ai un frère qui s'appelle David mais qui est goy... Il y a des pièges !

Alors aurais-je dû vérifier les origines de Kouchner avant d'écrire mon papier ? Non, ce serait de l'antisémitisme à l'envers. En plus, je dézingue à peu près trois personnalités par semaine. Si chaque fois que je balance une saloperie je dois vérifier l'ascendance de ma victime, je ne m'en sors plus.

Fabrice Drouelle, que je n'épargne pas, j'ai appris la semaine dernière ses origines... On est sur des œufs !

Si je suis antisémite, est-ce qu'on peut l'être une semaine sur deux ? Parce qu'il y a quinze jours, suite à ma chronique sur Benoît XVI, plusieurs sites intégristes m'ont qualifié de sympathisant sioniste, donc je ne sais plus où j'en suis !

D'autant que pour le même papier le site Terredisrael m'a largement mis en vedette.

En plus, j'ai un problème tout à fait personnel, j'ai trois beaux enfants juifs à la maison. C'est une famille recomposée de sept enfants : quatre goys d'un côté, trois juifs de l'autre. Et ils s'entendent très bien... il y a quelques intifadas au moment du goûter et pour le choix du programme à la télé, mais sinon tout va bien.

Donc trois petits juifs à la maison, ça fait cinq ans que je m'en occupe, je les adore et mercredi, j'ai dû leur annoncer que peut-être j'étais antisémite... On n'est pas sûr j'attends les résultats, mais il y a un risque.

« C'est quoi antisémite ? » me demande Victor, circoncis mais blond comme les blés, notre petit Aryen, la fierté de la famille. (...) Oui j'essaie de m'y mettre, mais c'est pas évident. J'ai acheté le manuel *L'Antisémitisme pour les nuls*... Le devenir à quarante-cinq ans c'est tard, tout le monde m'a prévenu : tu vas en chier !

C'est comme les langues étrangères, quand t'as pas la chance de baigner tout petit dans une atmosphère particulière : un père au FN, une maman qui accroche dans ta chambre des posters de Pie XII et qui t'offre pour les vacances un stage de théâtre à la Main-d'Or chez Dieudonné, c'est super-dur !

« C'est quoi antisémite ? me demande Victor.
— C'est quelqu'un qui n'aime pas les Juifs.

— Mais toi tu nous aimes !

— Je ne sais plus, ça change tous les jours. En attendant, tu me rends la PlayStation que je t'ai offerte à Noël… Principe de précaution. »

« C'est dégueulasse, déclare Anna, la plus grande. Tu fais pitié avec tes papiers pour France Inter. »

Faut dire qu'il y a quinze jours, j'ai pris sa tirelire de force pour la partager entre tous les enfants. J'avais appris la veille que j'étais communiste, suite à une chronique où je dézinguais Sarkozy.

Bref, journaliste, humoriste, aujourd'hui ce sont des métiers à risques : chaque mot doit être pesé, vérifié. « Cosmopolite », au départ, c'est un mot magnifique, mais vu les bouches puantes qui l'ont employé, Péan aurait dû faire gaffe.

De là à le traiter d'antisémite, il a l'air tellement effondré par ce qualificatif quand d'autres en sont si fiers, le revendiquent perpétuellement comme cette semaine encore l'évêque Williamson. Williamson, un nom de mousse à raser.

« Avec Williamson, effacez toutes les vérités historiques. Williamson, la mousse à raser des négationistes ! »

En tout cas, avec toutes ces conneries, il ne faudrait pas laisser filer les vrais antisémites comme Dieudonné ou fermer les yeux sur les vraies trahisons comme fricoter avec Omar Bongo quand on fait de l'humanitaire.

Bon, je vous laisse, je vais acheter du pastrami pour Léopold qui depuis trois semaines ne veut plus manger que kasher. Sioniste et antisémite en même temps, j'en peux plus, c'est super-dur.

Voyage surprise !

11 février 2009

Hier matin, Nicolas Sarkozy est arrivé à Bagdad. Une visite tenue secrète pour des raisons de sécurité. En même temps, si mes calculs sont bons, le Président a dû décoller de Paris vers minuit en pleine tempête, alors question sécurité il n'y a pas mieux !

Cela dit, c'est vrai, le Président est très à cheval sur sa protection. Lundi dernier, ma femme et moi, nous nous rendions dans un restaurant rue Sausset pour les soixante-treize ans de mon père – je ne vous en ai pas parlé avant pour des raisons de sécurité...

Nous étions en voiture lorsque nous avons été bloqués devant l'hôtel Bristol dans lequel déjeunait visiblement le Président. Le dispositif de sécurité était impressionnant : rue barrée, gardes du corps, motards...

Tout ça pour un homme qui déjeune généralement en dix minutes chrono... ça fait cher le tartare de thon : 30 000 euros.

35 euros pour le tartare, le reste pour la sécurité.

C'est cher surtout quand on sait que l'Élysée est quasiment en face. 30 000 euros pour manger à cinq minutes de chez soi, en pleine crise, ça peut en énerver certains.

Bref, un homme qui déploie autant de sécurité pour déguster un tartare au Bristol, c'est normal qu'il parte à Bagdad dans la plus grande discrétion, la fleur au fusil.

Pourtant, d'après les chiffres officiels du ministère de l'Intérieur, les risques de mort violente à la terrasse du Bristol sont moins élevés que dans une rue de Bagdad. Pour 100 000 Bagdadiens tués ces cinq dernières années, on recense un touriste anglais étouffé par l'arête de sa sole.

Alors pourquoi Sarkozy a-t-il décidé soudain de partir en Irak après son sorbet mangue du Bristol ? (Pour 30 000 euros, c'est quand même sympa de prendre un dessert !)

Plusieurs raisons : premièrement, changer d'air.

Ça fait des semaines qu'il enchaîne les visites en province : Vesoul, L'Isle-Adam, Orléans… Forcé de serrer la main à des ploucs, croiser des préfets incompétents, des militants Sud-Rail aux cheveux gras et qui puent du bec, il n'en peut plus !

Deuxièmement : retrouver une stature internationale. Il vaut mieux se prendre une godasse en Irak qu'une tomate à Saint-Lô.

Redevenir chef du monde pendant quelques heures avec le tapis rouge à la sorti, du Falcon, la fanfare et la gosse qui t'apporte un bouquet.

Moralement, c'est super-important, surtout quand on a pris une claque dans les sondages : moins 9 points suite à sa prestation télévisuelle.

Je me demande si Laurence Ferrari l'a pas un peu trop bousculé : trop de hargne, d'insolence. Il aurait mieux valu quelqu'un d'un peu effacé, de doux, un Nicolas Demorand par exemple… Quelqu'un qui ne va pas sans cesse reposer la même question sous prétexte qu'il n'a pas obtenu sa réponse.

Pas une tête de con qui pense qu'il est investi d'une éthique journalistique !!

Et puis dans un déplacement en Irak, y a aussi une dimension érotique. Vous imaginez Sarkozy au petit matin annonçant la nouvelle à sa femme :

[Voix Sarko :] Carlita…

[Voix Carla, léger ronflement :] Oui…

[Voix Sarko :] Je pars !

[Voix Carla :] À Gandrange ?

[Voix Sarko :] Non, je vais pas à Gandrange, je vais en Irak.

[Voix Carla :] Oh ! l'Irak, qu'est-ce que c'est sexy, j'ai envie de toi !

[Voix Sarko :] Non, j'ai pas le temps. J'ai mon gilet pare-balles, je t'appelle toutes les deux heures.

[Voix Carla :] Mais c'est dangereux, l'Irak.

[Voix Sarko :] Écoutez, monsieur Pujadas. On me reproche d'avoir été en Irak sur un coup de tête. Mais si j'y avais pas été, qu'est-ce qu'on aurait dit ? Hein ? Il reste ici à se tourner les pouces ? Eh bah moi, monsieur Pujadas, je pense que les Français n'ont pas élu un président pour se tourner les pouces.

[Voix Carla :] Calme-toi chéri, tu n'es plus à la télé. Je suis ta femme, va en Irak si ça te fait plaisir, mon Pépito.

Sinon, le voyage se déroule bien. Le Président a été obligé d'emmener Bernard Kouchner. Mais il l'a prévenu : aucun business sur place ! La moindre connerie, il rentre !

Dommage : l'Irak, quand t'aimes faire des affaires louches, c'est le paradis. (Contrebande de pétrole, de cigarettes, d'armes à feu.)

Il y a quinze jours encore, Bernard aurait pu monter une affaire de médicaments avec l'ancien pharmacien de Saddam Hussein : Ali le Chimique. Mais là il faut qu'il se fasse oublier.

Bon, à lundi. On ne sait pas encore où sera le Président. Ça peut changer à tout moment, mais on sera prêts !

Saint-Valentin

16 février 2009

C'est toujours un peu difficile de se remettre au boulot un lundi matin, surtout après un week-end de Saint-Valentin. On est tous un peu dans les vapes.

Cette année, la Saint-Valentin a encore été un succès. Malgré la crise et la libido des Français qui est en forte baisse. Normal : moins de sorties, moins de cochonneries !

Au passage, je félicite les couples condamnés à rester chez eux samedi soir et qui ont malgré tout réussi à s'envoyer en l'air après avoir regardé Éric Zemmour à la télé, une performance !

Ce matin, je voudrais vous révéler la façon dont nos femmes et nos hommes politiques ont célébré cette fête. Un sujet qui, je suppose, passionne l'auditeur lubrique de France Inter.

Seule Rachida Dati est restée cloîtrée chez elle. Il faut dire que quarante paparazzi l'attendaient devant sa porte, le gars qui dînait avec elle pour la Saint-Valentin était cuit.

En tout cas, une certitude, ce n'est pas Bernard Laporte, aperçu avec Mme Laporte à l'Hippopotamus de la place des Ternes.

Chaque année, ils réservent la formule Cupidon avec son tartare en forme de cœur et son tiramisu au gel aphrodisiaque. À l'Hippo ils sont super-contents : d'habitude ils ne voient jamais ni ministre ni secrétaire d'État.

On continue avec Jean-Louis Borloo qui comme d'habitude s'est endormi sur l'épaule de Béatrice Schönberg, il avait pourtant promis d'assurer un minimum en ne buvant rien avant de passer au lit.

En revanche, pour Christine Boutin et son mari, il y a eu un programme, même si M. Boutin redoute la Saint-Valentin qui lui rappelle Halloween. Dès que Christine se déshabille, il a l'impression que des gosses vont sonner pour réclamer des bonbons.

Xavier Bertrand et madame, très classique : un petit câlin comme tous les samedis. Xavier garde son portable à portée de main et jouit très vite, si Sarko l'appelle il veut pouvoir répondre. Une fois, Mme Bertrand a senti quelque chose vibrer sous ses fesses, elle s'est dit : « Chouette, un gadget, enfin du changement ! » C'était le Président qui appelait.

Yves Jégo, qui est notre invité dans quelques minutes, alors lui... c'est très particulier. Quand il fait un câlin à Mme Jégo, il peut se retirer à n'importe quel moment sans prévenir... Il est là, il enchaîne les positions : le lotus, l'amazone, la cuillère, la suspendue, et hop ! Pourquoi, on ne sait pas, il s'arrête et il disparaît !

D'ailleurs méfiez-vous, Nicolas, tout à l'heure en pleine interview il peut s'arrêter au milieu d'une phrase et se barrer sans raison.

Julien Dray : plaisir solitaire comme chaque soir, Saint-Valentin ou pas. Quand tu possèdes une centaine de montres automatiques, ça permet de les remonter tout en ayant du plaisir.

Les Sarkozy, rien. Ça fait cinq jours que Carla relit *Belle-Amie*, la biographie qui dézingue Rachida Dati. À chaque page elle s'écrie : « Bien fait pour elle, cette salope ! » Il n'y a plus que ça qui l'intéresse. L'autre, il devient dingue. Il est petit mais il a de très gros besoins.

Chez Éric Besson, soirée sado-maso. C'est lui qui se fait corriger, il adore ça. Sa femme le traite de vendu, de traître, elle le fouette avec l'emblème du PS : un bouquet de roses à grosses épines, il jouit très vite !

Chez les Kouchner : rien, le cœur n'y était pas. D'habitude, on joue à Médecins sans frontières. Bernard se met en treillis, Christine en infirmière. On place deux gros sacs de riz de vingt kilos sur le tapis et hop ! à la missionnaire : la position préférée des ONG.

Parfois Omar Bongo débarque avec deux putes. C'est marqué dans le contrat. « Paiement en liquide + deux putes. »

Le cœur n'y était pas. Bernard s'est enfermé dans son bureau, il a juste passé un coup de fil à DSK. La Saint-Valentin c'est le seul jour de l'année où t'es sûr de le trouver chez lui. C'est une promesse qu'il a faite à Anne Sinclair, il ne bouge pas. Il lui a même fait l'amour, sauf que ça s'est mal terminé : en pleine jouissance, il a gueulé : « T'es bonne Piroska, t'es le meilleur coup du FMI ! »

Voilà, vous savez tout dorénavant sur la Saint-Valentin de nos politiques. Ah, j'oubliais ! Martine Aubry a fait des galipettes samedi soir. Si, si, si… C'est dans *Gala*, on la voit danser un slow langoureux avec le vieil adjoint culturel à la mairie de Lille.

Quand l'autre jour dans *Le Figaro* son staff a découvert Ségolène se frottant à trois jeunes Brésiliens, il a fallu réagir très vite avec un mot d'ordre : « Martine aussi aime le cul ! »

Visite de DSK à France Inter

17 février 2009

Dans quelques minutes, Dominique Strauss-Kahn va pénétrer... [Un temps anormalement long.] ... dans ce studio. C'est la première fois qu'il revient en France depuis son aventure avec une jeune Hongroise à lunettes : Piroska Nagy, responsable de la photo-copieuse au FMI.

Dominique nous fait l'honneur de choisir France Inter pour cette première interview, je crois que le titre même de l'émission, « Le 7-10 », l'excite énormément !

Évidemment des mesures de sécurité exception-nelles ont été prises au sein de la rédaction... Pardon, « sein » est un mot que je n'ai pas le droit de prononcer aujourd'hui afin de ne pas prendre le risque de réveiller la bête.

Ces mesures sont les suivantes.

Je vous lis le tract de Sud Radio France : « Suite à la venue de M. Strauss-Khan et afin d'assurer la sécurité du personnel, les membres féminins du "7-10" doi-vent porter des tenues longues, sobres et totalement antisexe. Sont à proscrire cuir, talons aiguilles et dessous chics. »

À titre d'exemple, Hélène Jouan, directrice de la rédaction qui ne rechigne pas à porter des bas résilles – surtout quand c'est Arnaud Montebourg qui vient nous voir –, Hélène accueillera DSK en burqa.

Sud Radio France précise qu'Agnès Bonfillon peut venir comme bon lui semble. C'est vrai, même avec DSK, elle ne risque rien.

Tous les endroits sombres et reclus de la station – parkings, toilettes et certains placards – ont été condamnés. Une mesure souvent prise à TF1 lorsque PPDA écumait les couloirs.

Autre mesure exceptionnelle, vous l'avez remarqué, le choix d'Éric Delvaux pour animer le « 7-10 », un mâle dominant capable d'effrayer DSK. Demorand et son physique de boy-scout pubère ayant été jugé trop fragile.

Cinq seuils d'alerte sont prévus lors de cette matinale.

Le dernier étant l'évacuation pure et simple du personnel féminin d'Inter vers d'autres étages. France Bleu et France Culture sont prêtes à les accueillir.

On va faire un essai de sirène… [Bruit.] À ce signal, je vous demande de vous diriger toutes sans exception vers les ascenseurs. Il n'est pas question de se retrouver avec une flopée de congés maternité dans sept mois.

Et on ne court pas, on garde son calme : Thomas Legrand, Philippe Lefébure, Bernard Guetta sont là pour vous protéger.

[Un temps.] Fabrice Drouelle… Non. Vu son passif avec les filles, il est capable de prêter main-forte à DSK. L'association serait belle : la voix la plus écoutée de France avec l'organe le plus connu du FMI.

Pas de panique, je suis certain que tout va bien se passer.

On va mettre du bromure dans son café.

Et pour la première fois, il y aura deux caméras… Une sur l'invité comme d'habitude et l'autre sous la table pour être vraiment sûr que rien ne s'y passe. C'est une demande du CSA.

Faisons confiance à Dominique. On l'aime bien et en plus il est réglo. Quand il s'est fait gauler au FMI, tout de suite il a dit que c'était lui, il n'a pas cherché à noyer le poisson, il n'a pas traité ses accusateurs d'antisémites. Il a été super-clean.

Lui aussi, il aurait pu demander à aller à l'Assemblée nationale pour faire un beau discours avec des trémolos dans la voix :

[Imitation Kouchner :] « Jamais, mesdames et messieurs les députés, je le dis devant cette assemblée, jamais je ne me suis tapé Mlle Piroska Nagy, jamais ! Ni dans les couloirs du FMI, ni dans les toilettes, ni évidemment dans mon bureau. Oui, elle avait un poste dans mon secrétariat au FMI, oui quand elle se baissait pour faire des photocopies, on voyait sa culotte… Mais jamais, je le dis, je le répète – ceux qui me connaissent depuis quarante ans le savent, excusez-moi je suis ému, je souffre, je pense évidemment à Anne Sinclair, ma femme – jamais, mesdames et messieurs les députés, je n'aurais culbuté Mlle Piroska Nagy. »

Bon, je vous laisse. Dernier essai de sirène. [Bruit.] On reste concentrés, prêts à évacuer s'il le faut.

À demain !

Rien sur le physique de Martine !

18 février 2009

Après l'incident d'hier, ça ne va pas être facile de faire un papier ce matin. Vous l'avez peut-être entendue, la colère froide de DSK suite à ma chronique. Ça arrive… on se lève pour apporter un peu de bonheur à l'invité, le faire rire, et quand ça ne marche pas la déception est terrible !

En plus, pour ne rien arranger, j'ai reçu un coup de téléphone de la direction d'Inter me demandant, vu le contexte ambiant, de lever le pied et d'essayer de ne pas plaisanter sur le physique de Martine Aubry, notre invitée d'aujourd'hui.

J'ai été très surpris, d'autant que je ne tenais pas spécialement à parler de Martine, je voulais écrire un papier sur la Guadeloupe ! Mais du coup, ça m'a interpellé cette mise en garde, je me suis dit : « Tiens, qu'est-ce qui se passe ? Est-ce que la direction d'Inter a un problème avec le physique de Martine ? »

Nous les humoristes, on ne pense pas forcément à mal, mais il suffit que quelqu'un nous y pousse, et c'est fichu !

En plus, j'ai une liberté de ton totale sur cette antenne, totale ! Je m'étais dit : si un jour il y a une mise en garde, ce sera forcément sur un truc important : les renseignements généraux, la présidence...

Mais pas sur la plastique de Martine... ! À moins qu'elle soit classée secret défense, qu'il y ait des zones protégées ?

Bon, je vais faire mon papier sur elle. La Guadeloupe attendra. C'est une phrase d'Yves Jégo, ça : « La Guadeloupe attendra. »[1]

Pour être tout à fait honnête, il paraît que le fait de l'avoir appelée « Petit pot à tabac » dans une de mes chroniques l'a blessée. Là, il y a maldonne : mon père possédait une très belle collection de pots à tabac, des modèles en faïence, en barbotine, Napoléon, fin XVIIIᵉ ! Chez les Guillon, « petit pot à tabac », c'est vraiment une marque d'affection.

Je l'aurais qualifiée de fût à bière, de barrique à pinard, de lessiveuse, je comprendrais qu'elle fasse la tête.

Oui, parce que Martine nous a boudés pendant pratiquement deux mois. À la place, elle a été sur Europe 1 se faire interviewer par Marc-Olivier Fogiel. [Imitation :] « Martine Aubry bonjour, on vient de l'apprendre, vous refusez dorénavant de rembourser les frais de gestion de Ségolène Royal : cela comprend ses notes de taxi, ses journaux et son forfait Orange Millenium. Est-ce qu'on peut parler de votre part d'un désaveu, d'une rivalité, d'une guerre des dames ? »

---

1. Alors que la Guadeloupe est en crise, le secrétaire d'État à l'Outre-mer Yves Jégo quitte précipitamment l'île pour retourner « chercher des solutions » à Paris.

Elle est revenue nous voir, en larmes, en larmes ! Elle était à genoux : « Invitez-moi, je vous en supplie ! J'ai besoin de vrais journalistes ! » On l'a accueillie bien sûr, à bras ouverts, on est comme ça à Inter. Les hommes politiques, ce sont nos enfants avec leurs qualités, leurs défauts.

Faut que la direction d'Inter se détende par rapport au physique de Martine. Sinon, ça va *bêtement* attirer l'attention.

En plus c'est son année, c'est l'année du buffle, tout ce qu'elle va porter sera hypra-tendance, qu'elle en profite !

Ce qui m'énerve dans l'attitude d'Inter, c'est qu'ils n'aient pas vu à quel point Martine s'est métamorphosée ces quinze derniers jours, sinon jamais ils ne m'auraient dit de faire gaffe !

C'est plus du tout la Martine qu'on connaît : tassée sur elle-même, renfrognée, bougon... Là, elle vit, elle irradie, la semaine dernière elle a posé dans *Gala*, dans *VSD* !

Bon, à part une petite rechute, deux jours plus tard, lorsqu'elle déclarait au *Parisien* : « La politique, c'est trop sérieux pour qu'on s'étale dans des magazines de papier glacé ! »...

L'important, c'est qu'elle fait un premier pas vers la pipolisation. Ça y est ! Dans *Gala*, on la voit faire la folle, danser un slow, manger des moules, un buffle qui mange des moules, ce n'est pas rien !

On apprend des trucs incroyables : à 23 heures, elle cuisine un tiramisu, le meilleur de France ! Jean-Christophe Cambadélis déclare : « Avec elle, ça rit, ça gueule... [Un temps.] Ça pète ! »... Ça doit être le tiramisu.

Elle se libère totalement. C'est presque une Ségolène, une Ségolène light – ça, je sais que c'est un compliment qui va la toucher.

Elle s'est métamorphosée. Il paraît même qu'elle aime se faire chambrer, c'est Bruno Julliard son lieutenant qui l'affirme : « Avec Martine, la parole est libre, très libre. On peut se parler de tout, même se moquer les uns des autres. »

Eh bah, dis donc… Quand Martine va apprendre que France Inter voulait m'empêcher de déconner sur elle… Ça va chauffer, je vous le dis ! Le magazine *Gala* l'écrit en gros : « Martine une authentique bout-en-train qui mène son monde à la baguette » ! On rigole, mais ça peut péter à tout moment.

Allez, à lundi. Je vous parlerai de la Guadeloupe.

Salon de l'agriculture sous haute surveillance

23 février 2009

Aujourd'hui à l'Élysée, on respire : la visite de Nicolas Sarkozy au Salon de l'agriculture s'est très bien passée. Il faut dire que tout avait été prévu dans les moindres détails afin d'éviter un nouvel incident du type « Casse-toi pauv'con ! »

Des mesures simples : repérer le parcours, éviter le stand Guadeloupe et surtout, la grande idée : convier des centaines de militants UMP à venir faire la claque sur le passage du Président.

Quand on regarde les images de près ça n'est pas très naturel : dans la situation actuelle, quelqu'un de censé ne peut pas crier en sautant de joie : « Vas-y, Nicolas, continue ! » Continue quoi ?

Je me demande si, en plus du faux public, le staff du Président n'avait pas mis de faux agriculteurs : des ministres déguisés. Il y avait un type complètement torché à la dégustation des vins d'Alsace, on aurait dit Jean-Louis Borloo.

En face, découpant du boudin, j'ai cru reconnaître Mme Boutin... Derrière, très snob, s'occupant exclusivement des produits du terroir : Rachida Dati. En tout cas, j'en suis sûr, celle qui criait : « Elle est bonne, elle est bonne ma morue ! » c'était Nadine Morano.

Dans le hall principal, filtrant les entrées avec une tête de traître : Éric Besson, toujours coaché par le grand blond dégarni qui a du mal à raccrocher : Brice Hortefeux. Il lui répétait sans cesse : « Les basanés avec des sacs Tati, tu me les mets sur le côté ! »

Mais surtout, Julie Imperiali, le coach physique du Président, lui a appris à garder son calme, quoi qu'il arrive et en toutes circonstances, grâce à différentes disciplines : yoga, tai-chi et, tout particulièrement, la sophrologie qui consiste à « envisager son rapport au monde avec moins de distorsion spatiale afin d'amener son schéma corporel à plus de réalité vécue ». Plus simplement, à ne pas répondre « casse-toi pauv'con » si on vous énerve.

Julie Imperiali, pour vous la situer, c'est une amie de Carla Bruni rencontrée au Ritz... (Oui, cette chronique ne s'adresse absolument pas aux pauvres.)... et, depuis quelques mois, elle apprend au Président à tonifier son périnée. Ça sert à plein de choses, le périnée : améliorer sa silhouette, sa libido, rééquilibrer sa démarche. Si celle du Président évoque de moins en moins celle d'un manchot sur la banquise, c'est grâce à Julie.

Pour parvenir à garder son calme, Nicolas a dû effectuer toutes sortes d'exercices, comme se faire pourrir par un sidérurgiste de Gandrange sans répondre. À Gandrange, il a fallu tirer au sort : tout le monde voulait pourrir le Président.

C'est un Roger qui a gagné, l'exercice est supervisé par Julie :

[Voix Julie :] À mon signal, Roger, vous pourrissez le Président. Prêt, Nicolas ?

[Voix Sarko :] Oui, je suis prêt, Julie.

[Voix Julie :] C'est parti ! Plaisantez sur la taille du Président... Très bien ! Dites-lui qu'il est mal foutu... Moquez-vous de ses tics, maintenant... On dirait Vincent Lindon... Belle attaque, formidable ! Et vous, Nicolas, vous dites quelque chose de gentil à Roger !

[Voix Sarko :] Je vais te faire la peau, fils de pute.

[Voix Julie :] Stop, stop, fin de l'exercice ! Roger a raison, Nicolas, si vous tremblez comme ça au Salon de l'agriculture, c'est dangereux : dans une ferme, c'est tout le troupeau qu'on abat.

Au final, le coaching de Julie a été payant, une visite éclair du Salon : une heure et demie au pas de charge (quand Chirac y passait la journée), un morceau de tomme picoré et une gorgée de lait aromatisé. Là, ils ont eu peur, quand tu bois du lait dans un monde aussi viril que le Salon de l'agriculture, c'est prendre un risque !... Mais Julie l'avait bien fait bosser sur cette phrase : « Alors, on boit du lait, la fiotte ?! » Nicolas devait répondre : « À votre santé, mes amis ! »

Une ambiance bon enfant, quelques plaisanteries de corps de garde, notamment au moment de croiser le taureau Jocko, reproducteur hors-norme : 1,8 million de paillettes de sperme pour un total de 100 000 génisses engrossées. Les « Salut DSK », « Comment ça va Dominique ? » ont fusé !

À ce moment-là, le chef de l'État s'est tourné vers son secrétaire : « Dites-moi, faut surtout pas que Dominique trouve les coordonnées de Julie. Si elle lui fait travailler son périnée, ça améliore les relations sexuelles, dans son cas c'est une tragédie ! »

Bon, prochaine étape : une sortie en banlieue. C'est Fadela Amara qui l'a annoncé dans la presse. Il faudra que le Président pense à intensifier ses cours avec son coach....

Pas de Rolex à 50 ans !

25 février 2009

Ce matin, j'aimerais revenir sur la fameuse phrase de Jacques Séguéla : « Si à cinquante ans, on n'a pas de Rolex, c'est qu'on a raté sa vie. » Depuis, Jacques s'est excusé : « C'est la plus belle connerie de ma carrière ! »

Non ! Il est beaucoup trop modeste. D'abord sa carrière n'est pas finie et puis des conneries, il en a dit d'énormes. Dans le monde du bêtisier, c'est un dieu vivant, respect total !

Je me demande même si Séguéla ne serait pas une des plumes de Sarkozy. La phrase : « Désormais, quand il y a une grève en France, personne ne s'en aperçoit ! » On y retrouve la patte de Séguéla, ce style tout en retenue, en finesse, très classe.

Si à cinquante ans on a raté sa vie parce qu'on ne possède pas une Rolex, est-ce qu'on a forcément réussi la sienne quand on en possède plusieurs ? Julien Dray en ce moment, question réussite...

Bon, sur le fond, Séguéla n'a pas totalement tort. Cinquante ans et toujours pas une Rolex, on est un peu de la loose ! Appelons un chat un chat !

226

« Pourquoi les pauvres restent pauvres ? » Je crois que ça pourrait être un très bon sujet de conversation lors d'un futur dîner chez Séguéla.

En tout cas, c'est une phrase qui arrive au bon moment. Deux millions de travailleurs pauvres, plus de 100 000 SDF. Et là, bang ! Une vieille baudruche cramée aux UV qui balance à la télé : « Tous ceux qu'ont pas de Rolex à cinquante balais sont des ratés ! »

Mais ça, c'est le talent des publicitaires... ils sentent l'air du temps ! Ils savent !

Cette phrase, si on y réfléchit, c'est une version un peu plus musclée du « Travailler plus pour gagner plus ». Elle est hyper-motivante : le RMiste de quarante-neuf ans et demi, il sait qu'il a encore six mois pour bouger son cul, trouver un vrai boulot et gagner enfin 4 000 euros pour aller chez Rolex !

4 000 euros premier prix. Ah ouais, il y a de très beaux modèles, comme les Daytona qui vont taper dans les 100 000 !

Et là je trouve que Séguéla a plutôt été chouette de ne pas préciser le modèle... Du coup, ça laisse quand même une chance à pas mal de monde.

Ç'a été un grand publicitaire, Séguéla : « La Force tranquille », c'est lui ! Pourtant, j'ai beau me remémorer l'affiche avec Mitterrand et le petit village derrière, j'ai pas le souvenir qu'il portait une Rolex, Tonton ? Et il avait plus de cinquante ans ! Mitterrand qui aurait raté sa vie, c'est un scoop !

Vous me direz... Il y a aussi le riche qui a les moyens de s'acheter une Rolex et qui s'en fout. Celui-là, pour Séguéla, c'est un mystère. Jacques adore étinceler. Quarante ans d'UV. En pleine nuit, il brille. C'est le seul Français en voiture à être dispensé de gilet jaune.

Être riche et ne pas le montrer, c'est du gâchis ! Observez un milliardaire sur son yacht à Saint-Trop. Son vrai trip, ce n'est pas la navigation, c'est de sentir sur lui le regard de cette foule envieuse, ces congés payés qui le font rêver. Et lui reste distant, lointain, inaccessible... Tous ces ratés qui portent des montres bas de gamme : Festina pour les moins pauvres, Swatch pour les indigents... Quelle vulgarité !

La phrase de Séguéla n'est pas grave, on en trouve plein d'autres du même acabit. Tenez, l'autre jour, dans *Gala*, Victoria Beckham déclarait : « Si vous cherchez à vous habiller dans de petites tailles, 33-34, faites vos courses au Japon. » C'est vrai, on n'y pense pas ! On n'a pas le réflexe, on est cons !

Soyons justes, Séguéla est l'auteur de très belles formules : « Ne dites pas à ma mère que je suis dans la publicité, elle me croit pianiste dans un bordel ! » Excellent titre !

Faudrait le réactualiser : « Ne dites pas à ma mère que je choisis les femmes et les Rolex du Président, elle me croit publicitaire chez les socialistes. »

Je voudrais avant de conclure attirer votre attention sur un événement. Ça s'est passé il y a quelques jours à Villefranche-sur-Mer, le roi du nickel russe Mikhaïl Prokhorov, quarante-trois ans, a renoncé à l'achat de la villa Leopolda pour 500 millions d'euros. Du coup, il risque de perdre 39 millions d'euros d'arrhes.

Moi, je dis qu'à quarante-trois ans, si on n'est pas capable de s'offrir la villa Leopolda, c'est qu'on a raté sa vie. Il a quel âge a Séguéla ? Soixante-quinze ? Ouh là !

Allez, à demain, bande de loosers !

Enfin la reconnaissance du Président !

3 mars 2009

Alors, ce matin, je suis à la fois ravi et flatté, il paraît que le président de la République s'est plaint de moi la semaine dernière dans l'avion qui le ramenait de Rome. Il trouve mon humour inadmissible, notamment ma chronique sur DSK.

C'est ma chronique qu'il trouve inadmissible. Pas le fait que DSK se soit tapé sa collaboratrice, là-dessus il n'a rien dit !

En tout cas, ce courroux présidentiel m'honore. Naïvement, je pensais qu'il ne savait même pas qui j'étais et là, d'un coup, j'apprends que non seulement il me connaît, mais qu'en plus il déteste mon travail !

Il s'est lâché. Souvent dans les avions, on se laisse aller à des confidences. En plus, il venait de passer plusieurs heures avec Berlusconi. Berlusconi, ça désinhibe n'importe qui. Tu te dis : si lui, il ose, moi aussi !

Le président de la République qui ne peut pas me blairer, c'est une consécration. Ça vient récompenser vingt ans de travail : j'ai commencé à balancer des saloperies sous Mitterrand, sous Chirac... Ça ne marchait pas, ils s'en foutaient... Et là enfin, ça paie : j'énerve un président en place. C'est un message d'espoir pour tous les humoristes qui galèrent.

J'ai appelé mon parrain dans le métier, Guy Bedos, qui lui a été interdit de télé pendant sept ans sous Giscard : il était super-ému. Il m'a dit : « C'est bien, je suis fier de toi. Parvenir à énerver le nain uniquement avec une chronique, c'est formidable. Continue, ne lâche rien ! »

Après, j'ai appelé mon père, je lui ai dit : « Tu sais papa, j'ai une grande nouvelle à t'annoncer : le président Sarkozy déteste mon travail ! » Il pleurait comme un gosse au téléphone. Mais bon, pour comprendre, il faut savoir que les « Guillon » sont une longue, longue dynastie d'enculés. Mon grand-père était un enculé, mon père était un enculé et mon fils est une belle ordure !

J'espère que le Président a vraiment détesté mon travail... Tout à coup, j'ai un doute... Parce que bizarrement, les deux papiers qu'il trouve « inadmissibles » sont ceux sur DSK et Martine Aubry, ses adversaires principaux. Quelque part, je lui prépare la route pour 2012... ?

Si ça se trouve, en fait, il adore mon travail... Les boules, les super-boules ! Mais bon, j'ai du mal à l'imaginer le soir en caleçon regardant ma chronique sur internet. « Carlita, viens voir, y a Guillon qui dézingue DSK, c'est à mourir de rire. C'est bien, mais c'est en dessous de la réalité. Dominique je l'ai croisé au FMI, à côté, Lucky Luke, l'homme qui tire plus vite que son ombre, c'est un enfant de chœur ! »

Une chose est sûre : Carla Bruni aime mes papiers. Ah bah oui, à partir du moment où elle a adoré *Belle-Amie*, le livre qui dézingue Rachida Dati, elle aime mon travail... Le massacre c'est comme le polar, c'est un genre. Si vous aimez, vous aimez tout.

Là où je lui en veux un peu au Président – juste un peu, c'est le Président –, c'est qu'après avoir dit qu'il détestait mon travail, il a annoncé qu'il ne reconduirait pas le patron d'Inter dans ses fonctions. Du coup, tout le monde va croire que c'est de ma faute !

C'est fou les conséquences d'un événement : si Piroska Nagy s'était doutée que, en se laissant culbuter un soir sur une photocopieuse à Washington, elle changerait le destin d'une grande radio de service public en France ! C'est le battement d'ailes du papillon : une antenne sortie au FMI brouille des mois plus tard une fréquence de la FM !

La druckerite

4 mars 2009

Je n'ai pas de véritable papier ce matin, Nicolas, je suis confus, mais j'ai eu un petit problème de santé hier après-midi. J'ai fait une druckerite aiguë.

NICOLAS DEMORAND : Une quoi ?

Une druckerite ! C'est arrivé d'un coup : je lisais la presse, je cherchais un sujet d'actu pour ma chronique, quelque chose qui me révolte un peu et… rien, impossible d'être méchant, je trouvais tout super. J'aimais tout le monde, tout le monde !

C'est très anxiogène. Tout de suite j'ai téléphoné à Isabelle Giordano qui, elle, est atteinte d'une druckerite en phase terminale. Elle a été super-gentille, elle m'a dit : « C'est mieux pour toi. En plus, avec le changement de présidence à Radio France, il valait mieux que tu te calmes ! »

Elle est gentille, Isabelle. Du coup, je lui ai demandé de ses nouvelles. Elle m'a répondu : « Pas terrible, j'aurais tellement aimé que les *Ch'tis* décrochent une dizaine de césars, quel chef-d'œuvre absolu ! »

J'ai raccroché en sachant qu'elle était foutue.

Je ne sais pas comment j'ai chopé ce truc. Le contre-coup sans doute. Depuis dix jours, j'ai énormément donné.

J'ai vécu mes plus belles heures : le président de la République et le directeur du FMI qui déclarent détester mon travail... Je ne pouvais pas aller beaucoup plus haut... Le pape peut-être ? Barack Obama ? Non, lui, il a de l'humour !

Non, j'étais dans un état préoccupant : Après mon coup de fil à Isabelle, ça s'est encore dégradé... J'ai quelques vagues souvenirs... Je me revois parcourant une biographie d'Éric Besson en me disant : « Quelle droiture cet homme ! »

J'ai aussi pensé à Rachida Dati... à tout ce qu'elle avait apporté de formidable aux prisons françaises, aux conditions des détenus... Et en même temps je me disais : « Elle aurait dû penser un peu plus à elle, à son confort personnel ! »

J'ai aussi écrit un texte intitulé : « Bernard Laporte : l'intelligence en mouvement ».

Oui, ça empirait au fil des heures !

Après c'est le trou noir, plus rien : quand la crise est très aiguë, on oublie tout. Muriel, ma femme, m'a retrouvé dans mon bureau en train de chanter *On va s'aimer* de Gilbert Montagné.

J'étais habillé en judoka et je tapais sur mon clavier d'ordinateur en secouant la tête. J'avais l'air dingue. Elle m'a demandé ce que je fabriquais... J'ai répondu : « Je fête l'entrée de Gilbert Montagné à l'UMP. Il décroche le secrétariat au Handicap et David Douillet : le sport ! »

– Ah, c'est pour ça le kimono ! s'est exclamée Muriel.

– Oui, oui, c'est pour ça : j'adore Douillet ! Et puis rends-toi compte ! Deux millions de travailleurs pauvres en France, 300 000 chômeurs prévus en 2009, la Bourse au plus bas depuis six ans. On attendait un signe fort du gouvernement, quelque chose qui nous transcende, qui nous redonne espoir, eh bien ça y est, on l'a ! Gilbert Montagné au Handicap, David Douillet aux Sports !

[Musique : *On va s'aimer* de Gilbert Montagné.]

Muriel a préféré quitter la pièce et moi je me suis replongé dans la presse... La suite est terrible : ma druckerite a atteint son paroxysme. Quand j'ai lu que les époux Tibéri risquaient un an de prison avec sursis, je me suis roulé par terre, j'ai hurlé comme une bête : « Non, pas eux, pas des gens aussi délicieux... Pas les Tibéri, ce sont des saints, il faut les canoniser ! »

SOS Médecins est arrivé, le gars a été super. Tout de suite, il a dit à ma femme : « Druckerite stade 5, faut faire vite. » Puis, très calmement, il m'a rappelé qui étaient les Tibéri. L'affaire des faux électeurs. Les magouilles, les intimidations quotidiennes pratiquées sur le personnel de l'Hôtel de Ville par l'horrible Xavière. « Les Tiberi, m'a-t-il dit, ce sont les Ceausescu de la Mairie de Paris ! »

Ça m'a fait vachement de bien, j'étais tiré d'affaire !

Il m'a quand même prévenu : « Jusqu'à dimanche, rien, repos complet. Redites une saloperie par jour, puis deux, puis trois, et vous augmentez les doses. Et si parfois une gentillesse vous vient, c'est pas grave, laissez-vous aller ! »

D'ailleurs à ce propos, Nicolas, ça me ferait super-plaisir qu'on écoute une chanson de notre nouveau secrétaire au Handicap... [Chanson.] C'est sublime... Les paroles sont magnifiques... il y a une poésie, un sens de la rime. C'est bien de s'occuper du handicap, mais il ne faut pas se voiler la face, la chanson va perdre un de ses très, très grands interprètes.

Je vous dis à lundi, je serai guéri !

Week-end au Mexique !

9 mars 2009

On est très tranquilles depuis jeudi soir, je ne sais pas si vous avez remarqué ? Le pays semble s'être arrêté. Il y a une impression de calme, de sérénité retrouvée...

Ça pourrait presque être inquiétant et puis non, il existe une vraie raison : les Sarkozy sont partis au Mexique.

Eh oui, ça fait du bien, ce sentiment de liberté retrouvée, hein ? On peut de nouveau s'éclater, plaisanter, tout dire : Rachida Dati peut mettre une robe de soirée, Jean-Paul Cluzel, le président de Radio France, un déguisement de catcheur... On peut même imaginer l'inverse : Rachida en catcheuse et Cluzel en robe de soirée... Si ça se trouve, c'est Cluzel le père de la petite Zohra Dati... À la garden-party de l'Élysée, il aurait voulu la protéger des assauts de Dominique Strauss-Kahn. Il aurait fait semblant de l'embrasser... Ce serait parti en vrille. Du coup, DSK dépité se serait tapé Jean-Louis Borloo ivre mort et c'est pour cette raison que Roselyne Bachelot, témoin de toute la scène, souhaite interdire les open bar.

Oh ! C'est bon de pouvoir rigoler !

Quand les Sarkozy sont en vacances, les Français dansent !

On ne peut pas dire non plus n'importe quoi dans le micro... Y a toujours Claude Guéant à l'Élysée qui prend des notes et qui après rapporte au chef.

En récompense, Sarko lui tire l'oreille comme Napoléon Bonaparte, et l'autre il est heureux pour la semaine.

À moins qu'il s'éclate aussi, Claude Guéant ? Si ça se trouve, à la minute où je vous parle, il est déguisé en catcheur tatoué et il s'amuse ? [Voix efféminée :] « Va savoir ce qui se passe quand le patron n'est pas au château... Plein de choses, on s'amuse comme des fous ! »

GUÉANT : Monsieur le Président, monsieur le Président !

SARKOZY : Oui, Claude ?

GUÉANT : En votre absence, Stéphane Guillon m'a traité de catcheur tatoué au micro de Radio France, une grande radio de service public. Il a également sous-entendu que DSK se serait tapé Jean-Louis Borloo à la garden-party de l'Élysée alors qu'il était ivre mort...

SARKOZY : Je vais regarder tout ça sur Dailymotion, j'adore Guillon, ça me détend... Dites-moi, Claude, le thème de ce soir à l'Élysée c'est « soirée mexicaine », j'ai ramené des sombreros pour tout le monde... Venez en catcheur si ça vous amuse et dites à Cluzel de passer !

Oh ! C'est bon de pouvoir tout dire !

Depuis jeudi, Carlita et Pepito sont à Mexico. Trois jours de villégiature avant leur visite officielle. Ils font souvent ça quand c'est une destination chic et ensoleillée, Nicolas prend ses RTT. New York en septembre, le Brésil à Noël, Megève il y a quinze jours.

237

Pour d'autres destinations, ils s'attardent moins : Saint-Lô, Vaulx-en-Velin, Gandrange… Là, ils arrivent au tout dernier moment. Et si Carla a oublié son maillot de bain Eres, c'est pas grave !

Leur voyage officiel démarre ce matin à Los Pinos, c'est le nom de la résidence du Président mexicain. C'est aussi le surnom de DSK au Mexique : Los Pinos !

Évidemment, l'Élysée avait recommandé la plus grande discrétion autour de cette escapade mexicaine. Crise oblige.

Quand on sait qu'une frange importante de la population se nourrit désormais de produits périmés, parce qu'ils sont moins chers, on ne va pas crier sur les toits : « Je pars trois jours à Acapulco manger des tapas ! »

Ils devaient être discrets et pas de bol, jeudi soir, alors que Carla présidait une soirée caritative au pavillon d'Ermenonville, ne réussissant pas à contenir sa joie de petite fille qui part en voyage, elle a vendu la mèche : « Dans une heure, Nicolas et moi partons pour le Mexique ! »

Bon, demain le Président rentre de voyage, la fête est finie.

On range ses déguisements et de nouveau on fait attention à ce qu'on dit. Je ne veux aucune réflexion sur la prétendue vulgarité d'un week-end au Mexique alors que les Français se serrent la ceinture.

On mange ses yaourts périmés avec le sourire !

Si à votre âge vous n'avez pas les moyens de partir au débotté à l'autre bout du monde pour déguster une langouste arrosée d'une piña colada, c'est que franchement vous avez merdé !

Éric Besson contre le cinéma hors la loi

10 mars 2009

J'ai lu dans la presse que notre sémillant ministre de l'Immigration Éric Besson n'aimait pas le nouveau film de Philippe Lioret : *Welcome*.

Du coup, ça va faire un carton !

Éric Besson, il suffit qu'il dise qu'il n'aime pas un film pour que tout le monde s'y précipite. Ils vont battre les *Ch'tis* !

N'oubliez pas vos papiers, il risque d'y avoir des contrôles à la sortie. Le bonhomme est rancunier !

Welcome, c'est l'histoire d'un clandestin à Calais qui apprend à nager dans une piscine afin de rejoindre l'Angleterre à la nage.

Pour nous, Français, aller en Angleterre, c'est très simple, il suffit de se rendre gare du Nord, de prendre un billet d'Eurostar et, deux heures plus tard, on est au cœur de la City.

Mais pour un Afghan c'est beaucoup plus compliqué. Il doit y aller à la nage ou se dissimuler sous les essieux d'un 33 tonnes.

Le Soudanais, l'Éthiopien, le Malien : même chose.

Le clandestin a une approche très particulière du voyage. Par exemple, il ne prend jamais de billet d'avion, il préfère se glisser discrètement dans un train d'atterrissage. Ce qui est beaucoup plus dangereux qu'en cabine.

Lorsque les roues de l'avion rentrent dans la carlingue, elles broient le clandestin.

L'Éthiopien, bien plus fin que l'Afghan, arrive à se glisser sur le côté, mais meurt congelé une heure plus tard.

À moins quarante, on a beau multiplier les épaisseurs de vêtements… En plus ce sont le plus souvent des fringues de mauvaise qualité – on imagine difficilement un clandestin s'offrir un cachemire triple fils ou une doudoune Moncler !

Toujours est-il qu'Éric Besson a détesté *Welcome*. Cette histoire de clandestin qui apprend à nager pour gagner l'Angleterre, ça le met hors de lui. Au bout de dix minutes, il a quitté la projection. Il a croisé Christine Boutin qui, elle, sortait furieuse du film *Harvey Milk*, avec Sean Penn… « Une histoire de pédés. »

D'ailleurs, le cinéaste qui veut agacer Besson et Boutin à la fois, il faut qu'il écrive l'histoire d'un sans-papiers homo qui traverse la Manche à la nage.

Besson est pour le respect des lois. Aider un sans-papiers est passible de cinq ans de prison ferme… (Non, non : truquer des élections, mettre en danger la démocratie, c'est dix mois avec sursis, pas plus !)

En même temps, si Lioret avait filmé pendant deux heures un gars dans l'Eurostar se rendant en Angleterre avec des papiers en règle, ç'aurait fait chier tout le monde. Même avec un très bon Lindon dans le rôle du contrôleur.

Ce film n'en demeure pas moins hors la loi ! Il faut réagir ! Si on ne fait rien, demain Vincent Lindon tournera un film dans lequel il entraînera un sans-papiers à résister à des froids polaires.

L'intrigue : Bilal, jeune Kurde, veut prendre l'avion pour l'Angleterre. Lindon, responsable surgelé chez Picard, l'entraîne à rester plusieurs heures dans un compartiment réfrigéré. Le film démarre sur le visage frigorifié de Bilal reposant sur une pile de pizzas quatre fromages.

Pour Éric Besson, Philippe Lioret a franchi la ligne jaune : suggérer dans un film que la police française c'est la police de Vichy, que les Afghans sont traqués et martyrisés, c'est insupportable !

Ah bon ! Le film de Lioret ne serait qu'une pure fiction ? ! Il aurait tout inventé ? !

Pourtant, d'après les associations humanitaires présentes à Calais, le réveil de l'Afghan est souvent viril : coups de matraque pour mettre les idées au clair, gaz lacrymogènes pour désinfecter matelas et couvertures. On est loin du café-croissant.

C'est bizarre de les traiter comme ça ! En plus, les chiffres sont formels : il n'y a aucune délinquance à Calais. Dans son pays, le migrant a fait des études, il est généralement cultivé et courtois. Son seul défaut, ça doit être cette façon si particulière de préparer ses voyages, je ne vois que ça !

Vous êtes deux millions à nous écouter. Allez voir *Welcome* de Philippe Lioret. Vous verrez un bon film et vous ferez chier Besson : double plaisir !

Rien sur Ségolène Royal

11 mars 2009

Ce matin, la joie règne dans les couloirs de France Inter, toute la rédaction du « 7-10 » est en transe, dans quelques minutes nous recevrons notre idole à tous, notre petite chouchoute : la belle, la fantastique, la sensuelle Ségolène Royal. [Applaudissements.]

Thomas Legrand et Fabrice Drouelle n'auraient pas dû applaudir. Vous êtes quand même des journalistes du service public, les gars !.., tenus à une relative neutralité.

Mais bon, comment leur en vouloir ? Le cœur de France Inter bat à gauche, tout le monde le sait, tout le monde l'écrit ! En plus, il existe au sein de la station un énorme nid de « ségolénistes ».

Quand on sait, par exemple, que Françoise Degois, l'auteur de *Femme debout*, merveilleux ouvrage à la gloire de Ségolène, remplace parfois Thomas Legrand dans son édito politique, on a tout dit !

En attendant, ici, c'est la fête, traitement de faveur pour Ségolène : ce matin, les croissants viennent de chez Ladurée et un pur arabica remplace l'habituel jus de chaussette.

Et comme toujours, ça va être la bagarre pour récupérer la tasse dans laquelle la madone du PS aura trempé ses lèvres...

Nicolas Demorand possédait déjà deux tasses et puis la semaine dernière, la femme de ménage les a lavées... La connasse ! C'était déjà elle qui avait jeté le vieux cigare cubain mâchouillé par le Che deux heures avant sa mort.

Aujourd'hui, exceptionnellement, Fabrice Drouelle remplace Nicolas Demorand tombé malade... (La pression sans doute.) Fabrice a préparé son interview politique avec le concours de Ségolène. Il s'est rendu très tôt à son domicile où un styliste, une maquilleuse et un coiffeur étaient déjà sur place.

Aucune question qui fâche... Fabrice s'est inspiré pour cela de la célèbre méthode d'interview : « Je fais briller mon invité coûte que coûte » coécrite par les journalistes Laurence Ferrari et David Pujadas aux éditions Delalèche.

Nous avons toutefois un petit problème, je préfère vous le dire... Martine Aubry est aussi dans nos locaux. Elle était à France Culture et elle a déboulé y a dix minutes sans prévenir... Ça se passe très mal, elle nous fait une crise de jalousie : « Pourquoi vous la recevez encore, elle ? Quand on plaît à tous les hommes, on n'a pas besoin d'être numéro 1 à France Inter[1] ! »

Le directeur d'antenne a tenté de la rassurer en lui disant qu'elle nous était aussi très chère... Sans lui préciser qu'après son passage, sa tasse à café servait de cendrier à Nicolas Demorand.

---

1. Quelques jours auparavant, Martine Aubry a déclaré au sujet de Benoît Hamon : « Quand on plaît à toutes les femmes, on n'a pas besoin d'être n° 1 du PS. »

Après, la situation s'est envenimée : « Et ce p'tit con de Guillon qui m'attaque toujours sur mon physique, est-ce qu'il aurait les couilles de dire à Ségolène qu'elle s'est fait limer les dents, botoxer le front et liposuccer les hanches ? »

Non, non désolé je n'ai pas ce courage, comme tout le monde ici j'ai des consignes : « Rien sur Ségolène ! » Notre président Jean-Paul Cluzel lui voue un culte absolu. Il l'aime comme... Delanoë aime Dalida. Il possède tous ses discours en DVD, il a acheté aux enchères le sari indien qu'elle portait au Zénith et il met le même parfum qu'elle, du Chanel nº 5.

C'est un conseil de Dominique Besnehard, le gourou de Ségolène : « Si t'aimes Ségo, fais comme moi, mets son parfum, t'as l'impression qu'elle t'accompagne, qu'elle est sur toi, c'est fantastique. En revanche, si t'es convoqué à l'Élysée par Claude Guéant, t'en mets pas, déjà les tenues de catcheur, ça t'as joué des tours, il ne va pas te louper, le Guéant... Allez, courage mon Jean-Paul ! »

Aucune vacherie sur Ségolène, désolé. D'ailleurs, pour ne pas l'énerver, j'ai récupéré tous les exemplaires du fameux *Paris-Match* qui traînaient à Radio France.

C'est dommage qu'on ne puisse pas déconner là-dessus. Elle a l'air très amoureuse dans les rues de Marbella. Et puis il a une bonne tête, son mec... André. Pas beaucoup plus sexy que François Hollande... Ça se comprend, quand t'as vécu trente ans avec Hollande, tu ne peux pas te jeter directement dans les bras de Brad Pitt. C'est comme en plongée, t'as des paliers à respecter.

En tout cas, il a l'air serviable, il lui porte son sac. Avec Ségolène, c'est un minimum, si tu ne lui portes pas son sac, t'as aucune chance que ça dure. [Voix

Besnehard :] « Ah bah, Ségo, c'est une princesse, c'est une diva, c'est la plus grande ! »

Ah ! On me fait signe de m'arrêter. Jean-Paul Cluzel agite les bras derrière la vitre... Pourtant j'ai pas dit grand-chose... C'est vraiment une radio pro-Ségolène, France Inter !

Sarkozy dort chez Tony Montana

17 mars 2009

Ce matin, j'aimerais revenir sur le week-end mexicain des Sarkozy. Chaque fois que le Président prend du bon temps, c'est la même rengaine : le yacht est trop grand, l'hôtel trop luxueux, pourquoi partir si loin ? pourquoi en Falcon ? qui va payer la note ? le contribuable ? Bolloré ? Si c'est le contribuable, ce n'est pas normal, si c'est Bolloré, ça l'est encore moins...

Ah, ce n'est jamais simple : il y a quinze jours, à Megève, le Président a exigé cinq 4 × 4 Nissan flambant neufs pour aller skier, et de nouveau ça jase : « Nissan qui appartient en partie à Renault vient de licencier 20 000 personnes, est-ce que c'était le moment de prêter gracieusement des 4 × 4 ? »

Les gens sont chiants !

Les 4 × 4, c'était pour transporter ses dix-neuf gardes du corps, chargés d'éloigner les journalistes. Raison d'État : Sarkozy qui fait du chasse-neige, si les photos sortent dans la presse, c'est une catastrophe !

En tout cas, je ne sais pas qui organise les déplacements du Président, mais ça ne peut plus durer. Il faut que Sarkozy change d'agence de voyages… ou qu'il nomme lui-même les directeurs d'agences !

Pour le Mexique, il s'est fait enfler : 50 000 dollars les trois nuits… ! Sur le site Privilèges Voyages, je trouve quinze nuits en cinq étoiles, pieds dans l'eau, pour 5 000 dollars : dix fois moins !

Cela dit, l'endroit où ils ont séjourné, l'El Tamarindo Beach, c'est somptueux : villa en bord de mer, grande suite avec terrasse et Jacuzzi privatif. Féérique ! En plus, en période de crise, on profite mieux. Comme dit Guy Bedos : « Ce n'est pas le tout d'être heureux, encore faut-il que les autres soient malheureux ! »

Certes, l'endroit est magique, mais le problème, c'est l'identité du propriétaire : le milliardaire Roberto Hernandez Ramirez, qui possède 43 kilomètres de plage baptisés par les habitants « le triangle de la cocaïne ».

Le Mexicain est mauvaise langue. Roberto, c'est un mec hypra-cool… physiquement, on dirait Al Pacino dans *Scarface* : très typé, chemise hawaïenne ouverte, disant « *Fuck* » toutes les deux secondes… Il souffre malheureusement d'un problème de sinusite… [Reniflement ostentatoire.] … il n'y a rien à faire, ça ne guérit pas.

La réputation sulfureuse de Roberto est très exagérée. La vérité… je vais vous la dire… la vérité c'est que ses 43 kilomètres de plage abritent des buvettes et qu'il préfère les ravitailler de nuit pour ne pas emmerder les vacanciers.

C'est une très belle réussite, Roberto : cinquante-sept ans, une Rolex en diamant à chaque poignet. Il en possède une à l'heure mexicaine et l'autre à l'heure colombienne – son principal fournisseur en… en boissons !

Le week-end des Sarkozy s'est très bien passé... D'ailleurs, je vous ai rapporté un son. C'est un reportage France Inter, signé Caroline Cartier.

[Musique du *Parrain*.]

Il est une heure du matin, sur la terrasse de l'El Tamarindo Beach, Nicolas Sarkozy, sanglé dans un magnifique peignoir nid d'abeille, hume la fraîcheur de l'air marin... Tout d'un coup, son regard est attiré par des silhouettes qui s'agitent :

SARKOZY : Carlita, viens voir, y a des petits bateaux de pêche qui sont en train d'accoster sur la plage de Roberto, c'est absolument magnifique !

CARLA : C'est pas des bateaux, mon Pépito... Je t'expliquerai... Allez, viens te coucher...

SARKOZY : Et les deux hélicos qui se sont posés juste à côté... J'ai demandé à Roberto, c'est pour que le poisson arrive plus frais demain à Mexico.

CARLA : Viens te coucher, mon chéri... Compte les chômeurs de ce mois-ci, à chaque fois ça t'endort.

À ce moment précis, Nicolas rejoint son lit : un king size double couette.

SARKOZY : Faut que j'te raconte ma Carlita, tout à l'heure, j'ai voulu faire un Jacuzzi, y avait déjà trois filles à l'intérieur qui m'ont dit : « *Welcome mister President !* »

CARLA : C'est compris dans la chambre, mon Pépito, c'est comme le minibar, c'est à volonté... Allez dors !

SARKOZY : En tout cas c'est une super-adresse, très classe, très raffinée, j'en parlerai à Berlusconi et à Séguéla !

Bon, Nicolas a passé un très bon séjour, mais à l'Élysée ils sont un peu gênés aux entournures... Le président de la République en week-end chez un narcotrafiquant, à l'heure même où Roselyne Bachelot interdit tout plaisir aux mineurs... !

Allez expliquer à un jeune qu'il ne peut plus consommer une bière au bistrot alors que son président est en week-end chez Tony Montana !

Pour arranger les affaires de l'Élysée, ce serait Roberto qui aurait réglé la note de l'hôtel : les 50 000 dollars.

Sarkozy ne voulait pas : « Écoute Roberto, ça me gêne, c'est quand même une grosse somme, ça me gêne !

– *Hey fuck Nico, fuck, for me it's nothing, it's just a boat with fishes ! Ok, Nic' ? Keep cool !* » Je vous traduis : « Eh zut Nicolas, zut. 50 000 dollars, c'est rien pour moi, c'est juste un bateau rempli de poissons ! »

Le Président est reparti du Mexique très étonné par le prix du poisson. « Je ne pensais pas que la sole était aussi chère ici, ma Carlita ! »

Benoît XVI, Satan l'habite !

23 mars 2009

Pour commencer, un chiffre qui fait froid dans le dos, il provient d'un sondage du CSA : « 55 % des catholiques français ont une mauvaise opinion de Benoît XVI. » En six mois, le pape a perdu 36 points parmi ses ouailles. Un record d'impopularité sarkozien !

Un résultat qui ne doit rien au hasard : en quelques semaines, le pape a réintégré un évêque négationniste, excommunié une mère ayant fait avorter sa fillette de neuf ans violée, et enfin cerise sur le gâteau : dans un avion l'emmenant en Afrique, Sa Sainteté a déclaré que le préservatif ne réglait pas le problème du sida, mais qu'au contraire il l'aggravait.

Difficile de faire mieux, on attend avec effroi la prochaine déclaration papale. Peut-être la canonisation du bourreau autrichien Josef Fritzl ?

Aucun avortement à déplorer chez les Fritzl : les sept chiards illégitimes obtenus en violant sa fille aînée, papa Fritzl les a élevés à la cave et croyez-moi, ça devait faire un sacré raffut !

En France, la classe politique condamne l'attitude du pape : « Irresponsable, ignoble, autisme total, meurtre prémédité ». La réaction la plus violente émane de Xavier Bertrand qui déclare être « tombé des nues » ! Espérons que Xavier Bertrand adoucisse très vite ses propos...

Roselyne Bachelot se dit « catastrophée ». Pour elle, la déclaration du pape tombe très mal : la semaine dernière, elle interdisait aux jeunes l'alcool et la cigarette, il leur restait la baise... Et là-dessus le pape condamne le préservatif !

Une seule note discordante : celle de Christine Boutin... La ministre déclare qu'après avoir essayé de faire l'amour avec une capote, elle ne trouve pas ça très drôle.

À mon avis, l'expérience s'est soldée par un échec.

Faut dire aussi, c'est déjà extraordinaire qu'un homme parvienne à tenir une érection ferme pour Mme Boutin, si en plus de cela, on le coiffe d'un préservatif, les difficultés s'accumulent, ça devient impossible !

Bon, essayons de comprendre la déclaration du pape. Pourquoi pense-t-il que le fait d'utiliser un préservatif pourrait aggraver le problème du sida ?

D'abord, le pape n'a jamais fait l'amour. Il a dû avoir des érections dans sa jeunesse et puis il a résisté. Parfois, dans son sommeil, une pollution nocturne venait souiller ses draps de jeune séminariste. Ce qu'on appelle pudiquement chez nous une carte de France. Et qui chez lui devait s'appeler une carte d'Allemagne.

Ensuite, le pape n'a probablement jamais vu un préservatif de sa vie – à quoi ça ressemble, comment ça se met ? Il ne sait pas qu'il en existe avec différents parfums : à la fraise, à la banane... Mais que le plus courant n'a aucun goût, un peu comme une hostie. [Un temps.] Bah oui, si on doit expliquer la sexualité au pape, il faut le faire avec des références qu'il connaît.

C'est ça, la solution. Donner un cours d'éducation sexuelle au pape. Basique, évidemment, sans entrer dans les détails. Lui expliquer l'histoire de la petite graine, puis remplir une capote d'eau bénite : une vingtaine de litres, qu'il se rende compte que c'est étanche, qu'il n'y a aucun risque... Que ça ne peut pas aggraver le problème du sida en Afrique.

Il faut que le pape comprenne que ses ouailles doivent se protéger. Lui-même se protège bien dans sa Papamobile. Quelque part, la Papamobile est une grande capote.

Bon, après quarante-huit heures de réflexion, le bureau de presse du Vatican propose une version plus soft des propos du pape. Désormais, le préservatif « risque » d'augmenter le problème.

22 millions de personnes atteintes en Afrique. Ce serait bien que le pape fasse un exorcisme tout de suite : visiblement, Satan l'habite. Qu'il se prononce immédiatement pour le port de la capote... et, pour se faire pardonner, qu'il se déclare également favorable à l'anneau vibrant.

C'est un anneau en plastique vendu avec les capotes, il se place à la base de la verge et vibre sur le clitoris de la fille et là, croyez-moi, elle croit en Dieu. Ça devrait même plaire à Mme Boutin.

Martine se plante au Zénith

24 mars 2009

À France Inter, il n'est pas dans nos habitudes d'exprimer de la compassion à une personnalité politique. Mais ce matin, au nom de toute la station, je voulais dire à Martine Aubry à quel point nous sommes solidaires après l'énorme bide qu'elle a pris dimanche sur la scène du Zénith.

Moi-même, en tant que professionnel du spectacle, je compatis totalement.

Un bide monumental : à peine un millier de personnes dans une salle qui peut en contenir 5000. De mémoire d'ouvreuses, c'est du jamais vu. Même Lorie avait fait mieux...

Martine a vu trop grand, elle aurait dû commencer par une salle d'une centaine de places, puis aller dans un lieu plus vaste. Dans le métier, c'est une règle immuable : mieux vaut refuser du monde au Point-Virgule que remplir trois rangs au Zénith.

Les aubryistes ont pourtant tout fait pour sauver les apparences : ils ont modulé la salle, tiré des rideaux, banni les plans larges... et pour l'ambiance, ils ont fait venir de Lille dix autocars remplis de militants...

Tout le monde positivait à tout prix : « C'est pas si mal ! » s'exclamait Aubry, et Harlem Désir, chargé des missions délicates au PS, tapait frénétiquement dans ses mains en souriant. On aurait dit un père de famille encourageant le spectacle de danse de sa fille… Il sait que c'est nul, mais il faut que la petite le voit applaudir.

Quarante-huit heures après ce four historique, c'est l'heure du bilan. On s'interroge, les langues se délient : pourquoi un tel bide ? pourquoi Aubry au Zénith, ça ne fait que trois payants ?

D'abord, son élection à la tête du PS n'a pas été franche : une victoire très courte, de petits arrangements entre amis, le fait que Fabius ait probablement bourré les urnes de photocopies… tout ça crée un problème de légitimité.

Le public n'aime pas ça. Si j'achète un billet Polnareff, je ne veux pas qu'on me refile à la place du Obispo. Martine Aubry est à Ségolène Royal ce qu'Obispo est à Polnareff.

Pour nous donner envie, il faut que Martine trouve sa propre personnalité.

Depuis quelques mois, elle devient coquette, multiplie les mondanités, apparaît dans la presse people… elle devient une Ségolène bis.

NON… NON, on voit bien que ce n'est pas son truc, qu'elle se force, qu'elle va contre sa nature.

Quand elle pose dans *Gala* avec son mari, tout à coup, c'est *La Croisière s'amuse*. Alors que Ségolène et son mec, quand ils marchent dans les rues de Marbella, ça fonctionne, on sent qu'ils ont baisé tout l'après-midi : lunettes de soleil, démarche nonchalante… ça sent le cul !

Un exemple concret. Dans *Gala*, Martine conclut son interview en disant qu'elle fait le meilleur tiramisu

254

de Lille. Ce n'est pas glamour. Ségolène, son tiramisu, elle l'achète chez Picard et elle le fait décongeler en fumant un pétard avec Dominique Besnehard qui lui raconte les derniers ragots parisiens : « Tu sais quoi ma chérie ? Orlando s'est fait retirer sa prostate ce matin à l'Hôpital américain... Tu me diras, il s'en servait plus depuis longtemps... Qu'est-ce qu'il est bon ton tiramisu, ma poule ! »

Bref, la soirée au Zénith n'a pas marché, tout était raté : la mise en scène, le titre ; « Printemps des libertés »... encore plus con que « Fête de la fraternité ».

On imagine le brainstorming pour trouver ça...

[Voix un peu snob qui cherche l'inspiration] : « Liberté, liberté... Jeunesse des libertés ?... non... Naissance ?... Ah ! accouchement des libertés ?... Euh... Coucou, c'est moi, je m'appelle liberté ?... NON, c'est nul !!! »

Finalement, c'est Benoît Hamon qui a trouvé :

BENOÎT HAMON : Martine, Martine, voilà ce que je vous propose... « Printemps des libertés » ?

MARTINE AUBRY : C'est très beau, Benoît... comme vous... vous êtes très beau... Il y a combien de réservations au Zénith ?

BENOÎT HAMON : cinquante, Mme Aubry... en comptant votre famille. Votre père ne pourra pas venir, mais j'essaie de convaincre ma nièce...

MARTINE AUBRY : C'est très bien, Benoît, vous faites un boulot formidable... et puis le fait d'assortir vos yeux à votre caban, c'est très chic...

BENOÎT HAMON : J'ai quelques idées à vous soumettre pour le bureau politique, Mme Aubry.

MARTINE AUBRY : on en parlera plus tard… votre parfum, c'est Vetyvert, c'est ça ?

BENOÎT HAMON : Oui, c'est ça.

MARTINE AUBRY : Hum, sur vous c'est délicieux, Benoît…

Bon voilà, soirée… soirée à oublier très vite pour les aubryistes… il y en aura d'autres… *The show must go on*, comme on dit dans le métier.

J'espère en tout cas que vous avez tous noté la tenue vestimentaire de Martine au Zénith : un imperméable marron. Pour célébrer le printemps, il n'y a pas mieux !

« Y a d'la joie… bonjour, bonjour les hirondelles… y a d'la joie… »

La plume de Sarkozy

25 mars 2009

Aujourd'hui, en pleine « Semaine de la langue française », France Inter a souhaité recevoir la plume officielle du président de la République, M. Henri Guaino. Une invitation qui devrait ravir les nombreux amoureux de littérature, de grammaire et de liaisons qui nous écoutent.

Henri Guaino, sculpteur de mots, inventeur de formules, un travail d'orfèvre qui consiste à mettre en musique la pensée présidentielle : « Descends de là un peu si t'es un homme », « J'écoute mais je tiens pas compte », « Si y en a que ça les démange d'augmenter les impôts », tout ça c'est du Guaino !

Exceptionnellement, j'aurais aimé rester durant l'interview politique de Guaino : la plume préférée du Président assise au côté de la plume qu'il déteste le plus, ç'aurait eu de la gueule !

Entre plumes, il y a un respect mutuel. Guaino est une pointure, un adepte de la phrase qui tue, il ne faut surtout pas l'emmerder. À BHL qui le traitait de traître ici même, à ce micro – décidément ce micro est terrible… –, Guaino a répondu : « Ce petit con prétentieux ne m'intéresse pas, il a la bave aux lèvres avec la haine qui suinte partout. »

Rien à dire ! Guaino a un sacré CV, il a été la plume de Chirac, de Séguin, de Pasqua. [Ton tragique :] Mais tout ça, c'est du passé !

En vérité, depuis qu'il est au service du président de la République, Henri Guaino souffre. Pour un auteur, écrire les textes de Nicolas Sarkozy est un véritable calvaire, les mots sont triturés, les phrases massacrées, sa pensée est trahie.

Au niveau de ses droits d'auteur, ça ne change rien. Le Président avale beaucoup de mots c'est vrai, mais comme il en rajoute à des endroits où il n'en faut pas, Guaino s'y retrouve.

Les fautes d'orthographe du Président, puisqu'on ne les entend pas, ça l'amuse plutôt. Et puis Nicolas écoute, progresse. Quand il écrit fréquentation avec un « c », il sait qu'il a fait une bourde... Du coup, quelques mois plus tard, lorsqu'il envoie un télégramme de félicitations à Barack Obama, il lui retire le « c » de son prénom. Il a à cœur de se rattraper.

Non, ce qui ennuie le plus Guaino, ce sont les fautes d'accord. Quand dans un hôpital de Rambouillet, s'adressant au personnel soignant, le Président déclare : « On commence par les infirmières parce qu'ils sont les plus nombreux ! », Guaino s'arrache les cheveux. « Infirmière », c'est du féminin ! Elles n'ont pas toutes la plastique d'Amanda Lear...

Mais le pire pour Guaino, c'est quand Nicolas part en improvisation... Le 17 mars dernier, devant un parterre d'ouvriers, il devait prononcer la phrase suivante : « On se demande parfois à quoi servent de longues études. »

Dans sa bouche c'est devenu : « On se demande c'est à quoi ça leur a servi ? » À ne pas parler comme une vache espagnole, aurait murmuré Guaino.

Alors, quand Guaino est vraiment fâché, il se venge et fait dire des conneries au Président... Récemment, dans un discours, Nicolas Sarkozy s'est indigné que le TGV n'arrive toujours pas en gare de Strasbourg. En vérité, ça fait plus d'un an qu'il dessert la ville.

Mais bon... Globalement, Guaino aime son maître et fait tout pour que le Président s'améliore. La semaine dernière, il lui a fait travailler une fable de La Fontaine : *La Cigale et la Fourmi.*

GUAINO : Allez, monsieur le Président, on articule, on respecte le texte, je veux entendre toutes les rimes.

SARKOZY : D'accord, j'y vais. « La cigale ayant chanté tout l'été, s't'rouva fort dépourvue quand la bise fut venue. »

GUAINO : Non Nicolas, le texte, le texte !

SARKOZY : « Pas un seul p'tit morceau de mouche ou d'vermiceau. »

GUAINO : Le texte !

SARKOZY : Écoutez Guaino, vous m'emmerdez, je le dis à la façon que je veux... Je reprends : « Parce que la fourmi qu'est-ce qu'elle aurait dit, si elle avait bossé tout l'été et qu'la cigale qu'a rien foutu, elle s'rait venue la bouche en cœur, lui piquer ses économies ? Eh bah, permettez-moi de vous dire que la fourmi, elle serait furieuse... Eh bah moi, j'ai pas été élu pour que les fourmis soient furieuses ! Et qu'la cigale, s'il est pas contente, eh bah que... Hein... Qu'elle-qu'elle vienne un peu m'le dire... Qu'elle, qu'elle, qu'elle descende un peu me le dire s'il elle est un homme la cigale ! »

Au revoir au GPS de France Inter

31 mars 2009

Émotion ce matin à France Inter : dans quelques minutes, Christian Magdeleine va faire son tout dernier point route en direct de Rosny-sous-Bois. C'est une des grandes voix de la station qui prend sa retraite.

Depuis quarante ans, Christian Magdeleine nous accompagnait sur les routes de France et de Navarre. Toute la rédaction se joint à moi pour saluer et remercier celui qui fut pour des milliers de Français le tout premier GPS. Un GPS intelligent, pas une connasse qui nous fait faire cinq fois le tour du pâté de maisons avant de nous dire : « Vous êtes arrivé à destination, faites demi-tour ! »

Petite précision : Christian part bien à la retraite, il n'est pas viré par Nicolas Sarkozy. Dorénavant, quand quelqu'un part de France Inter, il faut toujours préciser les circonstances. Si Nicolas Sarkozy perd dix minutes dans les embouteillages parce que Christian a donné une mauvaise indication routière, il peut sauter !

C'est ce qui a dû arriver la semaine dernière au commandant de bord de l'Airbus présidentiel. Un des réacteurs a pris feu, le Président furieux a dû changer d'avion. Je peux vous dire qu'à l'heure actuelle le commandant machin, il trie les bagages à Roissy. « Si, c'est sa faute, il est responsable de son avion ! »

La carrière de Christian Magdeleine démarre doucement dans les années soixante-dix, à l'époque, il y a peu de trafic, ça roule vachement bien et il se fait un peu chier à Rosny-sous-Bois.

Pour ceux qui connaissent Rosny-sous-Bois, faut vraiment qu'il se passe un truc pour ne pas s'emmerder.

En revanche, en soixante-dix, la ceinture de sécurité n'étant pas obligatoire, quand ça cartonne, le spectacle est au rendez-vous... C'étaient pas des accidents de pédé.

(Oui, à l'époque le langage est très libéré !)

Il n'était pas rare qu'un passager, voire même un couffin, traverse la rambarde de l'autoroute et bloque la circulation dans l'autre sens. Dans ces cas-là, la journée de Christian à Rosny passait très, très vite.

Les moments les plus palpitants étaient bien sûr les départs en vacances avec le ballet des juilletistes et des aoûtiens.

Dans sa carrière, Christian a annoncé 30 000 pneus éclatés, 20 000 chiens errants et 3 500 vieilles abandonnées. Les choix étaient parfois cornéliens : quand on n'a que trente secondes d'antenne et qu'il faut trancher entre annoncer la présence d'un chien ou celle d'une vieille sur la bande d'arrêt d'urgence, comment fait-on ?

Le cœur de Christian a souvent penché en faveur des canidés. (Et pourtant, Dieu sait qu'on est plus écoutés par les vieux que par les chiens.)

En quatre-vingt, la ceinture devient obligatoire, les véhicules sont de plus en plus sûrs... Christian Magdeleine craint de s'ennuyer à Rosny-sous-Bois... Mais grâce à l'alcool et à la vitesse, son quotidien va rester passionnant.

Rappelons que chaque année la France est championne du monde du nombre de morts sur routes, entre huit et dix mille... Un résultat qui ne doit rien au hasard : le Français est constant dans l'effort : il sort d'un bistrot, d'un mariage, d'une fête, il prend sa voiture !

Alors que son homologue européen qui est une petite bite se fait raccompagner ou appelle un taxi, le Français va au contact !

Pour décrocher son titre, la France doit faire le plein sur trois week-ends : l'Ascension, la Pentecôte et la Toussaint...

Le meilleur étant la Toussaint. La Toussaint, c'est exponentiel : plus y a de gens à fleurir, plus y a de monde sur les routes... Et plus y a de monde sur les routes, plus il y aura de gens à fleurir l'année d'après !

L'événement le plus fort dans la carrière de Christian reste évidemment le tunnel du mont Blanc : 47 morts. Un drame préparé très longtemps à l'avance : aérations bouchées, aucune voie de dégagement, pas le moindre extincteur : c'est la victoire d'un groupe !

Un exploit qu'on pourrait réitérer très vite avec le tunnel de la Défense qui présente exactement les mêmes caractéristiques. (Si vous traversez ce tunnel et que vous m'écoutez, je pense à vous très fort !)

Que les fans de Christian Magdeleine ne soient pas trop tristes. Il s'en va au bon moment : le permis à points, la multiplication des radars, la connasse du GPS... et le fameux gilet jaune que certains accrochent à leur siège histoire de fayoter...

La route, finalement, n'est plus ce qu'elle était !

Alors demain – je fais ma pub pour une fois… – entre 8 heures et 8 h 30, le président Sarkozy sera sur Europe 1, interviewé par Jean-Pierre Elkabbach. Mais juste avant, à 7 h 50, il sera mon invité. Soyez nombreux, ce sera moins chiant qu'avec Elkabbach.

Guillon interviewe Sarkozy

1ᵉʳ avril 2009

Dans quelques minutes, Nicolas Sarkozy va intervenir sur Europe 1, il sera interviewé par Jean-Pierre Elkabbach en direct de l'Élysée.

Ici, quand on a appris la nouvelle, on a cru à un poisson d'avril… Pas à cause de Jean-Pierre Elkabbach qui est un choix moderne et sacrément culotté, mais à cause d'Europe 1.

Pourquoi choisir une radio privée plutôt qu'une radio du service public ? Le Président est ici chez lui, c'est sa maison, il nomme qui il veut, il a son bureau, sa place de parking… On est aux petits soins !

Heureusement, le Président est un homme ouvert au dialogue et, quand on lui a dit qu'on trouvait son choix pas très cool, il nous a dit : « Vous avez raison les gars, je viendrai d'abord chez vous avant d'aller sur Europe ! »

Parole tenue, le Président est ici, dans ce studio, c'est une interview exclusive : Guillon-Sarkozy. [Générique.]

STÉPHANE GUILLON : Monsieur le Président, bonjour.

Nicolas Sarkozy : Bonjour Stéphane Guillon. Avant de commencer, je tenais à vous dire que si globalement j'apprécie votre humour – je suis pour la liberté de ton... – j'trouve que parfois vous dépassez les bornes... Comme dirait m'sieur Cluzel, votre président, dans « impertinence », y a « pertinence »... Et sur une radio de service public, c'est important de ne pas en manquer... Maintenant, je vous écoute.

S.G. : Monsieur le Président, première question : pourquoi Europe 1 et pourquoi Jean-Pierre Elkabbach ?

N.S. : Jean-Pierre Elkabbach, comme chacun sait, est un ami très cher que je connais depuis longtemps... Il m'a soutenu lors de ma campagne présidentielle...

S.G. : Justement, monsieur le Président, sauf votre respect, peut-on vraiment faire une bonne interview avec un ami ?

N.S. : Écoutez Stéphane, je crois pas que nous soyons amis vous et moi, loin de là... Vous m'interviewez, je vous réponds. Vous voyez qu'il n'y a pas de favoritisme. Donc, pourquoi Jean-Pierre Elkabbach ? On me dit : faut pas aller chez Elkabbach, faut aller chez Demorand... Mais entre un ami qui vous invite à une discussion cordiale et un diplômé de sciences politiques mal dégrossi qui vous pose quinze fois la même question sous prétexte qu'il n'a pas eu sa réponse, vous allez chez qui ? Eh bah moi je suis comme tous les Français, au petit déjeuner j'aime pas qu'on m'emmerde !

S.G. : Monsieur le Président, le fait que Nicolas Demorand vienne souvent à la station en jogging et pas lavé a-t-il pesé dans votre décision ? (C'est une question posée par Thomas Legrand du service politique.)

N.S. : Écoutez, quand on regarde mon équipe, entre Mme Boutin qu'a pas grand-chose pour elle et Jean-Louis Borloo qu'a toujours l'air d'avoir dormi dans son costume, on peut pas m'accuser d'être sensible uniquement à l'apparence physique. Et puis j'ai pas été élu pour faire un casting de mannequins.

S.G. : Alors Président, je vous propose de marquer maintenant une petite pause musicale… À Europe 1 il y a de la pub, ici, de la musique… [Chanson de Carla Bruni, *Tu es ma came*.]

N.S. : Effectivement, c'est absolument magnifique.

S.G. : Une belle chanson choisie par Jean-Paul Cluzel, le patron de Radio France, qui espère toujours être reconduit dans ses fonctions. Un choix qu'il a fait avec le concours de Xavier Bertrand. Monsieur le Président, avant de vous laisser filer à Europe 1 répondre aux questions écrites hier soir en collaboration avec Jean-Pierre Elkabbach… D'ailleurs, je crois ne pas me tromper, c'est pas la première fois que vous travaillez ensemble ?

N.S. : Effectivement, en février 2006, Jean-Pierre m'avait appelé pour que je l'aide à choisir un journaliste politique de la rédaction d'Europe 1.

S.G. : Pourriez-vous, en quelques mots, rassurer les salariés d'Inter en leur donnant le nom du futur patron de Radio France ?

N.S. : Écoutez, y a encore quelques jours de suspense. Je peux juste vous dire que c'est une personnalité issue de l'ultra gauche, un crypto maoïste élevé dans le Larzac, 100 % bio, proche d'Olivier Besancenot et qui incarne totalement ma volonté d'ouverture. Qu'est-ce que diraient les Français si j'ouvrais pas ?

S.G. : Dernière question Président, est-ce que des départs sont prévus, des têtes vont-elles tomber ?

N.S. : J'aime pas beaucoup cette rhétorique des « têtes qui tombent », mais je peux d'ores et déjà vous dire que Bernard Guetta va partir.

S.G. : Bernard Guetta, Président, pourquoi Bernard Guetta ?

N.S. : C'est très simple… Un homme qui fait exprès de parler un français impeccable en faisant systématiquement toutes les liaisons et ça dans le seul but de m'humilier, vous comprendrez qu'il n'a plus sa place dans le service public.

S.G. : Merci Président d'avoir répondu à toutes nos questions.

N.S. : Je vous en prie, monsieur Guillon.

S.G. : Voilà, le Président quitte à l'instant notre studio pour rejoindre l'Élysée où l'attend Jean-Pierre Elkabbach. Restez sur France Inter pour écouter l'excellent journal de Fabrice Drouelle… Sur Europe 1, le Président va répéter les mêmes choses qu'ici mais en beaucoup plus chiant, ce n'est pas la peine !

Besancenot craque

6 avril 2009

Ce matin, nous recevons Olivier Besancenot, facteur de profession et porte-parole du Nouveau Parti anticapitaliste.

Un révolutionnaire altermondialiste invité du « 7-10 »... Ce n'est donc pas une rumeur ! Philippe Val, patron de *Charlie Hebdo*, a déjà pris la direction de France Inter.

On me l'avait d'abord proposée, mais bon, il aurait fallu que je me vire moi-même... C'était techniquement impossible, j'ai refusé.

Alors exceptionnellement Nicolas, je vous demanderai d'être particulièrement gentil avec Olivier Besancenot, qui s'est pris des gaz lacrymogènes tout le week-end dans la figure. On l'a vu en larmes dans les rues de Strasbourg avec son petit sac à dos, un peu comme si on lui avait piqué son goûter. Des images qui n'auront pas manqué de déchirer le cœur des habitantes de Neuilly-sur-Seine.

Olivier c'est leur facteur, leur petit frisson quotidien... Avant un rendez-vous chez Carita ou un déjeuner chez Costes.

Ce jeune révolutionnaire invité chez Michel Drucker, ce Che Guevara à bicyclette qui leur tend leur courrier, ça les effraie autant que ça les excite : c'est délicieux !

Soyez gentils avec lui : Olivier a passé un week-end épouvantable. Imaginez : quarante-huit heures en compagnie de militants altermondialistes venus de toute l'Europe : 100 000 Didier Porte dormant les uns sur les autres dans un champ de maïs aux confins de Strasbourg… Une odeur de chaussette que même celle du cannabis n'arrive plus à couvrir ! Seule bière autorisée sur place : La Météor, dernière brasserie indépendante d'Alsace. C'est tellement dégueulasse qu'aucun groupe du grand capital n'a voulu la racheter.

Dimanche, 4 h 40 : le village altermondialiste se réveille. Olivier a très mal dormi, Bogdan, un jeune autonome polonais, lui ayant fait des avances.

Il appelle sa femme Stéphanie Chevrier, éditrice chez Flammarion. Bel appartement dans le 18ᵉ : un balcon, une voiture, des loisirs… Une vie de bobo qui révolte Olivier. Vendredi, il a préféré partir pour Strasbourg afin de lutter contre le capitalisme.

OLIVIER BESANCENOT : Allô chérie, je te réveille ? C'est Olivier.

SA FEMME : Bah oui, tu me réveilles, 4 h 40 un dimanche, oui tu me réveilles !

OLIVIER BESANCENOT : J'ai super-mal dormi… Ça pue la bière et le patchouli. Les altermondialistes, ils sont crades tu ne peux pas savoir. À côté, les militants de Sud-Rail, on dirait des traders de la City.

SA FEMME : Arrête, j'ai l'impression de sentir l'odeur au téléphone. Tiens le coup mon Olive, pense à

Sarkozy qui dort dans un cinq étoiles. Un jour, ce sera toi !

OLIVIER BESANCENOT : Jamais, je ne veux pas dormir dans un palace. Les palaces, ce sont les dortoirs du capitalisme !

SA FEMME : Tu changeras mon chéri, on change tous : la double couette pur coton, c'est quand même très sympa.

OLIVIER BESANCENOT : Quand je pense qu'il y a un an jour pour jour j'étais invité chez Drucker, et là je me retrouve dans un champ à Strasbourg avec un Polonais qu'a voulu m'enc...

SA FEMME : Calme-toi chéri ! T'es joli garçon, t'es facteur, c'est normal que tu plaises... Et puis chez Drucker, souviens-toi, ça sentait le vieux, là ça pue le jeune... C'est ça la politique, ça bouge. Bon, va à la manif et rappelle-moi tout à l'heure mon Olive, je t'embrasse !

6 heures du mat', Olivier et ses camarades se mettent en marche. Son but : rejoindre le cœur de la manif et accessoirement semer Bogdan : le jeune Polonais veut désormais tout connaître du Nouveau Parti anticapitaliste.

11 heures : des incidents violents éclatent. L'hôtel Ibis brûle. Mettre le feu à un Ibis, comme acte politique, c'est totalement crétin. Comme acte de représailles de la part de gens ayant passé une nuit dans cet hôtel, ça se comprend.

14 heures : arrestation du Polonais, Besancenot est soulagé.

16 heures : le NPA n'atteindra jamais le cœur de la manif. Olivier, en larmes, rappelle Stéphanie...

OLIVIER BESANCENOT : J'en ai marre, j'aurais dû rester avec toi. Quarante-huit heures à Strasbourg pour faire cent mètres... Tous les journalistes me voient chialer en plus...

SA FEMME : Dis-leur que c'est à cause des gaz lacrymogènes. Courage ! Demain, tu seras dans les rues de Neuilly avec ton vélo. Tout ça sera oublié. Et puis les vieilles, elles aiment te voir entouré de CRS, à chaque fois ça te fait des étrennes !

OLIVIER BESANCENOT : J'ai pas Poste demain, j'ai Nicolas Demorand.

SA FEMME : Essaie d'y aller au moins une fois cette semaine, à la Poste.

OLIVIER BESANCENOT : J'irai lundi prochain, je suis à temps partiel, ils verront que dalle.

SA FEMME : Surtout tu prends une première classe pour rentrer de Strasbourg.

OLIVIER BESANCENOT : Ah ouais, les odeurs de pieds, j'en peux plus !

SA FEMME : Tu rentres par les secondes, et après tu vas t'installer en première. S'il y a des journalistes sur le quai, c'est mieux. Allez, à tout à l'heure mon p'tit Che, courage mon Olive !

Éric Besson a des cojones !

8 avril 2009

Ce matin, nous recevons le ministre de l'Immigration et de l'Identité nationale : Éric Besson. Faire son portrait me fait super-plaisir… Ah ouais, merci, merci !

Je sais que je peux être viré fin juin, mais je ne pensais pas qu'on me ferait mon cadeau de départ dès maintenant.

Éric Besson est une très belle pièce… On ne s'est pas foutu de moi, je suis gâté ! Je vais essayer d'être à la hauteur, d'autant que, dans une récente interview, Éric Besson déclarait : « Stéphane Guillon gâche son réel talent ! »

Je vais donc tout faire pour ne pas le décevoir. Je vais essayer d'avoir des cojones… Oui, il y a deux jours, Éric Besson s'est vanté d'avoir des cojones !

Alors : Éric Besson, né au Maroc, mère d'origine libanaise, arrivé en France à dix-sept ans – ça fait trente-quatre ans qu'il est là. [Un temps.] Il n'est plus expulsable… ? Non, non… Quoique, l'autre jour, ils ont expulsé un sans-papiers malien qui était en France depuis vingt ans !

Il était en grève de la faim en plus. Mais ça, arriver au Mali le ventre creux, dans la mesure où il n'y a pratiquement plus rien à manger, c'est plutôt pas mal... Une fois sur place, t'es déjà adapté ! Tu récupères tout de suite ton décalage alimentaire.

Éric Besson, inscrit au PS en 93, il le quitte quatorze ans plus tard en pleine présidentielle pour rejoindre Nicolas Sarkozy.

Baptisé depuis « le traître » par ses anciens camarades.

Kouchner a fait la même chose mais personne ne le traite de traître. C'est comme ça... Besson aurait dû porter des sacs de riz dans sa jeunesse, au niveau de l'image, c'est super !

En plus, Besson qui ferait de l'humanitaire, ce serait risqué : s'il change de camp en cours de route, il peut filer les sacs de riz à la junte militaire.

Le garçon est totalement imprévisible. Là, il est annoncé sur France Inter, si ça se trouve dans dix minutes vous allez le retrouver sur RTL.

Alors question : « Après une trahison, peut-on perdre sa nationalité française ? »

Faut faire gaffe maintenant... Il y a des titres de séjour provisoire... Et si on déconne trop, si on n'est pas fiable, on peut perdre sa nationalité. Comme un permis de conduire. Sauf qu'on ne repasse pas les épreuves, on prend un charter.

Je connais mal les critères sur l'immigration choisie. Par exemple, si Nicolas Sarkozy perd en 2012, est-ce qu'il repart forcément en Hongrie ?

Imaginons... Il perd un 8 mai, Carla le quitte le 9... Est-ce qu'il repart en Hongrie le 10 ?

En revanche, on peut écrire des saloperies sur le président de la République et garder sa nationalité. C'est le cas d'Éric Besson. En 2007, à propos de Sarkozy, il écrit :

273

« La France est-elle prête à voter pour un néoconserva-
teur à passeport français ? » Il y a tout un livre comme ça.

Ça, ça rassure ma mère, elle me dit : « Écoute, monsieur Besson a balancé des tonnes d'horreurs sur le Président et depuis, tous les six mois, on lui file une
promotion… Alors toi, ils ne vont pas te virer pour deux
sketchs ! »

En tout cas, après l'excellent bilan de Brice Hortefeux, 30 000 expulsions en 2008, on avait un peu peur
qu'Éric Besson ne soit pas à la hauteur. On s'inquiétait
pour rien ! Il a repris le flambeau de façon magistrale :
arrestations dans les préfectures, dans les écoles, expulsion de gens malades, fragilisés… L'élève dépasse le
maître.

Et puis Éric, il a un petit plus que n'avait pas Brice,
c'est qu'il veut absolument paraître humain et sympathique. Par exemple : si le lundi il affrète trois charters
pour Bamako, le mardi il va dire dans la presse qu'il
adore le film *Welcome* sur les sans-papiers à Calais.

Dites-moi, j'ai un doute tout d'un coup… Tout le
monde a pris sa carte nationale d'identité ce matin ? Moi,
j'ai la mienne, c'est bon ! Depuis hier, je suis hyper-
fébrile, j'ai vérifié trois fois mon lieu de naissance.

Je flippe, et encore je suis châtain, mais j'en ai croisé
dans le couloir des plus foncés que moi… Eux, ils sont
venus avec livret de famille et acte de naissance.

En revanche, Boran, l'Albanais qui nous sert les cafés,
lui, il a préféré prendre sa journée… Il revient demain.
Il a des cojones, Boran… Mais peut-être pas le même
modèle qu'Éric Besson !

Guillon s'excuse des propos de Nicolas Sarkozy

20 avril 2009

Tout d'abord, je tenais à m'excuser pour mon absence de la semaine dernière : une mauvaise angine doublée d'une extinction de voix...

De toute façon, personne n'est irremplaçable. Du fond de mon lit, j'ai découvert mon successeur : une pointure, un vanneur professionnel, capable de balancer les pires horreurs : le président Sarkozy *himself* !

En effet, jeudi dernier, lors d'un déjeuner à l'Élysée réunissant des parlementaires de droite et de gauche, Nicolas Sarkozy a offert un one-man show époustouflant...

Durant quatre-vingt-dix minutes, entre une tomate mozzarella et une mousse aux fruits – soyons précis –, Nicolas a dézingué ses collègues dirigeants du monde... Un premier sketch intitulé : « Obama manque d'expérience. » Sous-entendu c'est un bleu-bite. Suivi de : « Angela Merkel ne peut rien faire sans moi », cette buse. Et enfin le clou, l'apothéose : « Zapatero n'est pas très intelligent » !

Du grand spectacle ! J'ai immédiatement compris pourquoi le Président voulait m'évincer en septembre. Dans le monde des comiques où les rivalités sont énormes, deux langues de pute en frontal, c'est impossible.

Si en France la prestation de Nicolas Sarkozy est passée quasi inaperçue – question d'habitude sans doute –, en Espagne, elle a provoqué un véritable séisme. Le sketch « Zapatero est un crétin, il a le QI de Bernard Laporte » est très mal passé !

Il y a quelques mois déjà, le sketch : « José Maria Aznar a mis enceinte Rachida Dati » avait déplu. L'humour français, ils en ont ras le bol.

Du côté de l'Élysée, on dément évidemment les propos présidentiels : Nicolas n'a jamais déblatéré sur ses camarades.

Bon, imaginons qu'il n'ait rien dit, admettons… Le Président aurait mangé sa tomate mozzarella en silence sans bouger les épaules… Seulement voilà, pas de bol : l'histoire paraît tellement crédible qu'elle fait les choux gras de toute la presse internationale.

Parmi les parlementaires présents à ce fameux déjeuner spectacle, on peut noter deux attitudes. Les courageux : « Oui, Nicolas a bien cassé tous ses camarades, il était déchaîné ! » Et puis les autres, tel Henri Emmanuelli, qui trouve très agréable d'aller ripailler de temps en temps à l'Élysée et qui ne veut surtout pas se fâcher avec le château. Eux démentent le moindre propos acerbe de la part du Président.

Ces derniers peuvent contacter le Pr Lantiéri : s'il est capable de greffer des visages entiers, il peut sans problème greffer une paire de couilles.

Pour être tout à fait complet, signalons que certains journalistes ont mené une enquête minitieuse, comme ceux du *Guardian* qui, après avoir recoupé plusieurs propos de différents convives, sont formels [Accent anglais] : « Le Président français est un grand tailleur de costard ! »

De toute façon, vrai ou pas, sœur Ségolène s'est d'ores et déjà excusée auprès de Zapatero. Elle qui cherche désespérément à faire du buzz... Si elle doit s'excuser dorénavant à chaque bourde du Président, elle a trouvé le bon filon !

Entre nous, une ambassadrice des dérapages présidentiels, les faire rayonner à travers le monde, on s'en passerait volontiers !

En conclusion, je propose au président Sarkozy de faire la paix. Dans le monde de l'humour, quoi que nous fassions, lui et moi nous serons toujours seconds. En matière de connerie, d'excès verbaux, la référence absolue, c'est Frédéric Lefebvre.

À propos de *Libération* qui a révélé le contenu du fameux déjeuner, Lefebvre déclare : « Ce journal ressemble de plus en plus à un tract qui contribue à abîmer l'image de notre pays. »

Oui, vous avez bien entendu, d'après Frédéric Lefebvre, le simple fait d'informer les citoyens constitue dorénavant un acte de propagande antigouvernementale. Magnifique, grandiose... Une star du comique est née... Rire jaune, humour tragique... Il doit y avoir un public.

Rachida Dati est-elle folle ?

27 avril 2009

Ce matin, j'aimerais revenir sur la prestation de Rachida Dati, mercredi dernier, devant un parterre de jeunes militants UMP.

Les réactions sont nombreuses : il y a ceux qui disent que la ministre est folle, elle serait passée de l'autre côté... On évoque le syndrome Chantal Goya chez Patrick Sabatier. Il y a ceux qui parlent de mépris pour les élections européennes ou encore de suicide politique.

En tout cas, ce serait bien de ne pas juger trop vite la garde des Sceaux. La gauche lui est tombée dessus immédiatement : Harlem Désir et Pierre Moscovici en tête. Pourtant question folie... les socialistes ont dans leurs rangs un cas pathologique lourd avec Ségolène... C'est l'hôpital qui se fout de la charité !

On notera au passage que Ségolène ne s'est pas excusée auprès des jeunes militants UMP traumatisés par le comportement de Rachida. Comme quoi, entre dingues, ils ne se repèrent pas forcément.

Rachida n'est pas folle. Si ça se trouve c'est juste un retour de couche. Elle a retrouvé la ligne, ses hormones, elle se sent bien et elle s'éclate !

Et puis attention, replaçons les choses dans leur contexte. Imaginez une conférence sur l'Europe, animée par Xavier Bertrand, Michel Barnier et Jean Sarkozy – un fayot, un énarque et un fils à papa –, pour mettre de l'ambiance, ils organisent un quiz. Question type : « Quel est votre monument européen préféré ? »

Rachida qui ne connaît que l'avenue Montaigne comme monument préféré, elle arrive là-dedans, elle pouffe : c'est humain !

Et puis n'oublions pas que Rachida a été obligée de se présenter aux élections européennes : c'est Sarkozy qui l'a punie.

Envoyer Dati à Strasbourg qui ne possède aucun équivalent de l'avenue Montaigne, c'est comme envoyer Jean-Louis Borloo à Évian : c'est une sanction.

De toute façon, parmi les personnes qui partent siéger à Strasbourg, ce sont soit des gens qui ont été punis, style Rachida, soit des seconds couteaux, style Michel Barnier – personne ne savait qu'il était ministre de la Pêche, personne ne saura qu'il est à Strasbourg –, soit encore des dingues, style Francis Lalanne qui publie ces jours-ci un long poème dédié à Nicolas Sarkozy... Offrir de la poésie à Sarkozy, autant offrir un lecteur de DVD à Gilbert Montagné ! ? !

Lalanne arrivant à Strasbourg avec ses bottes de Chat botté au côté de Rachida Dati parée de Dior... D'ores et déjà, la délégation française est sûre de ne pas passer inaperçue.

Je me demande si les autres pays envoient aussi leurs dingues.

En tout cas, cet incident aura eu le mérite de révéler au grand jour l'identité du papa de la petite Zohra. C'est Bernard Laporte. Bah oui ! Quand les jeunes UMP ont questionné Rachida sur le rôle de l'Europe, elle a répondu : « L'Europe s'occupe de ce qu'on lui donne à s'occuper avec les personnes qui peuvent porter ces affaires à s'occuper. » Seul le cerveau de Bernard Laporte peut concevoir une telle phrase. Il lui écrit ses textes à la maison.

Quelque part, ce n'est pas si grave, ce qui s'est passé ! Rachida a été forcée d'aller à Strasbourg, elle se venge. Moi aussi, quand mes parents m'ont forcé à prendre russe en deuxième langue, j'ai fichu la merde en classe, je gloussais pendant les cours.

Il faut arrêter de s'acharner sur Rachida. Xavier Bertrand dénonce une campagne de harcèlement, il a raison !

Question énormités, Frédéric Lefebvre fait bien pire tous les jours et personne ne dit rien.

Pour sa défense, Rachida plaide le troisième degré, l'autodérision. La politique, dit-elle, c'est aussi le rire, c'est la vie.

C'est vrai. En plus, le ministère dont elle s'occupe est particulièrement joyeux : un suicide de détenu par jour depuis deux ans. Les prisons françaises étaient les pires d'Europe derrière la Modalvie... Elles le sont toujours !

C'est drôle comme bilan. C'est super-rigolo ! [Rires.]

Tiens, cela aurait pu faire une question du quiz sur l'Europe : « Quel est le pays qui abrite les prisons les pires d'Europe après la Modalvie ? » La France !

Les jeunes UMP auraient appris quelque chose.

Le fayot, le fils à papa et l'énarque auraient fait leur boulot.

Et la garde des Sceaux n'aurait sans doute pas pouffé.

Bernard Tapie, le retour

28 avril 2009

En pleine crise économique, alors que les usines ferment les unes après les autres, que certains ouvriers séquestrent leur patron, que d'autres, plus désespérés, entament une grève de la faim, coucou, qui revoilà, plus en forme que jamais, bourré de projets ? L'inénarrable Bernard Tapie.

En une de l'hebdomadaire *Le Point* qui lui consacre huit pages, Nanard prend la pose hilare, accompagné du titre alléchant « Comment gagner des millions ? ».

Les ouvriers de Continental, Amora, Caterpillar apprécieront la couverture tout en nuances du *Point*, aussi vulgaire que son sujet : un tour de force !

On ne va pas revenir sur un scandale que tout le monde connaît : le 7 juillet dernier, une instance privée, choisie par le gouvernement, déjuge la plus haute juridiction de l'État, la Cour de cassation, afin d'octroyer à Bernard Tapie la somme de 400 millions d'euros.

Ce sont trois papys qui ont pris cette décision et, comme on est très écoutés dans les maisons de retraite, je ne résiste pas au plaisir de vous les citer : Pierre Mazeaud, soixante-dix-huit ans, Jean-Denis Bredin, soixante-dix-neuf ans, et Pierre Estoup, quatre-vingt-un ans.

Pour ce petit service, nos trois papys se sont partagé un million d'euros. Dans les maisons de retraite, je sens que le café a du mal à passer : une vie de labeur pour gagner des clopinettes... Et à côté de ça : trois grabataires envoyés par l'État qui touchent le pactole, juste pour écrire la phrase : « Il faut rendre la thune à Nanard ! »

Quatre cents millions d'euros. Dans un premier temps, Bernard Tapie lui-même était estomaqué par l'importance de la somme... Il en était presque gêné, un peu comme un gagnant du Loto à qui la Française des jeux aurait filé en loucedé les six bons numéros.

Tapie gêné par une somme d'argent, faut le faire...

Il s'est mis à penser à ce joueur de Valenciennes qui, paniqué par les 250 000 francs qu'il lui avait filés pour lever le pied face à l'OM, s'était précipité les enterrer dans le jardin de sa tante.

Quatre cents millions d'euros, c'est trop gros. Tapie a beau être pote avec Sarkozy, Brice Hortefeux et Jean-Louis Borloo, son ancien avocat d'affaires, ça ne passera jamais ! Une bonne filouterie, faut pas que ça se voie.

Paniqué, Bernard a dû appeler l'Élysée : « Allô c'est Tapie, passez-moi Nicolas. (...) Non, j'attends pas, vous dites que c'est moi... Salut ma poule, c'est Nanard. Dis donc, c'est quoi ce bordel ? Qu'est-ce qu'ils ont branlé les trois vieux, ils savent pas compter les épaves, ils ont rajouté un zéro ou quoi ?

[Voix Sarkozy :] Écoute Bernard, tu ne vas pas jouer les vierges effarouchées. Si tu trouves qu'on t'a trop filé d'oseille, t'as qu'à dire que tu renonces aux 45 millions d'euros qu'on t'a versés pour préjudice moral, ça te rendra sympathique. Et puis surtout, t'oublie pas d'envoyer des fleurs à Christine Lagarde pour la remercier… Nous, on a l'habitude, mais Christine, tu la connais, ça l'a rendue malade toute la nuit ! »

Finalement Tapie est resté discret neuf mois, le temps que l'affaire se tasse, et jeudi dernier, dans l'hebdomadaire *Le Point*, il révélait enfin ses projets.

Ouverture d'une école de commerce, et d'une école de comédie… Il suffira aux élèves de le regarder jouer pour savoir ce qu'il ne faut pas faire.

Pour la partie sociale chère à Tapie, le rachat du Club Med : en rénovant les bungalows des vacanciers aisés, il améliore leur moral.

Création également d'un site internet baptisé Nanard.com, et dont la mission sera de donner aux particuliers des combines pour augmenter leur pouvoir d'achat. Exemple : « Je suis en procès avec ma banque depuis treize ans, je suis ruiné, comment m'en sortir ? » Nanard.com vous répond : « Devenez pote avec le président de la République ! » Tout simple !

Mais son projet phare, son bébé, c'est un spectacle écrit et joué par lui, destiné, je cite, à « déconstruire le mythe Tapie ». Budget prévu : six millions d'euros. Moi, pour déconstruire le mythe Tapie, je prends beaucoup moins cher.

Bref, en tant que contribuables, on veut bien payer les 400 millions attribués par l'État à Bernard Tapie. Ça nous fait mal aux fesses, mais on n'a pas le choix. Le 15 mai prochain, on sait qu'une partie du chèque qu'on enverra à la Trésorerie ira dans les poches de Nanard. Mais faire un chèque en se disant qu'on contribue à financer son futur one-man show… Là, franchement, c'est au-dessus de nos forces !

Que Tapie dépense *notre* argent comme bon lui semble, mais par pitié, qu'il ne nous dise pas ce qu'il fait avec !

La grippe porcine

29 avril 2009

[Début du texte inaudible.] Excusez-moi, Nicolas, j'ai oublié d'enlever mon masque de protection…

Pour réciter une chronique à la radio, c'est mieux !

En même temps, faut faire très gaffe : le virus se transmet par l'air. Si quelqu'un est contaminé dans une pièce, c'est fichu !

Thomas Legrand, qui postillonne énormément pendant son édito, représente un réel danger. D'ailleurs, le temps de la pandémie, on devrait choisir un chroniqueur politique certainement moins talentueux, mais qui projette moins.

D'un autre côté, si toute l'équipe du « 7-10 » était décimée par la grippe porcine, ça faciliterait la tâche de Jean-Luc Hees, le futur patron de Radio France : plus personne à virer en septembre. Faudrait juste qu'il envoie des fleurs à nos familles, et une boîte de Kit-et-Kat au chat d'Agnès Bonfillon – c'est sa seule famille.

À moins que Jean-Luc Hees ne décède lui aussi de la grippe porcine. Le favori de l'Élysée qui casse sa pipe avant même sa prise de fonction, on imagine l'ambiance au château !

UN SECRÉTAIRE : Monsieur le Président, monsieur le Président ! Monsieur Hees nous a quittés ce matin, qu'est-ce qu'on fait ?

SARKOZY : Pourquoi il ne s'est pas protégé, cet imbécile, hein ? C'est compliqué de mettre un masque et de prendre du Tamiflu ? Bon, contactez Olivier Besancenot... Pour France Inter, je veux n'importe qui pourvu qu'il soit de gauche !

UN SECRÉTAIRE : Monsieur Besancenot est mort lui aussi. Les facteurs sont très exposés à cause de la distribution du courrier.

SARKOZY : Il reste qui de vivant ?

UN SECRÉTAIRE : M. Cluzel est prêt à revenir, il est increvable !

SARKOZY : Bon écoutez, rappelez Cluzel, mais discrètement, je ne tiens pas à ce qu'on se foute de moi !

Bon pas de panique, tout ça c'est de la science-fiction, tout le monde à la station pète le feu, comme disait l'autre jour... Macha Béranger.

Qu'est-ce que la grippe porcine ? Au départ, c'est un porc qui attrape la grippe, tout bêtement...

En avril au Mexique, il commence à faire chaud, mais les nuits sont fraîches... Le porc mexicain qui est resté enfermé tout l'hiver sort se balader à poil, sa queue en tire-bouchon au vent, et il chope la crève... Classique !

Pour l'instant, seul le porc mexicain est contagieux : on le reconnaît facilement car, dès qu'il fait beau, il porte un sombrero. Ce qui ne l'empêche pas d'attraper froid.

Bon attention, la situation est grave mais pas dramatique. Le Quai d'Orsay autorise même les vols vers le Mexique. C'est le moment ou jamais : il y a de super-promos, j'ai trouvé dix jours à Cancun, billet d'avion et nuits d'hôtel compris, pour 1 100 euros.

Le seul inconvénient, c'est qu'il faut garder son masque tout le temps, même à la plage. Après, quand tu rentres à Paris, t'as une marque blanche sur le bas du visage, t'as l'air un peu con... Tu te fais charrier par tes potes : « Salut, c'était bien les vacances, t'as gardé ton maillot de bain sur la bouche ? »

À propos du Mexique, adressons un salut chaleureux à notre compatriote Florence Cassez emprisonnée là-bas depuis trois ans. Il existait encore une petite chance pour qu'elle soit extradée, mais avec la grippe porcine, on n'en veut plus !

De toute façon, depuis Ingrid Bétancourt, tout ce qui est otage, prisonnier, on préfère ne plus les récupérer : on est trop déçu après.

J'espère en tout cas que Nicolas Sarkozy n'a pas attrapé la grippe porcine lors de sa visite au Mexique. Les symptômes sont fièvre et tremblements... Et comme les tremblements, il en a toute l'année, c'est très difficile de diagnostiquer la maladie !

Ne cédons pas à la psychose. Il existe quelques précautions à prendre, c'est tout. Les gens qui ont un physique porcin, par exemple, évitez d'aller au Mexique : Philippe Bouvard, dès son arrivée à l'aéroport, serait mis en quarantaine.

Ici, il n'y a rien à craindre. Roselyne Bachelot est formelle : en France, nous sommes très protégés. En plus, on a une baraka énorme ! Déjà, lors de la catastrophe de Tchernobyl, le nuage toxique avait fait un détour pour nous éviter.

On croise les doigts. J'espère que ça n'arrivera pas. Si le masque devient obligatoire en France, MAM, qui vient d'interdire la cagoule, elle va faire la gueule !

Le pire si ça arrive, ce seront les soirées caritatives en soutien aux victimes de la grippe porcine... Des « Porcithons » géants.

Pour ne pas assister à ça, un conseil : soyez dans les premiers à crever !

Une petite grippe de tafiole !

4 mai 2009

Il paraît que la grippe, c'est trois fois rien. C'en n'est même pas une, de grippe porcine... C'est une grippe A... À la con !

Une grippe de rien du tout et qui se soigne très bien !

Pour Roselyne Bachelot, c'est les boules... Cette grippe, c'était la chance de sa vie. Ça fait des années qu'elle l'attend, qu'elle s'y prépare. Grâce à elle, la France dispose d'une réserve de Tamiflu et de masques la plus grosse du monde.

Ç'aurait été bien de pouvoir s'en servir, montrer son savoir-faire... Surtout dans une période où pas grand-chose ne marche ! À quelques semaines des européennes, une bonne pandémie c'était l'occasion rêvée... Et cette saloperie de grippe qui finalement est banale !

Comme disait mon père : « Quelle est la différence entre une grippe soignée et une grippe pas soignée ? Une grippe soignée, huit jours. Une grippe pas soignée : huit jours aussi ! »

Elle est hyper-déçue, Roselyne... Cette grippe, elle l'attendait comme le messie. En septembre, elle avait organisé avec ses collègues européens un jeu de rôles qui simulait l'attaque d'un virus provenant d'Amérique du Sud. Elle avait tout prédit. Sauf que le porc n'était pas mexicain mais brésilien. Au lieu de porter un sombrero, il agitait des gambas.

Roselyne, c'est dans les moments de crise qu'elle se révèle, qu'elle prend toute sa dimension. Quand ça va mal, elle a un côté fin du monde très développé.

Son point presse depuis une semaine avec Michèle Alliot-Marie, c'est un modèle du genre. Il faudrait le montrer dans des écoles de théâtre. Son air grave et pénétré, cette façon de rouler les yeux... Elle nous a vraiment fichu la trouille... Les pharmacies ont été dévalisées, c'est normal. Si on l'écoutait attentivement, dans un premier temps, on allait acheter du Tamiflu, dans un deuxième, on contactait son entreprise de pompes funèbres.

Elle nous a fichu la trouille : lundi dernier, ma femme a glissé deux masques de protection dans le sac de mon beau-fils qui partait en classe verte. C'est l'association d'idées qui a joué : « Classe verte-nature-ferme-porc ».

Il a dû faire le con avec son masque dans le car avec les copains.

« Hé les gars [Bruit du cochon.], vous avez vu ce qu'elle m'a donné, ma mère [Bruit du cochon.] ? ! »
– Hé, moi ma mère, elle m'a donné des capotes contre la grippe de la bite ! »

Ce sont des gosses, ils s'amusent !

Michèle Alliot-Marie aussi a été formidable pendant ses points presse. Moins crédible que Roselyne, peut-être. Faut dire que quelqu'un qui appelle « terroriste » un simple épicier de Tarnac, quand après il vous dit : « Attention, on va tous crever, protégez-vous ! » on ne le croit plus !

Ce sont deux tempéraments très différents. Roselyne a un côté mamma italienne très fort… Elle souhaitait qu'on tombe malade pour écouler son stock de Tamiflu, mais après elle nous aurait soignés, câlinés. MAM, c'est plus le côté technique de la pandémie qui l'intéresse : compter les morts, les fosses communes, les kilos de chaux vive.

Bon, tout ça c'est du passé, il s'agit d'une petite grippe de rien du tout. On a été alarmistes pour rien. Comme pour la crise financière, on nous prédisait l'apocalypse, la révolution… Et le 1er mai dans les rues il n'y avait personne. Les Français étaient en week-end. On veut bien gueuler, mais en semaine… Faut pas que ça nous bouffe nos loisirs !

Roselyne et Michèle vont rester sur le qui-vive encore quelques jours. Normal, faut sauver les apparences. Lundi dernier, on nous annonce l'apocalypse, finalement c'est un truc pas plus grave qu'un rhume des foins… Par rapport à tous les gens qui ont acheté des masques ou réservé une concession dans un cimetière, il est nécessaire de faire durer le suspense.

Faut pas en vouloir à Roselyne, elle est pharmacienne de formation. Elle a la phobie des microbes, elle voit des virus partout… Il paraît qu'elle se lave les mains dix fois par jour – c'est Balladur en femme.

Elle aurait été parfaite en pharmacienne de province… Mme Roselyne, un peu enrobée dans ses tailleurs fuchsia, maquillée comme un camion volé.

Vous savez, dans son ensemble, c'est tout le gouvernement qui est déçu. Une bonne pandémie, c'était l'occase ou jamais de reprendre la main ! En plus, la grippe tue principalement les gens faibles : les vieux, les pauvres, les chômeurs longue durée, les enfants... Tout ce qui coûte cher à la société.

Bon, on nous annonce une deuxième vague de grippe en octobre, bien plus forte que celle-ci. On croise les doigts.

Et pourvu que Roselyne soit encore ministre de la Santé.

Avouez que ce serait moche que quelqu'un écoule à sa place les stocks de Tamiflu qu'elle a patiemment mis de côté.

Putain, deux ans !

5 mai 2009

[Musique *Joyeux anniversaire*.]

Oui, aujourd'hui, chers auditeurs, nous fêtons l'anniversaire de Nicolas Demorand : trente-huit printemps !

Et demain, nous célébrerons un autre anniversaire : les deux ans de présidence de Nicolas Sarkozy.

Dommage, ç'aurait pu tomber le même jour, pour Demorand, cela aurait fait un cadeau formidable !

Deux ans de Sarkozysme, c'est fou comme... ça passe pas vite !

Normalement, plus on vieillit plus la perception du temps s'accélère et là, bizarrement, depuis mai 2007 c'est le contraire : une journée sous Sarko équivaut à un mois sous Chirac !

La nuit au Fouquet's, la virée sur le yacht de Bolloré, ça fait deux ans. Les vrais fans, pensez à réserver une chambre au Fouquet's demain soir, revivez la première nuit du couple présidentiel : Nicolas seul dans son king size et Cécilia sur le canapé du couloir envoyant des SMS à Richard Attias.

Le lendemain, tout le personnel de l'hôtel applaudissait la sortie du couple : la mystification était en marche.

Deux ans, c'est bien quand même. On a tenu 730 jours… Même si on n'est pas pour Sarko, nous pouvons être fiers de nous et arroser l'événement. On sera bien libérés un jour ! Pour l'instant, soyons irréprochables : en captivité il faut bien se tenir, éviter le syndrome Ingrid Bétancourt.

Deux ans… À la fois ça n'en finit pas et à la fois il s'est passé des tas de trucs. Que de bouleversements ! Il y a deux ans, souvenez-vous, Carla Bruni, elle était encore un ancien mannequin qui essayait de chanter… (On l'aimait bien… Si, si, on l'aimait bien !) On se foutait un peu de sa gueule parce qu'on ne l'entendait pas sur scène, mais rien de plus !

Pour elle aussi, ces deux ans ont été un cataclysme. À l'époque, jamais elle n'aurait pensé qu'un jour elle s'appellerait Carla Bruni-Sarkozy. Même en ayant fumé dix pétards avec ses musiciens.

Si quelqu'un lui avait dit : « Tu vois le petit homme à talonnettes qui agite les épaules en sortant du Fouquet's avec madame et les enfants… Dans deux ans, ce sera ton "keum" ! », elle aurait pouffé ! Elle, « ex » de Mick Jagger, maquée avec un homme politique lilliputien qui s'agite comme une vache folle quand il marche : jamais de la vie !

Que de changements !

Il y a deux ans, Rachida Dati incarnait encore le symbole de la diversité. C'était une fille modeste, toute simple, qui détestait la mode et les mondanités. Montaigne pour elle, c'était un écrivain philosophe, pas encore l'avenue où elle fait ses courses.

Il y a deux ans, Laporte était entraîneur de rugby, il jouait à chat-bite dans les vestiaires avec ses joueurs. Il était heureux, dans son élément. Un secrétaire d'État, il ne savait même pas ce que c'était. Un secrétaire... Oui bien sûr ! Il y en avait un dans le couloir chez sa tante.

Il y a deux ans, Kouchner faisait encore du business avec des dictateurs africains... Il ne s'imaginait pas qu'un jour il se ferait gauler. Pas lui, pas Bernard !

Il y a deux ans, Éric Besson était encore puceau. Jeune recrue du sarkozysme, il n'osait pas prendre son envol : intimidé par sa récente trahison... Aujourd'hui c'est un UMP pur et dur : il affrète des charters, il appelle à la délation... Il s'accepte enfin !

Il y a deux ans, Michèle Alliot-Marie savait faire la différence entre un terroriste et un épicier de Tarnac. Et puis le jour où Sarkozy a reçu le colonel Kadhafi en grande pompe, Michèle a perdu ses repères : si on déploie le tapis rouge à une ordure, pourquoi ne pas emprisonner un épicier ?

Il y a deux ans, Rama Yade pouvait condamner la visite de Khadafi sans être pour autant mise au pilori, disgraciée...

Aujourd'hui, elle ne dit plus rien, elle avance tête basse, prostrée. En quête d'un pardon présidentiel, elle se ruine chaque jour en boîtes de chocolats.

Sinon demeurent les fondamentaux, les valeurs sûres : il y a deux ans, Borloo buvait déjà, Frédéric Lefebvre était décérébré, Nadine Morano oscillait entre la grâce d'une concierge et d'une poissonnière et Christine Boutin était déjà... Christine Boutin !

Voilà, une troisième année commence... Bon courage à tous. Patience, il reste encore huit ans à tenir... Trois et cinq ça fait huit... Sarkozy sera élu en 2012. Si, si… le Parti socialiste ? Non, aucune chance ! Ah oui, j'ai oublié de vous dire : il y a deux ans, le PS était déjà nul !

Berlusconi : divorce à l'italienne

6 mai 2009

Nous sommes un peu attristés par le divorce de Veronica et Silvio Berlusconi... Au début, on s'en foutait un peu et puis comme cette info passionne toute la presse : une page entière dans *Libération*, la une, hier, du *Figaro*... On s'est laissé gagner par l'émotion.

C'est toujours triste un couple qui se sépare après une si longue période. On pense évidemment à leur chirurgien plastique qui doit être très affecté... Quand tu as entièrement refait deux êtres : paupières, poches, liposuccion, plastie ventrale, pattes d'oie, implants fessiers..., c'est un échec personnel.

En France, on évite ce genre d'alliance... Deux mutants se mettent rarement en ménage : Arielle Dombasle ne sortirait pas avec un des frères Bogdanoff. (Non !)

Je me demande d'ailleurs si le mariage de Veronica et Silvio n'est pas caduc... ? À partir du moment où plus aucune pièce n'est d'origine, il doit y avoir des recours !

Ils ont dû se faire peur mutuellement. Lui, surtout, fout la trouille. La semaine dernière, *L'Express* a publié une photo de la momie de Lénine… C'est Berlusconi, la moustache en plus. Silvio, il met un pied au musée Grévin, les gardiens ne le laissent plus sortir.

Il paraît que c'est une énième infidélité de Silvio qui aurait poussé Veronica à partir. « *Il Cavaliere* » c'est son surnom…

« Le cavaleur » se serait rendu à l'anniversaire d'une mineure, une dénommée Noemi qui fêtait ses dix-huit ans et qui, dans l'intimité, l'appelait « papounet ». Berlusconi dans un lit, ça doit être terrifiant : un sexe de vieillard sur un corps entièrement refait.

C'est le problème de la bite… Comme la peau est extensible, on ne peut pas se la faire lifter.

En Italie, coucher avec une mineure ça passe mal. L'Autriche, où les caves sont nombreuses et plus spacieuses, est moins regardante. [1]

La guerre entre Veronica et Silvio s'est intensifiée lorsque le cavaliere a décidé de mettre des présentatrices télé sur sa liste pour les européennes.

C'est un peu comme si, nous, on envoyait Flavie Flament siéger à Strasbourg… Non, nous, on privilégie des gens sérieux comme Rachida Dati… pas des hystériques qui gloussent et qui pouffent pour un rien !

En plus, ce n'était pas la première fois que Silvio plaçait certaines de ses conquêtes à des postes clés : par exemple, la showgirl Mara Carfagna, qui est aujourd'hui ministre de l'Égalité des chances. Toutes les femmes qui ont fait une gâterie au Cavaliere peuvent devenir ministre… C'est sa conception de l'égalité des chances.

---

1. Il est ici fait référence à l'histoire de Natascha Kampusch. Cette jeune autrichienne fut enlevée à l'âge de dix ans par Wolfgang Priklopil. Séquestrée de 1998 à 2006, Natascha Kampusch a finalement pu s'échapper et dévoiler ces huit années de captivité.

Nommer ses ministres selon ses pulsions, une méthode qui pourrait inspirer DSK si un jour il devenait président.

Attention... Strauss-Khan, comparé à Berlusconi, c'est un enfant de chœur. Durant l'été 2006, Silvio s'est vanté d'avoir couché avec 84 femmes... C'est la grande spécificité de Silvio, ça : il possède tous les défauts des autres mais puissance 10 : il est plus raciste que Le Pen, plus bronzé que Séguéla et plus magouilleur que Tapie.

De surcroît totalement décomplexé : en 2006, il avait traité de couillons les électeurs qui avaient voté à gauche.

Qu'est-ce qu'il dirait des électeurs qui ici votent socialiste !

Ce sont pour toutes ces raisons que Sarkozy l'adore, à côté il passe pour un aristocrate. Quoi qu'il fasse, il sera toujours deuxième... Quand il dit que Zapatero n'est pas très intelligent, Berlusconi, lui, fait des cornes de cocu avec ses doigts à un ministre espagnol !

Voilà, c'est la fin d'une histoire... Les Berlusconi se séparent. Papounet va s'installer avec Noemi qui vient d'avoir dix-huit ans. Silvio s'est fait poser un pacemaker en 2006, l'année où il a niqué ses 84 cagoles sur sa plage privée en Sardaigne. Normalement, avec une bonne dose de Viagra et en priant pour que la pile de son pacemaker tienne, le Cavaliere devrait pouvoir s'en sortir.

Ciao a tutti. A la settimana prossima.

« TGV Famille »

12 mai 2009

Ce matin, j'aimerais vous parler de la toute dernière trouvaille de la SNCF : le « TGV Famille ». À partir du 4 juillet, plusieurs trains seront réservés exclusivement aux familles avec enfants.

En vérité, l'offre s'appelle « TGV Family », c'est moins ringard que « TGV Famille ».

Le résultat est le même, il y a des mômes dedans et ça fait chier tout le monde ! Un train avec que des enfants, c'est l'horreur.

Même pour des gens qui voyagent avec leur propre progéniture. Comme disait Desproges : « Les enfants, c'est comme les pets, y a que les siens qu'on supporte. »

(Papier classe aujourd'hui, Jean-Luc Hees, notre nouveau patron, arrive dans nos murs, j'ai tenu à marquer le coup.)

Bien sûr, l'idée du « TGV Family » est controversée. Quelques-uns sont pour : des mères de famille qui trouvent ça génial. Vous savez, la mère parfaite, celle qui porte des pantacourts et qui est toujours volontaire pour accompagner les sorties scolaires et

301

faire des tartes pour les anniversaires... Elle, le « TGV Family », elle trouve ça super !

Et puis il y a les « contre », ceux qui dénoncent une nouvelle forme de ségrégation : « Un train avec que des enfants, quel scandale ! Vive la mixité, le brassage social des trajets ferroviaires. » En vérité ce sont les pires, les premiers à vous fusiller du regard quand votre gosse fait des bulles avec son chewing-gum en écoutant son iPod.

Ils me font penser à ces gens qui se vantent de ne pas être racistes alors qu'ils habitent le 16e. Avec ma femme, avant, on habitait rue Perdonnet dans le quartier indien, au bout de quinze jours on ne pouvait plus les blairer. Et ça nous est resté ! Un TGV avec que des Indiens, personnellement je suis pour : un TGV Bollywood !

Le « TGV Family », j'y crois pas. À part la cinglée qui fait des tartes, ça ne séduira personne. Voyager entouré d'enfants sous prétexte qu'on en a, c'est une hérésie ! De la même façon, un fumeur détestait voyager en fumeur. Ça sentait le cendrier froid, il préférait réserver en non-fumeur et aller s'en griller une petite en fumeur.

Le challenge maintenant, le vrai truc rigolo, c'est d'essayer de fumer dans un « TGV Family ». Faites gaffe quand même : aujourd'hui, n'importe quelle plaisanterie dans un train ou aux alentours, c'est considéré comme un acte terroriste.

Le problème, si on accepte le principe d'un « TGV Family », c'est qu'après c'est la porte ouverte... Pourquoi pas un « TGV Hétéro », « Gay », « Transsexuel », « Albinos » ?

Pourquoi pas un TGV réservé aux gens qui prennent la pilule « Alli[1] », avec cinq toilettes par voiture.

Pourquoi pas, pendant qu'on y est, un « TGV Handicapés » ?

Cela dit, on gagnerait du temps. Souvent quand y a deux, trois fauteuils à descendre, ça retarde tout le monde.

Pourquoi pas un « TGV Japonais »... Quoique, ça existe déjà : quand on va à Lourdes, ils sont super-nombreux. Faudrait créer un « TGV Sans Japonais » pour aller à Lourdes peinard ! Avec ma femme, on a aussi vécu au-dessus d'un sushi bar... Les faces de citron, on n'en peut plus !

Attention, si on commence à séparer les gens, c'est sans fin. Le « TGV Family », il va falloir le segmenter... Ah bah oui, si votre enfant est propre et qu'il dort, pas question d'avoir à côté un nourrisson qui braille et qui chie. Les cris, les odeurs de couches, il faut les canaliser...

On peut aussi coupler certaines catégories. Dans un deuxième temps, la SNCF souhaite créer des « TGV Seniors ». Pourquoi ne pas les mettre avec les nourrissons ?

Le dossier de presse de la SNCF indique des « distributions de couches et de petits pots ». Ça peut très bien servir aux deux !

Sans oublier que le « TGV Seniors » réclame des modifications techniques : il faut mettre tous les sièges dans le sens de la marche. Le vieux est casse-couilles.

Dans le « TGV Family », toujours selon le dossier de presse : « La SNCF souhaite mettre une animation

---

1. Pilule visant à réduire les graisses absorbées mais provoquant de fréquentes selles huileuses.

Disney. » Un Donald et un Mickey qui arpenteraient tous les wagons.

Ouais… Et pourquoi pas créer un « TGV Débiles », ça irait plus vite. On mettrait les gosses, les vieux et la connasse en pantacourt qui fait des tartes.

Cannes, ça va chier !

13 mai 2009

Ce soir, c'est l'ouverture du 62ᵉ festival de Cannes. Place au glamour, aux strass, aux paillettes... Dix jours de folie, de fête.

On va pouvoir rire, danser, se montrer... et éventuellement, si on n'a rien d'autre à faire, aller au cinéma !

Dix jours d'ivresse avec la fête Canal, la fête Orange, la fête Christine Albanel où tout le monde se fait chier, mais où t'es un peu obligé d'aller !

Dix jours de nuits blanches... Pas d'inquiétude, là-bas, il y a plein de petits Richard Gasquet qui vous aident à tenir le coup !

Ça va nous faire du bien, cette parenthèse cannoise !

On a quand même été très emmerdés cette année avec la crise : tous ces salariés de Continental, d'Amora, de Caterpillar qui râlent, qui brûlent des pneus... À la longue, on ne s'en rend pas compte tout de suite, mais toutes ces images, ça nous mine le moral.

Et puis ces casquettes, ces T-shirts CGT ou FO qu'ils arborent, ce n'est pas très glamour... D'autant que physiquement, ils ne font pas rêver... C'est certainement dû à leurs conditions de travail, mais ils ne sont pas sexy. Surtout chez Sud-Rail où en plus de tout ils sont barbus avec le cheveu gras… Une horreur.

Ça va nous faire du bien, Cannes, les stars sont souvent belles ; le succès embellit, c'est connu… Et du coup, c'est très revigorant à regarder, une vedette, ça file la pêche ! D'ailleurs, si ça va mal, c'est un truc que je vous donne, regardez le festival de Cannes à la télé… Dix minutes par jour, vous verrez, on en sort transformé !

Et puis c'est une école de la vie : toutes ces stars qui ont aussi leurs problèmes, mais qui le temps de la montée des marches donnent le change, sourient… Elles ne sont pas là à pleurnicher, à se plaindre de la baisse du pouvoir d'achat, de promesses non tenues… À faire chier, quoi !

Pour ceux qui connaissent, le grand truc de Cannes, c'est la montée des marches… [Voix pétasse snob :] « Tu veux te faire une montée ce soir ? C'est le Tarantino… Ça va être l'événement… Ah ouais, ouais… Moi, je l'ai vu ce matin en projo presse, on était quinze, on est sortis totalement saucés ! Écoute, j'te laisse les places au Martinez, sois hyper à l'heure : 19 heures ! Anne-So peut pas t'attendre, elle va à la soirée Chopard… Bon j'te laisse, j'ai Ken Loach qui m'appelle… Bisous, j't'embrasse ! »

Ça va être une très belle édition. En tout cas, tous les ingrédients sont réunis pour faire la fête : il y a eu la crise, on a eu peur… Et, à part quelques festivaliers comme Steven Spielberg qui ont acheté du Bernard Madoff, tout va bien.

Et puis ce festival, c'est un peu un miracle : il y a encore dix jours, à cause de la grippe porcine, les organisateurs pensaient tout annuler. Ah bah oui ! Une montée des marches masqué, cela aurait été grotesque.

Quoique, pour certaines actrices qui se sont fait une bouche en canard, le port du masque aurait été un plus. La bouche en canard, c'est surtout embêtant en cas de grippe aviaire : il y a trois ans, Emmanuelle Béart était restée confinée dans sa chambre du Martinez. Elle n'était pas seule : Arielle Dombasle lui tenait compagnie.

C'est une édition qui va compter. Et puis c'est la première fois qu'une grande partie des stars présentes utilise la pilule Alli. Pour monter les marches, on veut mincir à tout prix et, comme les effets secondaires sont très emmerdants – c'est le cas de le dire –, ça va être rigolo.

En tout cas cette année si une vedette quitte précipitamment une projection, ça ne voudra pas forcément dire qu'elle a détesté le film.

Les effets secondaires sont terrifiants. Le pire, c'est l'hémorragie rectale avec ou sans taches huileuses. Là, évidemment, tout ce qui est robe blanche pour la montée des marches, on évite !

Maintenant, je vous laisse, place au cinéma, à la féerie, au rêve !

Barnier-Dati

20 mai 2009

Alors, on est super-déçus à France Inter : à 8 h 20, nous devions recevoir les célèbres duettistes « Barnier-Dati », le grand sinistre et la petite hystérique. Mais finalement il n'y a que Barnier qui vient : Dati a eu un empêchement de dernière minute.

On ne sait pas trop ce qui s'est passé... D'après nos infos, elle n'aurait pas trouvé la paire de chaussures qu'elle souhaitait et du coup elle boude.

Mais bon... D'autres sources affirment que c'est la faute de Bernard Laporte qui ne s'est pas levé alors qu'il devait accompagner Zohra à la crèche. (C'est le bordel !)

Du coup, on ne reçoit que Barnier, ministre de l'Agriculture et de la Pêche né à La Tronche...

En tout cas, j'espère que Rachida a vraiment eu un empêchement, que c'est pas un choix de France Inter de n'inviter que Barnier. Ce serait une connerie, faut surtout pas les séparer, les deux ensemble sont irrésistibles : d'un côté, vous avez elle, qui papillonne, qui se fout de tout, qui passe son temps à pouffer, à faire des courses, à envoyer des SMS, et de l'autre vous avez lui, droit comme la justice, très sérieux et qui fait comme si sa partenaire avait toute sa tête... C'est à pisser dans sa culotte !

En vérité, il ne peut pas la blairer : Dati, c'est tout ce qu'il déteste, s'il pouvait lui faire bouffer sa carte « Dior Fidélité », il le ferait !

Le problème, c'est que Barnier seul, tout le monde s'en fout ! C'est elle qui le rend populaire. Il est obligé de la supporter.

C'est un duo fantastique. Faut les voir sur les marchés quand ils font campagne ensemble : lui qui serre des mains, qui distribue des tracts, qui parle politique, et elle qui envoie des SMS, qui pique des cerises, qui se fait draguer par le primeur... C'est à crever !

Leur grande force, c'est qu'en face il n'y a pas de concurrence. Tous les autres duos sont nuls. Liste « Europe-Écologie » : Bové-Cohn-Bendit... Ça ne fait pas envie. Il y a un côté vieil anar et fromage de chèvre... C'est pas poss' !

Liste « Front de gauche » : Buffet-Mélenchon... Ah non : deux dépressifs, c'est impossible... Faut toujours un pendant. Mélenchon, fallait le mettre avec Francis Lalanne : au bout de dix minutes, ils se foutaient sur la gueule, le public était debout.

En duo, la bonne alchimie c'est essentiel. Élie et Dieudonné : excellent ! Dieudonné et Alain Soral : plus rien à voir, on a un spectacle qui pue !

Cela dit, attention, attention... Un duo est en train de se créer : Aubry-Royal... Ou Royal-Aubry... Elles sont déjà pas d'accord sur le titre. Elles ont prévu de faire un meeting commun et là, il y a tous les ingrédients pour que ça cartonne !

Barnier-Dati pourraient porter plainte pour plagiat. Le mécanisme du rire est le même : d'un côté vous avez la mémère provinciale et sinistre qui essaie d'être rock et de l'autre la folledingue bobo, habillée en sari indien, totalement mystique. Les deux ne peuvent pas se blairer, le public le sait, la mayonnaise prend !

À mon avis, Barnier-Dati n'ont pas trop de souci à se faire. Aubry-Ségo, ça ne durera pas dans le temps : elles se détestent trop.

Ségo est très bien entourée, elle a un excellent imprésario, Dominique Besnehard [Voix] : « Un type qui connaît tous les rouages du show-biz, qui sait comment la diriger, la sublimer, t'es magnifique ma poule ! »

Dati était dirigée par un type formidable, un Hongrois : Sarko quelque chose... Et puis il a rencontré un ancien mannequin reconverti dans la chanson. Du coup, Rachida ne l'intéressait plus... On ne sait pas ce qui s'est passé, on ne sait pas. C'est le monde du show-biz : opaque, mystérieux et parfois très cruel.

Bon, je vous laisse avec Barnier seul... Je sais ce n'est pas terrible, ça va être un peu mou du genou, un peu plan-plan...

Malgré tout, mesdames et messieurs, le spectacle continue... *The show must go on !*... Michel est un professionnel et, en l'absence de sa partenaire, je sais qu'il va faire le maximum pour vous enchanter ! Dans quelques minutes, *in a few minutes*, chers auditeurs, *Ladies and gentlemen... From directly* du ministère de l'Agriculture et de la Pêche... Je vous demanderai de faire une ovation, un triomphe à mister MICHEL BARNIER !!!

Cannes, ça a chié !

25 mai 2009

Ici, Nicolas, c'est la désolation : le festival de Cannes est fini...

Depuis hier, tous les VIP ont quitté la ville pour se réfugier à Roland-Garros...

Ce matin, seuls restent quelques techniciens en débardeur qui rangent leur matériel... Ils rentreront dans l'après-midi en train Corail... Une ambiance de débandade !

Le stand France Inter est toujours en place, il s'agit de deux transats et d'un parasol siglé Radio France... À ranger, ça va très vite !

La ville commence de nouveau à se remplir de Cannois...

Depuis l'ouverture du festival ils étaient contenus derrière des barrières... C'est normal : les stars sont ici dix jours par an, c'est pas pour être emmerdées par des blaireaux en tongs qui veulent faire une photo pourrie avec un téléphone portable.

Un peu de respect, merde !

Une édition 2009 tristoune... Tous les budgets étaient à la baisse : des soirées au rabais à l'image de celle du mégalo Christian Audigier qui nous avait promis la présence de Prince, Mick Jagger ou encore Bill Clinton. Seuls sont venus Jean-Claude Van Damme et Ophélie Winter !

Autre déception, le lapin posé par Gérard Depardieu à Michel Denisot. D'après la rumeur, Gérard se serait pris une cuite en organisant une dégustation de sa production viticole. Il adore sa nouvelle cuvée. Une seule inquiétude : va-t-il laisser suffisamment de bouteilles pour sa commercialisation ?

Un peu murgé, Gégé aurait ainsi évité la conférence de presse du film qu'il défendait, la montée des marches et le plateau du « Grand Journal ».

Un faux bond qui aurait contrarié Michel Denisot. Un Michel moins fringant cette année : la chaleur, le stress et le rythme imposé par un festival international ont pesé.

Denise – c'est son surnom –, arrive à un âge où il faut savoir se ménager. Peut-être, pour la prochaine édition du festival, devrait-il envisager un boulot d'animateur sur la chaîne Vivolta, très populaire dans les maisons de retraite... (Nos auditeurs connaissent.) Il retrouverait ainsi Philippe Gildas.

Ici, l'apparence prime avant tout. Les films, tout le monde s'en fout. Vous en avez même qui montent les marches pour être photographiés et qui redescendent ensuite discrètement sur le côté. J'ai les noms. Je ne balance pas, c'est pas le style de la maison. Tout le monde se doute quand même que Lio, qui confond festival de Cannes et Salon de la lingerie, n'a pas assisté à toutes les projections.

Une ambiance de merde en tout cas. « Électricité dans l'air », titrait *Le Journal du dimanche*. Il paraît qu'Isabelle Huppert ne s'entendait pas avec les membres de son jury, certains auraient même menacé de tout plaquer afin qu'elle dicte seule son palmarès.

On se déteste cordialement mais, comme tout le monde est en smoking et en robe du soir, les apparences sont sauves.

Le festival de Cannes, un rythme immuable : projection du film, dîner au patio Canal +, fêtes pourries au VIP Room de Christian Audigier et enfin petite douceur derrière la gare routière.

Oui, c'est une info *Nice-Matin* : depuis le début de la quinzaine, les professionnels du sexe n'ont jamais aussi bien travaillé : 30 % de hausse. En temps de crise, savoir qu'une industrie résiste, c'est toujours une bonne nouvelle.

Puisque le festival de Cannes ne s'intéresse qu'à lui, peut-être y aurait-il un film à faire sur le sujet : un présentateur fatigué qui essaie de faire jeune, une présidente du jury tyrannique, des festivaliers qui se détestent mais ne montrent rien. Des acteurs célèbres qui oublient un temps leur solitude en allant aux putes : Palme d'or assurée !

Le gang des doudous

26 mai 2009

Je vais peut-être en choquer quelques-uns parmi vous mais moi, je trouve formidable – FORMIDABLE – l'idée de Xavier Darcos de vouloir fouiller les élèves à l'entrée des établissements scolaires.

Un dispositif simple : mettre des détecteurs de métaux, des caméras de surveillance et des physionomistes…

Il faut que nos enfants aillent à l'école comme on passe un contrôle à l'aéroport. On confisque les bouteilles d'eau, les objets tranchants et on retire ses chaussures ! Après on fouille un cartable sur deux… Ceux des élèves basanés en priorité… Comme dans les aéroports, je vous dis !

En tout cas, tout ce qui est compas, règles, taille-crayons, appareils dentaires, c'est fini ! On attend quoi ? Hein, on attend quoi ?? Qu'une maîtresse se fasse crever les yeux avec un compas ? qu'elle se fasse tailler les doigts avec un taille-crayon ? Et la règle métallique, vous savez où ils sont capables de lui mettre, la règle métallique ?

C'est fou qu'on attende toujours un drame pour agir...

Je vous rappelle que, cette semaine, deux individus âgés respectivement de six et dix ans ont emprunté des vélos qui n'étaient pas à eux... En tout cas, celui de l'individu de six ans n'était pas à lui.

Alors il y a des gens qui se sont émus qu'on ait pu déployer de tels moyens, une dizaine de policiers, pour arrêter ces personnes. Certainement des gens à qui on n'a jamais piqué de vélo et qui ne savent pas ce qu'est le chagrin de perdre une bicyclette. [Très ému.] La vision du petit cadenas coupé en deux avec plus rien au bout...

Moi, ça m'est arrivé à sept ans, un magnifique vélo rouge offert par mon papa... Et pendant des années, chaque fois que je voyais une bicyclette de la même couleur traverser la rue, je me disais : « Que fait la police ? »

Alors oui, Frédéric Lefebvre a raison : détectons les comportements dangereux dès la maternelle. Un policier référent dans chaque crèche et qui sur un vol de doudou, de tétine, note immédiatement dans le dossier scolaire de l'individu : « Attention, "X", deux ans et demi, pourrait un jour emprunter un vélo qui n'est pas à lui ! »

Je voudrais en profiter pour féliciter Albert Doutre, le directeur de la sécurité publique de Gironde, qui a mené cette arrestation de bout en bout et qui l'assume, dit-il, de A jusqu'à Z. Bravo Albert.

Une arrestation risquée : les individus pouvaient à tout moment appeler leur mère, pleurer... Voire même, pour le plus jeune, celui de six ans, pisser dans sa culotte.

De peur, eh ouais, de peur… Ça emprunte des vélos, ça roule des mécaniques, ça joue les caïds, et quand après il faut monter dans la voiture de police avec le gyrophare, la sirène hurlante… et les grands gars en gilet pare-balles qui crient : « Bouge pas, bouge pas, je te dis… Prends-lui son cartable Hello Kitty, je le tiens, je le tiens, je te dis… Bouge pas où je te crève, salope !! » Eh bah l'individu, il chie dans son benne !!!

Heureusement, il n'y a pas eu de bavures. « Une arrestation sans menottes et sans rudoiement », se félicite Albert.

Les menottes n'ont pas été utilisées pour un problème technique : En CP, les poignets des individus sont trop fins. Il faut donc fabriquer des menottes de petite taille !

Une idée qui devrait être reprise très vite par nos deux fins limiers Frédéric Lefebvre et Xavier Darcos.

Pour sa part, MAM attend les résultats de l'enquête pour se prononcer. Une prudence qui l'honore. Depuis l'arrestation pour terrorisme d'un épicier de Tarnac, la ministre ne néglige aucune affaire grave.

J'espère que cette fois-ci l'opinion publique va soutenir le gouvernement dans sa lutte contre l'insécurité… Si on continue comme ça – je vais vous effrayer volontairement –, si on continue comme ça, un jour, dans la rue, un individu pointera son doigt vers des policiers et leur dira : « Sarkozy, je te vois ! »

Un individu à qui on aura laissé piquer un doudou en maternelle et emprunter un vélo en CP… Et là, il ne faudra pas dire : « On ne savait pas ! On ne nous avait pas prévenus ! »

Ce sera trop tard !!!

Marine Le Pen

27 mai 2009

[Chanson de Diam's, *Marine*]

« J'emmerde... » Très belle chanson de Diam's. Dans quelques minutes, nous recevons Marine Le Pen et c'est jamais facile de trouver *la* chanson qui plaira et détendra l'invité.

J'ai hésité avec un disque intitulé *IIIe Reich, voix et chants de la rénovation allemande*, édité par son papa, Jean-Marie, en 71. Et puis bon, à l'époque Marine avait trois ans, est-ce que ça ne l'aurait pas trop bouleversée de réentendre ces « comptines » qui ont bercé ses tendres années ?

On a tous une madeleine de Proust, pour certains c'est Anne Sylvestre, pour d'autres, Henri Dès, et pour Marine : des chants nazis.

Ce matin, je ne voudrais pas juger trop vite notre invitée... Quand toute petite on a baigné dans une ambiance xénophobe, raciste et antisémite, on a des circonstances atténuantes.

Vous vous imaginez naître chez Jean-Marie Le Pen ! En plus en soixante-dix, il portait un ruban noir sur l'œil... Il aboyait en parlant... Il y avait des gardes du corps à la maison, deux dobermans, Bruno Mégret qui traînait dans les couloirs ou faisait sauter la petite Marine sur ses genoux : « À dada sur mon bidet, quand il trotte il fait des pets ! » Pour une petite fille, c'est l'horreur.

Et puis il y a des choses qu'on ne sait pas. Si ça trouve il y avait un mirador dans le jardin, des croix gammées dans les assiettes, un poster d'Eva Braun dans sa chambre... On ne sait pas.

En tout cas, dans le salon se trouvaient tous les souvenirs de la guerre d'Algérie rapportés par papa : un chalumeau, une gégène, des électrodes... Enfin, tout ce qu'il faut pour discuter avec un Arabe.

Et puis c'est difficile d'être la fille d'un homme condamné pour négationnisme. Vous imaginez la petite Marine devant faire signer à son papa un exposé sur la Shoah ?

Nous sommes en février 80, un soir d'hiver à Montretout. Dans son bureau, Jean-Marie écoute le dernier disque qu'il vient de produire. (Ali, Alo, Ala) ... la petite Marine, affublée d'une robe bavaroise qu'elle déteste, frappe à sa porte...

LE PEN : Entre ma chérie... *Guten Tag.*

MARINE LE PEN : Bonsoir papa... (Marine baisse les yeux, le grand buste de Goebbels qui trône au milieu de la pièce l'impressionne toujours autant.) Tu peux m'aider ? J'ai un exposé à faire sur la Shoah, les chambres à gaz et toutes ces horreurs...

LE PEN : Mais qu'est-ce que c'est que ce bordel ! On ne donne pas un exposé à faire sur un détail de la Seconde Guerre mondiale ! Je vais mettre un mot à ta conne de maîtresse. Vas vite dîner, ta mère t'attend, *schnell, schnell* !!

Trente ans plus tard, la petite Marine a grandi et a pris la suite de papa. Le 5 août 86, jour de ses dix-huit ans, au lieu de se barrer, elle adhère au Front national...

Les musiques écoutées enfant, les vacances passées chez les scouts, l'exemplaire de *Mein Kampf* probablement reçu pour sa première communion ont fini par la façonner.

Il aurait fallu la sortir de là, intervenir très vite... Comme on fait pour certaines sectes : sauver cette pauv' gosse.

C'est foutu, c'est foutu... Et puis attention, Marine c'est du sérieux, la petite fille de Montretout a compris les erreurs de papa, pas question de refaire les mêmes !

Maintenant Marine essaie de nous vendre une extrême-droite light, sans excès, sans dérapage verbal... Un fascisme new-look, un truc qui fasse envie... Un peu à la Jörg Haider, vous vous souvenez ? le beau leader autrichien qui a fini sa vie en imitant lady Di avec sa voiture.

Le problème aujourd'hui, c'est la concurrence. En expulsant 30 000 sans-papiers par an, Brice Hortefeux et Éric Besson lui ont fait beaucoup de mal. Elle peut les attaquer pour plagiat.

Bon, je vous laisse avec la benjamine de la dynastie Le Pen. Écoutez-la bien... L'insécurité demeure, la France a peur, les Turcs ne doivent pas être européens, la lutte contre l'immigration clandestine est un leurre... Le vrai danger, c'est l'immigration légale : 23 millions

d'immigrés envahiront bientôt la France et nous bouf-
feront tout crus !

Écoutez-la bien, un vrai mimétisme avec papa,
l'élève dépasse le maître. *Achtung, achtung* : la bête
n'est pas morte !

Airbus : Morandini sait tout !

2 juin 2009

Ça va être difficile de rigoler aujourd'hui. Après une catastrophe aérienne, le billet d'humour s'avère toujours un moment délicat. Mais bon, c'est comme ça, il faut quand même se lancer... « PNC aux portes, on y va ! »

Avant toute chose, je tiens à rassurer les auditeurs d'Inter sur mon état de santé : je vais bien, je pète le feu !

Douze de tension, pas de problème prostatique, une légère presbytie... Tout à fait classique à quarante-cinq ans.

Pardon de parler de moi en ces circonstances, mais je vous précise tout ça parce qu'il paraît que mercredi dernier, j'aurais fait un malaise grave en quittant le studio.

Oui... Je me serais écroulé comme une merde en vomissant mon petit déj' sur la moquette de Radio France... Et dans un dernier râle, j'aurais demandé pardon à DSK et à sa famille... Le truc atroce !

Moi, je n'étais pas au courant que j'avais fait un malaise... C'est Jean-Marc Morandini qui a donné cette info sur son blog : « Guillon fait un malaise à France Inter ! »

Ça m'a surpris car je me souviens d'avoir quitté le studio en super-forme. Je venais de dézinguer Marine Le Pen et c'est le genre d'exercice qui me file une patate ! Mieux qu'une thalasso.

De toute façon, je n'aurais jamais fait un malaise en présence de Marine Le Pen... Trop peur d'un bouche-à-bouche.

Morandini me souhaite un prompt rétablissement... C'est le minimum. Il me fait faire un malaise, il ne manquerait plus qu'il me souhaite d'y rester.

Morandini, c'est un peu la madame Irma de l'actu. Quand la presse mondiale s'interroge, Morandini sait. D'ailleurs, hier, quand j'ai appris que l'Airbus d'Air France s'était abîmé en pleine mer, tout de suite je me suis connecté sur Morandini.fr. Est-ce que c'est un acte terroriste, une turbulence, des extra-terrestres ? Est-ce qu'il m'avait mis dans la liste des 228 victimes ?

À partir du moment où j'ai fait un malaise sans le savoir, j'avais peut-être embarqué sur le Rio-Paris : c'est la magie d'internet !

Ce qu'il y a d'amusant avec ces sites d'info, c'est qu'ils se tirent la bourre entre eux : à 13 heures, Morandini annonce que vous avez fait un malaise, à 15 heures Yahoo vous place en réanimation et à 17 heures, le *Post* vous donne l'extrême-onction.

En résumé, à 18 heures, une partie de mon cerveau était morte. La plus importante, celle qui dit des méchancetés.

J'ai compris qu'il m'était arrivé un truc bizarre en consultant mes SMS. Ça allait de : « Courage, tiens bon ! » à : « On pense à toi, reviens-nous vite ! » Que des SMS, pas de messages vocaux. Mes amis se sont dit :

« Dans l'état où il est, entièrement intubé, un SMS c'est mieux : Muriel, sa femme, pourra les faire défiler sous ses yeux ! »

« Est qu'il a encore une paupière qui bouge ? Avec une paupière, il peut dicter des saloperies et rester actif ! »

Au début, j'ai cru à une mauvaise blague... Et puis bon, le 1er avril étant passé, Marcel Béliveau venant de nous quitter...

J'espère qu'il nous a bien quittés, Marcel Béliveau ? Que ce n'est pas une connerie d'internet ? Si ça se trouve, il y a encore quarante-huit heures, il faisait la fête quelque part... À Rio... Et dimanche, il a pris l'Airbus d'Air France... Le siège à côté du mien... Allez sur le blog de Morandini, il donne tous les numéros de fauteuil !

Remarquez, c'est amusant d'avoir fait un malaise : on vous plaint, on vous cajole, c'est un peu comme si c'était votre anniversaire : « Ça va Stéphane, besoin de rien ? »

Et plus vous dites qu'il ne s'est rien passé, que c'est une connerie de journaliste, plus les gens s'inquiètent.

« Tu sais que tu peux compter sur nous, même un truc grave, les amis c'est fait pour ça ! Hein ? Repose-toi ! »

Moi j'ai vu le côté pratique, hier, ça m'a permis de ne pas bosser : bah, je récupérais... Après un malaise, se lever à 6 heures, c'est hyper-mauvais.

Bon, je vous laisse avec l'info du jour, le crash du Rio-Paris. Ah, Morandini vient de retrouver les boîtes noires... Une équipe à lui partie sur zone dès dimanche midi... Avant même le décollage de l'Airbus. Il sent l'info : Morandini... Il sent l'info comme personne. C'est ça qui est bien !

L'enterrement du Parti socialiste

10 juin 2009

Beaucoup, beaucoup de soleil en ce 10 juin 2012 sur la petite église de Jarnac... Une météo qui contraste douloureusement avec la nature de la cérémonie qui vient tout juste de commencer : l'enterrement du Parti socialiste français.

Une décision prise, je vous le rappelle, le mois dernier suite à la terrible défaite de Martine Aubry au premier tour de l'élection présidentielle : moins de 8 % des voix.

C'est donc la fin de ce magnifique parti créé en 69 lors du congrès d'Alfortville. Les hommages du monde entier se succèdent. Des socialistes évidemment : Zapatero, Barroso, mais aussi des personnalités de droite et notamment Nicolas Sarkozy, tout juste réélu. Le Président a envoyé à la direction du PS une immense couronne de roses avec ces quelques mots : « Vous me manquerez ! »

Le Président qui, paraît-il, se sent très seul : la dissolution du PS et l'internement de François Bayrou pour problèmes psychologiques graves le laissent sans adversaires politiques à sa mesure.

Toutes les figures emblématiques du PS sont présentes : Hollande, Fabius, Delanoë... Présents également, ceux qui ont contribué à la chute du parti : Jospin, Kouchner et même Julien Dray, qu'ils ont laissé sortir de prison pour l'occasion. Julien qui porte un bracelet électronique, ce n'est pas une nouvelle montre.

Pour être tout à fait complet, sachez qu'il y a quelques minutes, on a assisté à un incident à l'entrée de l'église lorsque Éric Besson a souhaité participer à l'enterrement de son ancien parti. Quelques insultes ont volé : « Traître, vautour, charognard ! » Tout est rentré dans l'ordre avec le départ de M. Besson.

Alors qu'au moment où je vous parle Martine Aubry pénètre dans la nef de l'église de Jarnac... Jarnac, lieu ô combien symbolique choisi par Martine... Le parti, a-t-elle déclaré, doit être enterré aux côtés de l'homme qui lui a donné ses plus belles lettres : François Mitterrand.

Une Martine très affectée soutenue par le fidèle Benoît Hamon qu'elle considère un peu comme son doudou, elle n'arrive pas à s'en débarrasser. Elle l'avait déjà conservé après la bérézina des européennes de juin 2009, et il est encore là, trois ans après, pour la soutenir : première image forte de cette cérémonie !

Beaucoup, beaucoup d'émotion chez Martine Aubry... Il faut dire qu'elle a tout fait ces dernières années pour sauver la tête de son parti. Il y a eu des forums de discussion, des délibérations collectives, des réunions participatives... L'appellation changeait, le principe restait le même : un pupitre, des chaises et Martine qui faisait un discours.

On a parlé rénovation, refondation, restructuration... Puis refus, rechute, retour en arrière.

325

Il y avait bien eu des changements de têtes : l'arrivée de Moscovici, Hammadi, Filippetti... Mais à quoi bon, quand la nouvelle génération est encore plus nulle que l'ancienne ?

Sans oublier la période écolo du PS pour piquer les voix de Cohn-Bendit : les conseils nationaux éclairés à la bougie, l'obligation d'arriver en vélo rue de Solférino et les repas au boulgour 100 % bio... Tout ça a été inutile.

Une Martine qui pleure dorénavant, Benoît Hamon lui essuie les yeux avec la pochette de son costume... Elle esquisse un sourire... Deuxième image forte de cette cérémonie !

Alors que – oui, oui, c'est elle – Ségolène Royal pénètre à l'instant dans l'église de Jarnac... Elle est resplendissante, elle irradie dans une très belle robe blanche... On dirait une robe de mariée... Un peu déplacé pour un enterrement... Alors que Dominique Besnehard, son fidèle lieutenant, distribue des tracts « Désirs d'avenir » aux fidèles : « Allez-y, la vie continue, fraternité, fraternité, fraternité ! »

Protestation de Jean-Luc Mélenchon qui était en embuscade : « Moi aussi, j'ai un nouveau parti, tous avec moi, camarades ! – Et moi, je vais en créer un, répond Fabius. – Moi aussi ! », hurle François Hollande... C'est une véritable empoignade...

Tout le monde dorénavant se contrefout de la cérémonie. Seul François Mitterrand dont la photo orne le chœur de l'église semble infiniment affecté par la mort du Parti socialiste. Ici Jarnac, à vous France Inter !

La liposuccion de la gauche

15 juin 2009

Un week-end pas très folichon : tous les avions ont atterri correctement, François Bayrou est resté muet, les Sarkozy étaient au cap Nègre... Ça sent les vacances.

Pas grand-chose à se mettre sous la dent... Ou alors que des trucs glauques : les bébés congelés, le cancer de Laurent Fignon ou le résultat des premières autopsies du Rio-Paris... Il paraît que ce n'est pas une explosion : « Les cadavres sont d'un seul tenant », titre *Le Parisien*.

En cas d'explosion, les membres se détachent. 228 personnes à bord, ça fait 456 bras à retrouver, sans compter les pieds et les orteils. J'ai préféré ne pas faire de papiers là-dessus : le petit déj, c'est sacré.

Non, vraiment rien de transcendantal dans l'actu... D'ailleurs, je vous donne un truc : quand l'invité est François Chérèque, c'est un signe, c'est qu'on n'a trouvé personne d'autre.

En plus, à quoi ça sert dorénavant d'inviter un syndicaliste ?

La droite a gagné, le PS est mort, il n'y a plus personne dans les manifs... En 2017, Jean-François Copé succédera à Nicolas Sarkozy, à quoi bon lutter ?

Il faut accepter la défaite maintenant, il faut apprendre à aimer le Président, tous ses ministres et même Éric Besson... Si, Éric Besson aussi ! Il y avait une très belle photo de lui... toujours dans *Le Parisien*, juste après les cadavres dans les bâches.

On le voit prendre la pose dans un magnifique costume bleu, accoudé nonchalamment à une rampe d'escalier, ils lui ont flouté le visage, atténué le double menton... Il est splendide.

Il respire la satisfaction : c'est un cliché qui donne envie de trahir.

Il faut se rendre maintenant, camarades ! L'antisarkozysme a perdu, j'ai lu ça partout ! Dire du mal du Président ne fonctionne pas, c'est *has been*, contre-productif ! Les blagues sur les talonnettes, les tics, les fautes de français : faut arrêter, stop ! De toute façon, dire « Ouh la menteuse », maintenant : c'est commissariat direct !

En période de crise, les Français ont envie de solidarité, de fusion, de communion autour de l'action présidentielle. (J'ai lu ça partout !)

La solution, ce serait que toute la gauche passe à droite. La semaine prochaine Aubry, Cohn-Bendit, Mélenchon et Besancenot entrent au gouvernement... Plus qu'une ouverture : une liposuccion de la gauche !

Faut arrêter de lutter. Même nous à France Inter, on commence à changer : des petits trucs, des comportements, des phrases distillées dans les couloirs :

« T'as pas vu mon *Figaro* ? Y a un truc en ce moment avec *Le Figaro* : tout le monde le pique ! »

« Ils font chier les mecs de Gandrange ! Il fait ce qu'il peut Sarko, ça m'énerve, cet assistanat permanent... Amora, Continental et tous ces feignants de RFI à l'étage du dessus, qu'ils se bougent un peu ! »

« Dis donc, tu sais où il est, Philippe Lefébure, il devait me donner des tuyaux pour mes placements boursiers ! En plus, je lui dois une commission pour la dernière fois ! »

« Ça y est, j'ai retrouvé mon *Figaro* ! »

« Fabrice Drouelle, ce sera non... Il ne veut acheter que du Club Med. Il adore Bernard Tapie... Et puis ça lui permet d'avoir des prix sur les voyages et de tirer des minettes ! »

« Virer Didier Porte, ça sert à rien. Ça fait quinze ans qu'il est là... Et puis son côté militant Sud-Rail, Che Guevara de supérette, ça distrait. C'est bien d'avoir un souvenir de la gauche à la station... Ça donne un côté France Bleue, Radio Nostalgie, c'est intéressant ! »

L'ambiance a changé. Chez nous aussi y a eu des départs, les autres radios pratiquent l'ouverture... Nos meilleurs journalistes passent à droite. L'année dernière, Patrick Cohen rejoignait Europe 1, et en septembre Agnès Bonfillon part sur RTL rejoindre Jean-Michel Aphatie. S'ils font un gosse ensemble, promis : on fera tout pour le noyer.

Et en septembre 2010, Nicolas Demorand partira sur Europe 1. Et là : venir travailler en pyjama, pas lavé, fumer une petite clope en loucedé pendant le journal de 8 heures... tous ces petits bonheurs, ce sera terminé !

Faut arrêter de lutter, la droite a gagné, je lis ça partout. C'est la lutte en phase terminale !

Air France

16 juin 2009

[Musique pub Air France.] C'est beau comme musique ! C'est celle de la pub Air France. Depuis quinze jours, elle ne passe plus du tout à la télé, c'est curieux. Pourtant c'est une très belle pub : deux mannequins sublimes allongés au bord d'une piscine admirant une vue imprenable sur l'horizon.

Leurs transats portent des numéros de siège, le 8A et le 8B. Le message est clair : voyager en classe affaires sur Air France est aussi confortable que lézarder au bord d'une piscine dans un décor de rêve.

C'est vrai : les conditions de voyage de ces deux mannequins sont quasiment similaires à celles des passagers du Rio-Paris…[1] à quelques turbulences près : un bain de piscine d'un côté, un bain de mer de l'autre.

« *The sky between us* » vante la pub. « Le ciel entre nous » !

---

1. Dans la nuit du dimanche 31 mai au lundi 1er juin, un Airbus A-330-200 de la compagnie Air France, qui assurait la liaison entre Rio de Janeiro et Paris s'est abîmé en mer. Bilan : 228 morts ; 216 passagers et 12 membres de l'équipage.

Ça pour le coup, au ciel, ils y sont montés, les 228 passagers. En tout cas, pour une fois, ils ont été très réactifs chez Air France : ils ont retiré immédiatement leur campagne de pub des écrans.

D'habitude, quand il y a un problème, ils aiment bien prendre leur temps, chez Air France... Réfléchir, peser le pour et le contre. Surtout quand il faut changer une pièce, ils n'aiment pas se précipiter.

Les sondes Pitot, ils savaient que c'était de la merde... Six incidents en 2008 liés au givrage des sondes. Mais, comme à chaque fois l'avion réussissait à se poser, ils ont attendu. On a le temps : « *The sky between us.* »

La sonde Pitot est une merveille technologique mais qui ne supporte pas le froid. Dès qu'il gèle, elle indique des conneries au pilote et, comme à 10 000 mètres il fait moins 40, elle indique souvent des conneries.

Les pilotes avaient plus d'une fois signalé le problème à leur direction.

PILOTE : Excusez-moi, monsieur le directeur, cette nuit au-dessus de l'Atlantique, ma sonde Pitot me donnait une vitesse de 150 km/h. Je me suis dit c'est bizarre et je suis repassé en manuel...

DIRECTEUR AIR FRANCE : Écoutez Bertrand, mon petit, vous voyez bien que je suis occupé ! Je suis en train de bosser avec nos créatifs sur la nouvelle pub : « *The sky between us* ». Vos problèmes de sondes, de tubes de mes couilles, on s'en fout. Vous vous êtes posé, c'est l'essentiel !

PILOTE : Je vous aurais prévenu, monsieur le directeur !

DIRECTEUR AIR FRANCE : C'est ça, vous m'aurez prévenu... Ah, dites-moi Bertrand, c'est quoi cette histoire de Pepsi Max ? Ma femme a voulu un Diet Coke l'autre jour sur le Paris-New York, on lui a répondu : « Y a que du Pepsi Max ! » Vous posez la question aux navigants, faites vite, vous savez c'est le genre de détail qui n'est jamais bon pour l'image d'une compagnie ! La porte, Bertrand, PNC aux portes. [Rire idiot.]

À Air France, ils sont très mal avec cette histoire de sonde qu'ils n'ont pas changée. Surtout quand on sait qu'Air Caraïbes a changé toutes les siennes un mois seulement après un premier incident.

Pourtant Air Caraïbes, avec tous les clichés qui circulent sur les Antilles : la nonchalence, le farniente.

PATRON GUADELOUPÉEN : Dis donc, Marcel, y a eu un incident hier sur le Paris-Guadeloupe, il faut changer toutes les sondes Pitot.

MÉCANICIEN GUADELOUPÉEN : On a le temps patron, on ne va pas changer toutes les sondes de tous les avions maintenant.

PATRON GUADELOUPÉEN : Si Marcel, tu n'es plus sur Air France, « *The sky between us* » et tout le tralala, la compagnie qui pète plus haut que son cul ! La vie humaine, c'est sacré, alors tu te bouges et tu me changes toutes les sondes Pitot ! Allez, zou !

À Air France, ils ont toujours mis du temps à réagir. Avant le crash du Concorde, 57 incidents impliquant les pneumatiques avaient été dénombrés.

En 79 à Washington, après la perforation d'un réservoir au décollage, le pilote a réussi à reposer son Concorde vingt-quatre minutes plus tard. L'engin déclaré hors d'usage, Air France commande un autre Concorde baptisé Sierra Charlie numéro de série 203.

C'est ce modèle précisément qui s'écrasera sur Gonesse vingt ans plus tard. Mais là, la compagnie a agi :

DIRECTEUR AIR FRANCE : Dites-moi, Bertrand, faut me renforcer les réservoirs du Concorde... Ça fait un moment qu'on s'en parle, on traîne, on traîne... L'année dernière j'ai préféré faire le contrôle technique de la Safrane, mais là, il faut le faire. Vous vous en occupez ? Merci Bertrand !

Ah, au fait, mercredi, je pars jouer mon spectacle à Genève. J'y vais en avion... Avec la Swissair... Oui, comme j'ai envie d'être avec vous à la rentrée, et que j'ai une femme, des enfants, je me suis dit : « Tiens, autant voyager avec la Swissair ! »

Remerciements

Ce n'est pas juste un remerciement, il ne s'agit pas juste de remercier Muriel Cousin pour le travail formidable qu'elle a accompli sur ce livre.

Cela va bien au-delà.

Sans Muriel, il n'y aurait pas de livre, tout simplement. Enfin si... Il y aurait une compilation de textes écrits pour la radio, placés les uns à la suite des autres.

Mais il n'y aurait pas eu de réflexion sur le choix des chroniques, celles qui ont marqué l'auditeur, celles qui l'ont amusé, choqué, dérangé ou bien encore celles qui correspondent à un temps fort de l'actualité.

Il n'y aurait pas eu, surtout, cette réécriture patiente, minutieuse et indispensable : garder l'esprit de la chronique, sa musique, passer de l'oral à l'écrit sans jamais trahir mon travail, c'est ça qu'a magistralement réussi Muriel.

Table

Introduction	9
Premier papier sur France Inter, *21 janvier 2008*	11
Les bons plans de Fadela Amara, *22 janvier 2008*	13
L'anniversaire de Sarkozy, *28 janvier 2008*	15
Le mariage du Président, *4 février 2008*	17
Le plan Alzheimer, *5 février 2008*	20
« Casse-toi, pauv'con ! », *26 février 2008*	23
La droite a perdu, à qui la faute ?, *17 mars 2008*	26
François Bayrou, *18 mars 2008*	29
François Fillon, *1er avril 2008*	32
La flamme traverse Paris, *7 avril 2008*	35
Bulletin de notes, *14 avril 2008*	38
Un an déjà !, *22 avril 2008*	41
Journée spéciale Sarkozy, *5 mai 2008*	44
Au boulot !, *6 mai 2008*	47
Un lundi de Pentecôte, *13 mai 2008*	50
Achetez l'album de Carla !, *3 septembre 2008*	53
Pas d'écran plasma pour les pauvres !, *8 septembre 2008*	56
Les Jeux paralympiques, *9 septembre 2008*	59
Chère Edvige, *10 septembre 2008*	62
Dieu et saint Pierre, *15 septembre 2008*	65
Médailles d'or au bac, *16 septembre 2008*	68
La taxe pique-nique, *17 septembre 2008*	71
Faut-il rester en Afghanistan ?, *23 septembre 2008*	74
Touchez pas aux Prince de Lu !, *24 septembre 2008*	77
On l'a échappé belle !, *29 septembre 2008*	80

Ségolène au Zénith, *30 septembre 2008* 83

Pire que Deauville un jour de crachin !, *6 octobre 2008* . 87

Lettre à Olivier Besancenot, *7 octobre 2008* 90

Le Conseil constitutionnel, enfin !, *8 octobre 2008* 93

À, à, à la queue leu leu !, *14 octobre 2008* 97

La crise est finie…, *15 octobre 2008* 100

DSK. Quelle déception !, *20 octobre 2008* 103

Hommage à sœur Emmanuelle, *21 octobre 2008* 106

Taser, mon ami !, *22 octobre 2008* 109

Le scanner corporel, *27 octobre 2008* 112

Bernard Laporte, *28 octobre 2008* 115

Vente d'alcool sur internet, *29 octobre 2008* 118

Ça valait le coup d'aller à NYC !, *10 novembre 2008* ... 121

Trop de célébrations tuent les célébrations !,
11 novembre 2008 124

L'ossuaire de Douaumont, *12 novembre 2008* 127

Le PS pour les nuls, *17 novembre 2008* 130

Sœur Ségolène, *18 novembre 2008* 133

Le retour des vieux barons du PS, *19 novembre 2008* .. 136

Dernière minute…, *24 novembre 2008* 139

« France Inter, n'écoutez plus la différence ! »,
26 novembre 2008 142

Prix de l'idée politique la plus conne !,
1ᵉʳ décembre 2008 146

Interpellation d'un journaliste de *Libé*,
2 décembre 2008 149

L'homme le plus écouté de France !, *3 décembre 2008*   152

Hommage à la police française, *4 décembre 2008* 155

« La conneriecidose », *8 décembre 2008* 158

La prison à 12 ans !, *9 décembre 2008* 161

France Inter nouvelle formule, *10 décembre 2008* 164

Noël à l'Élysée, *16 décembre 2008* 167

Une reculade, une !, *17 décembre 2008* 171

Dernier papier de l'année !, *22 décembre 2008* 174

Dérapage en douceur, *12 janvier 2009* 177

Un trop bon résultat, *13 janvier 2009* 181

Le complexe de Sarkozy, *21 janvier 2009* 184

France Inter chez Mireille Dumas, *26 janvier 2009* 187

Benoît XVI et les intégristes, *28 janvier 2009* 190

Caprice d'État !, *2 février 2009* 193
Bernard Kouchner, la chute d'une icône,
    3 février 2009 196
Martine Aubry, première secrétaire furtive !,
    4 février 2009 200
Antisémite malgré lui, *9 février 2009* 204
Voyage surprise !, *11 février 2009* 207
Saint-Valentin, *16 février 2009* 211
Visite de DSK à France Inter, *17 février 2009* 215
Rien sur le physique de Martine !, *18 février 2009* 218
Salon de l'agriculture sous haute surveillance,
    23 février 2009 222
Pas de Rolex à 50 ans !, *25 février 2009* 226
Enfin la reconnaissance du Président !, *3 mars 2009* 229
La druckerite, *4 mars 2009* 232
Week-end au Mexique !, *9 mars 2009* 236
Éric Besson contre le cinéma hors la loi,
    10 mars 2009 239
Rien sur Ségolène Royal, *11 mars 2009* 242
Sarkozy dort chez Tony Montana, *17 mars 2009* 246
Benoît XVI, Satan l'habite !, *23 mars 2009* 250
Martine se plante au Zénith, *24 mars 2009* 253
La plume de Sarkozy, *25 mars 2009* 257
Au revoir au GPS de France Inter, *31 mars 2009* 260
Guillon interviewe Sarkozy, *1er avril 2009* 264
Besancenot craque, *6 avril 2009* 268
Éric Besson a des cojones !, *8 avril 2009* 272
Guillon s'excuse des propos de Nicolas Sarkozy,
    20 avril 2009 275
Rachida Dati est-elle folle ?, *27 avril 2009* 278
Bernard Tapie, le retour, *28 avril 2009* 282
La grippe porcine, *29 avril 2009* 286
Une petite grippe de tafiole !, *4 mai 2009* 290
Putain, deux ans !, *5 mai 2009* 294
Berlusconi : divorce à l'italienne, *6 mai 2009* 298
« TGV Famille », *12 mai 2009* 301
Cannes, ça va chier !, *13 mai 2009* 305
Barnier-Dati, *20 mai 2009* 308
Cannes, ça a chié !, *25 mai 2009* 311

Le gang des doudous, *26 mai 2009* 314
Marine Le Pen, *27 mai 2009* 317
Airbus : Morandini sait tout !, *2 juin 2009* 321
L'enterrement du Parti socialiste, *10 juin 2009* 324
La liposuccion de la gauche, *15 juin 2009* 327
Air France, *16 juin 2009* 330
Remerciements 334

Pour l'éditeur, le principe est d'utiliser des papiers composés de fibres naturelles, renouvelables, recyclables et fabriquées à partir de bois issus de forêts qui adoptent un système d'aménagement durable.

En outre, l'éditeur attend de ses fournisseurs de papier qu'ils s'inscrivent dans une démarche de certification environnementale reconnue.

Ce volume a été composé par
Facompo à Lisieux (Calvados)

Impression réalisée par
CPI BRODARD ET TAUPIN
La Flèche

pour le compte des Éditions Stock
31, rue de Fleurus, 75006 Paris
en octobre 2009

Imprimé en France

Dépôt légal : octobre 2009
N° d'édition : 01 – N° d'impression : 54988
54-07-6350/0